다문화 사회
미국의 이민자
통합정책

Securing The Future - US Immigrant Integration Policy

Edited by Michael Fix

내일을 여는 지식 정치 8

AMERICA
IMMIGRANT

다문화 사회
미국의 이민자
통합정책

INTEGRATION
POLICY

마이클 픽스 엮음 / 곽재석 옮김

한국학술정보㈜

세계화의 진전에 따라 경제 등의 모든 분야에서 국가 간 상호 통합과 의존 현상이 심화되고 국제 이민도 급격하게 확산되어 왔다. 오늘날 세계적으로 약 2억 명의 이민자가 존재하고 있는데, 이는 지난 20년 사이에 2배나 증가한 수치이다. 이민의 원인은 무엇보다도 선진국과 저개발국 간 빈부의 격차 때문이다. 양질의 일자리를 찾고자 하는 이민자들이 선진국 혹은 지역 내의 다른 국가로 이동하고 있다. 또한 선진국의 저출산·고령화로 인한 노동력의 부족 및 저개발국의 만성적 경제 부진, 실업, 인권 침해 등도 국제 이민을 부추기는 요인으로 지적되고 있다. 국제적인 이슈로 떠오르는 활발한 국제 이민 현상에서 한국도 예외는 아니다. 지난 20년간 주로 국제결혼과 단순노무 외국인력의 도입이 우리사회의 다문화·다민족화 현상을 주도해 왔지만, 앞으로 이중국적 허용을 통한 적극적인 해외우수인력 유치 정책 등 입국문호가 더욱 개방됨에 따라 우리사회에 정착하는 이민인구는 급격하게 증가할 전망이다. 따라서 이민을 국가발전에 최대한 이용하는 한편, 이들의 사회경제적 통합과 권리 보호를 위한 국가 차원의 노력과 정책적 대응이 필요하다.

광범위하고 활발하게 이민이 진행됨에 따라 여러 민족과 인종이 섞여 사는 사회적 다양성도 증가하게 된다. 사회적 다양성의 심화는 새로운 기회와 도전을 동시에 던진다. 이민자의 다양성을 긍정적으로 수용하여 기존 사회에 잘 통합시켜 나간다면 사회적 역동성, 문화적 혁신성, 경제적 번영을 불러올 수 있다. 그러나 다른 한편 이러한 변화가 위기가 될 수도 있다. 이민을 받아들이는 나라는 필연적으로 사회통합의 문제를 안게 된다. 미국의 LA폭동, 프랑스 폭력사태 등은 적절히 사회에 통합되지 못한 이민자들로 인해 엄청난 사회적 비용을 초래한 경우이다. 여기에 더하여 기존 시민들의 이민자들에 대한 의심과 배척, 혐오의 증대 등으로 이민자 통합과정에 갈등이 증폭되게 되면 단기적으로 사회 체제의 안정성이 위협받거나 장기적으로 국가의 미래 발전에 중대한 차질이 발생할 수 있다.

따라서 이러한 추세를 완화 및 반전시키고 모든 사회 구성원들의 안전과 권익을 보호할 의무가 있는 정부로서는 급속하게 진행되는 국가의 국제 이민 물결을 발전적으로 통제하면서도, 이민자들이 기존 사회에 안정적으로 정착하여 기본적인 인권 보장과 함께 경제사회 및 정치문화적인 통합의 혜택을 받을 수 있도록 하는 발빠른 정책 대응이 필요하다. 이민자의 다양성을 존중하면서 동시에 사회문화적 통합을 증진하고, 정치경제적 차원에서도 이들의 소외와 주변화를 방지하도록 해야 한다. 많은 국가에서 이민자들이 사회의 역동성과 경제 발전에 크게 기여해 온 것은 역사적 사실이다. 그러나 적절한 통합 과정이 없이는 이민자들의 기여를 최대한 활용하기 힘들다. 이민자들이 그들의 잠재력을 최대한 발휘하고 성취할 수 있도록 지원하면서, 사회적 불안정과 위험 등 사회적 비용을 줄일 수 있도록 해야 한다. 무엇보다도 이민자 통합은 기존 시민과 이민자 간의 쌍방향적인 과정이 수반되어야 한다. 따라서 시민 일반에게 정부가 이민자들을 받아들이는 이유를 설명하고, 얼마나 받아들이고 있는지 등을 투명하게 일반에게 공개하며, 그것이 이민자와 자국민들에게 상호혜택을 주는 일이라는 것을 설득하고 교육시켜야 한다. 노동단체, 시민단체 등과도 협의해 나가야 한다. 다음으로 이민자 통합에 있어 가장 기본이 되는 언어 습득 장려 프로그램을 통해, 사회 통합을 강화해 나가야 한다. 아울러 이민자들의 고용창출, 기술훈련 지원 등 경제적 통합도 추진해야 한다.

학교 및 직장에서의 통합과정도 매우 중요하며, 시민단체, 종교단체, 노동단체 등의 조직들에 의한 상호 존중과 신뢰를 위한 대화 및 교육 프로그램 운영이 필요하다. 궁극적으로 이민자들의 정치적 활동을 보장하여, 사회 참여를 확산하는 것이 필요하다.

이와 같은 점에서 이민국가인 미국의 이민자 통합 이슈에 대한 현황과 정책적 대안을 분석한 이 책은 우리나라의 이민자 사회통합정책 관련 정부 및 학자, 시민단체 등에서 활동하는 분들에게 필요한 정책적 시사점을 줄 수 있을 것이다. 그러나 한국의 이민현상은 미국과는 전혀 다르기 때문에 이 책에서 논의된 정책 대안들이 한국 상황에 똑같이 적용될 수는 없다. 우리의 경우는 이민이 이루어지기 시작한 원인과 과정 및 결과에서 미국과는 많이 다르기 때문이다. 인구학적으로 분석해 봐도 한국에 오늘날 110만 명 정도의 외국인이 체류하고 있지만 그 중에 외국적동포가 약 35%를 차지하고 있으므로 한국의 이민정책에서는 오히려 동포정책이 차지하는 비중이 크다. 따라서 우리의 경우에는 동포들만의 특수한 체류여건을 분석하고 이에 맞춘 동포 사회통합정책을 마련할 필요가 있다. 그런데 이들 외국적동포의 대다수는 정부의 외국인력 도입정책에 따라 단기체류하고 있는 이민 노동자들이다. 따라서 일정 기간 체류 후 거주국으로 다시 귀국할 것이므로 이민자 사회통합정책의 주요대상이 아니라고 보는 견해도 있다. 그러나 이런 견해는 역사적 통찰력이 부족한 단견이다. 앞으로 이들과 그 자손들의 상당수가 결국 모국인 한국사회에 이러저러한 모양으로 정착하거나 체류하게 될 것이고 이에 따라 우리 사회에 미치는 이들의 사회경제적 또는 정치외교적 영향력도 결코 미약하지 않을 것이다. 이들의 모국 사회로의 통합문제는 조만간 우리 사회의 중요한 정책적 이슈가 될 것이 확실하다. 아니면 그렇게 되도록 만들어야 하는 역사적 책무가 우리에게 있다.

개인적으로는 미국 내 소수민족으로서 한국 이민자들의 정치참여와 사회통합 과제에 대한 박사논문 이후 긴 세월이 흐른후 비로소 관련 분야의 번역서를 내게 되니 감회가 깊다. 앞으로 내가 걸어가야 할 길과 방향을 새삼 다시 정립하게 된 중요한 기회가 되었다. 지난 약 3년간 법무부 출입국·외국인정책본부 외국적동포과장이라는 긴 직함의 공직에 근무하면서 중국 및 구소련동포들을 대상으로 한 방문취업제를 도입하는 등 보람있는 동포 포용정책을 시행하는 한편, 이민 및 출입국 외국인정책업무의 정책적 중요성과 과제에 대해 많은 것을 배우게 되었다. 이 분야는 미래 한국의 국가발전과 사회적 번영을 위해 더욱 성장해야 할 분야라고 확신한다. 아무쪼록 함께 일한 동료들의 많은 정책적 노고들이 제대로 평가받게 되는 날을 기약하며 이만 역자 서문에 갈음한다.

2009년 7월

역자 곽재석

전통적으로 미국의 이민정책과 이에 대한 논쟁은 어떤 종류의 이민자들을 얼마나 많이 받아들여야 할 것인가라는 문제와 연관되어 있다. 미국 이민법은 이러한 이민자 입국 절차와 규제에 대해 매우 자세히 다루고 있다. 그러나 이에 비해 성공적 이민의 궁극적 평가기준이 되는 이민자 통합에 관한 정책은 지극히 초보적이고 임시변통적인 수준이며, 또한 이를 위한 재원도 부족한 실정이다.

역사적으로 볼 때, 이민자 통합은 이 나라 안에 거주하고 있는 모든 사람의 경제적 및 법적 기본권을 보장하고자 하는 사회적 분위기에 편승하여 주로 가정, 고용주, 학교, 교회, 지역커뮤니터 등의 지역적 차원에서만 이뤄져 왔다. 그리고 정부와 전체 사회의 개입이 최소화된 이러한 이민자 통합방식은 그 성격에 있어 다른 국가들과는 차별화되며 일면 성공적인 것으로 판단되고 있다. 그러므로 이민자 통합에 관한 문제를 조사함에 있어 기존에 이미 성공적으로 잘 이뤄지고 있는 것들에 대해서는 불필요한 손질을 가하지 않도록 지침을 세워야 할 것이다.

한편, 오늘날 미국은 지난 세기 초반과 유사한 지속적이고 대규모적인 이민 시대를 겪고 있다. 따라서 대량의 신규 유입 이민자들을 어떻게 성공적으로 통합할 것인가 하는 과제를 효율적으로 해결할 때 이민은 국가 자원의 중요한 구성요소가 될 수 있다. 이 책은 오늘날 미국에서 이민통합 프로그램이 얼마나 잘 수행되고 있으며, 또한 어떤 정책이 지속됨으로써 이미 우리들에게 익숙한 미국 이민사가 또 다른 행복한 결말을 맞을 수 있을지에 관해 광범위하게 살피고 있다.

　이 책은 이민과 미국의 미래에 대한 연구를 시작한 독립적인 TF 활동에서부터 시작되었다. 미국의 저명한 지도자들로 이뤄진 이 TF는 이민정책연구소(Migration Policy Institute, MPI)가 주축이 되고 맨해튼 협회(Manhattan Institute, MI), 미국학 연구부(Division of United States Studies) 및 멕시코 협회(Mexico Institute)와 협력하여 우드로 윌슨국제연구센터(Woodrow Wilson International Center for Scholars)에서 함께 모임을 가졌다. TF는 오늘날 이민을 촉발하는 경제적, 사회적, 인구학적 요인 분석과, 이민으로 인한 유익한 결과를 이끌어 내면서도, 다른 한편으로 그로 인한 긴장은 최소화하기 위한 정책을 제안하려는 데 그 목적을 두었다.

여기서 이민정책연구소(MPI)는 회원들의 활발한 토론과 논쟁을
돕기 위해 광대한 연구, 분석, 정책 평가를 개발하며 지원하였다.
이러한 자료들은 지난해 이민정책에 대해 논의가 격렬히 벌어지곤
했던 대중토론 모임에 양질의 정보를 제공하기 위해 여러 차례 인
쇄된 바 있으며, 이 책은 TF를 위해 준비되었던 이민자 통합에 관
한 이런 자료들을 함께 모아 출판되었다. 비록 각각 다른 연구목
적에 따라 집필된 것으로 성격의 차이가 있긴 하나, 함께 합쳐진
이 자료들은 이민자 통합정책의 주요 경향, 정책적 문제점, 재원의
부족, 그리고 미국이 직면한 — 비록 충분히 탐구되지는 못했으나
궁극적으로는 이민 정책에서 가장 중요한 요소인 — 이민자 통합
문제에 관해 생생한 초상을 제공하고 있다. 이러한 이민자 통합
문제의 기초를 개관하는 작업은 향후 효과적인 이민정책 수립을
위해 필요한 논의들의 유용한 초석이 될 것으로 믿는다.

2006년 12월

도리스 메이스너(Doris Meissner)

선임연구원

이민과 미국의 미래를 위한 TF 의장

(Director of the Independent Task Force on Immigration and America's Future)

| 목차 |

제1장 이민자 통합과 종합적 이민 개혁: 개요

-마이클 픽스(Michael Fix)

이 장은 미국의 이민자 통합문제를 위해 「이민과 미국의 미래를 위한 TF」에 제출된 보고서들을 전체적으로 종합한 것이다. 먼저 이민자 통합이 왜 이민개혁의 중심 이슈가 되어야 하는지에 관해 논의하고 통합의 의미를 정의한 후, 미국 이민자 통합정책의 일반적 개요를 살펴보고자 한다. 또한 이민자 제2세대가 제1세대보다 어느 정도의 진보를 보였는지를 조사함으로써 미국의 이민자 통합 정책이 얼마나 성공적으로 이루어지고 있는지에 대한 증거를 찾아 본 후, 논의를 조금 좁혀서 교육, 건강, 직장, 국적 등 각 영역별 이민자 통합의 현 상황을 살펴보고자 한다. 마지막으로 최근 미국 의회의 종합이민개혁안에서 직접적으로 제기된 여러 문제들을 통해서 미국 이민자 통합정책의 핵심 요소들이 무엇인지에 대하여 간략히 논의함으로써 결론을 맺고자 한다. 이러한 이슈에는 단기 및 정규 이민노동자들의 건강보험 문제와 주정부 등 지방자치단체에 대한 연방 정부의 통합행정에 소요되는 재정 지원 등의 문제가 포함된다.

I. 왜 우리는 이민자 통합에 관심을 가져야 하는가?

::간과되어 온 과제로서의 이민자 통합

이민과 이민자 통합의 논의를 왜 함께 살펴보아야 하는지에 대한 이유는 많다. 사실, 이민자 통합의 문제는 이민정책 논의에서 늘 따로 떨어진 과제로 남아있다. 미국의 거버넌스 문제에서 통합은 가장 많이 간과되는 문제들 중 하나이다. 그 결과, 어느 정도의 개선이 필요하든 간에 전체적으로 볼 때는 비교적 느슨한 편인 국가 이민정책과 아직 임시방편적이며 초보적인 수준에 머물러 재정지원도 많이 부족한 이민자 통합정책은 상호 적절한 균형을 이루고 있지 못하다. 역사적으로 그래왔듯 오늘날 신규 이민자들의 통합은 대개 가정이나 기업주, 교회 및 비정부기구, 그리고 점차 강력한 역할을 담당하는 주정부 및 지방자치단체들에 의해 수행되고 있는 형편이다.

미국에는 이민자나 난민의 통합행정을 담당하는 국가기관이 없다. 이것은 캐나다, 네덜란드처럼 이민부처 내에 강력한 이민자 통합행정 조직이 있는 나라들과 대조가 된다. 더욱이 최근의 점증하는 이민 개혁안들을 살펴보아도 통합에 대해 관심을 기울이는 내용들은 거의 살펴볼 수 없다.

::인구통계학적 긴급성

우리가 이민자통합 문제에 좀 더 관심을 가져야 할 인구통계학적인 분명한 이유들은 다음과 같다.

• *점증하는 이민인구의 유입*: 오늘날 미국 인구의 8명 중 한 명은 외국 출생이다. 그리고 어린이는 다섯 명 중 한 명, 특히 저소득층 어린이 중에는 네 명 중 한 명이 이민자 가정의 자녀이다. 1990년대에는 신규 유입 노동자들의 절반 이상이 이민자들이었으며, 특히 특정 직업군에는 유독 외국 출신이 많다. 예컨대 의사직종인 경우 다섯 명 중 한 명은 외국출생 이민자이다. 따라서 이런 높은 이민인구 유입 현상은 장차 미국이라는 국가 자체와 각 기관들(학교, 일터, 군대 등)의 미래가 점차 이민자들의 힘과 이들에 대한 성공적 통합 여부에 달려 있음을 의미하게 된다.

• *이민자 인구분산*: 미국의 이민 인구는 이민자들을 가장 많이 받아들이는 6개 주에 주로 집중되어 있다. 그러나 새로운 일자리를 찾기 위해 다른 주로의 인구분산도 급속도로 증가되고 있다는 것은 이미 잘 알려진 사실이다. 분산되어 뻗어나가는 이러한 이민자들은 대개 최근에 미국에 들어온 경우이며, 과거보다 더 가난하거나, 연령 및 교육률도 낮으며, 밀입국자인 경우가 많다. 이런 상황에도 불구하고 지역사회의 한정된 복지시설과 사회적 인프라 및 경험의 부족 등으로 인해 이민자들의 원활한 통합이 어려움을 받고 있다. 하지만 한편 이민인구의 분산은 새로운 기회와 성공으로 연결될 수도 있다.

• *점증하는 불법이민의 문제*: 십여 년 전만 해도 미등록 이민자가 전체 이민인구의 약 15%에 불과했지만 오늘날은 거의 삼분의 일을 차지하게 되었다. 공식적인 이민체계를 통하여 들어오는 이민인구보다 그렇지 못한 이민인구가 점차 증가하는 경향으로 인해 효율적인 통합정책을 개발해 나가는 작업이 점차 어려워지고 있다.

즉 이들로 인해 이민체계의 정통성이 침해되고, 불법 이민자와 그 가족들에 의해 점령되어 버린 듯한 각종 사회적 서비스와 복지혜택들에 대한 지원들도 위축되어 버리게 된다. 한편, 1990년대 중반부터 미등록이민 인구가 급증하여 왔지만 합법적으로 귀화한 외국출생 이민자들의 숫자와 비율 또한 급속도로 증가하고 있다는 사실에도 주목하여야 한다.

• *법적 혼합가정의 확산*: 정부 정책결정자들은 미국 이민자 가정 자녀의 4분의 3이 사실은 미국에서 출생한 미국 시민이라는 현실을 종종 간과하곤 한다. 사실 미등록 이민자 부모의 자녀 중 3분의 2 정도가 정당한 미국 시민의 법적 자격을 가지고 있다. 이로 인한 가장 큰 문제는 이 같은 혼합가정의 비미국 시민인 부모가 각종 사회서비스나 혜택을 받지 못하는 경우 미국 시민인 그들 자녀들도 간접적 영향을 받게 된다는 것이다.

::매개기관들의 변화

미국은 비교적 성공적인 이민자 통합의 역사를 가지고 있다. 그러나 과거가 반드시 미래의 온전히 신뢰할 만한 인도자가 될 수는 없다. 초기 이민자들의 통합에 결정적 역할을 했던 많은 매개기관들, 즉 도시의 학교, 대규모 생산 공장, 군대, 정당들은 현재와 향후의 신규 이민자들의 통합에 영향을 미치는 방식에서 큰 변화를 보여 왔다. 각 행정단위 내의 정치와 지방단위 정당체계들을 예로 들어 보자. 부정부패가 가끔씩 있긴 하였으나, 과거 이런 정책기관들은 오늘날의 예비선거제도나 각종 이익집단들도 하지 못하는 방식으로 신규 이민자들의 참여와 투표를 장려하여 왔다. 전문 사회과학자들조차도 여러 증거들을 조사하였음에도 불구하고 지난 20세기에 일어난 이민자 동화의 원인을 정확하게 설명하기가 어렵다고 인정하고 있다.[1]

한편, 이러한 기관들에 나타난 현상에 대응하는 중요한 변화도 있어 왔다. 중국인 추방법(Chinese Exclusion Act), 1907년 대일본신사협정(1907 Gentleman's Agreement with Japan), 1920년 국가기원법령(National Origins' Legislation)에 내재된 명백하고 공식적인 인종차별 등의 과도한 토착문화주의는 점차 쇠퇴되어 왔다.[2] 1960년대에 등장하기 시작한 반인종차별의 규범들이 직장 및 일터에 강력한 영향을 끼치게 되었다. 지난 20세기 초 마지막 대량 이민의 물결 속에서 고등학교가 담당하였던 것과 같이 이젠 대학들 특히 지역커뮤니티대학들이 새로운 대중교육체계로 발전되었다.

::통합을 지연시킬 수 있는 공공 정책들

합법적 이민자들에게 건강, 영양, 금융, 그 외 다른 최저생활보장제도상의 혜택들을 제한하는 1996년에 새로 도입된 정책들은 명백히 이민자 통합을 저해하는 정책들이다. 그 외에 추가로 제정된 법들도 미국 시민과 비시민 사이의 경계를 확실하게 구분함으로써 이제 귀화만이 정부의 지속적인 지원을 받으며 추방을 면할 수 있는 유일한 탈출구가 되게끔 만들어 버렸다.

---

1) R. Alba and V. Nee, Remaking the American Mainstream, Assimilation and Contemporary Immigration(Boston : Harvard University Press, 2003).
2) 부록 I 의 미국의 주요 이민법표 참고.

::논란 속의 진보

통합정책의 필요성 및 정책 대안에 대한 논의는 이민자와 그 자녀들의 진보에 관한 근본적인 사회적 합의의 결여로 인해 더욱 혼란스러워지고 있다. 문화적 또는 다른 여러 측면에서 다양한 비판을 제기하는 사람들은 근래의 이민, 특히 멕시코계 이민이 사회적, 경제적으로 전혀 통합적이지 못한 새로운 하류계층을 형성하고 있다고 주장한다. 그러나 제4장의 분석적 검토가 보여 주듯이 미국에서 태어났거나 또는 외국에서 출생한 이민자 제2세대에 관한 최근의 정보들은 우리에게 보다 낙관적인 전망을 제공한다. 즉 멕시코계 이민자들을 포함한 모든 이민자 그룹은 세대를 거듭할수록 발전을 보이고 있다는 것이다. 그러나 비록 "무지개 하층계급(Rainbow underclass)"의 문제가 시급한 것은 아닐지라도 제2세대 멕시코계 이민자들의 대학 출석 및 수료 비율에 관한 수치 등이 보여 주듯이 우리가 아직도 주의를 기울여야 할 영역들은 매우 많다.

::종합 이민개혁의 영향

이민개혁을 어떻게 이루어 나갈지에 대한 미래전망은 이민자 통합과 관련하여 다음과 같은 다양한 이슈들을 제기하고 있다.

- 향후 이민개혁은 영주이민보다 단기이민을 더 강조함으로써 이민자 통합정책의 필요성을 회피하여 갈 것인가?
- 비교적 저조한 영어실력을 가진 영구, 단기이민자들에 대한 입국허용은 국가의 노동력 개발체계와 어떤 관련이 있겠는가?

· 새 이민자들로 하여금 건강보험에 들도록 해야 하는가? 만약 그렇다면 그 비용은 누가 지불할 것인가? 아니면 새 이민자들로 하여금 이미 많은 숫자의 미국 비보험 인구에 편입되도록 내버려 둘 것인가?(제7장 참조)

· 새 이민자들은 국가와 지방자치단체에 어떤 재정적 영향을 끼칠 것인가? 이들로 인해 정부의 재정 부담은 늘어날 것인가? 그렇다면, 연방정부는 1986년에 그리하였듯이, 최종적으로 종합적인 이민 개혁을 통해 재원의 일부를 보조토록 해야 할 것인가?(제10장 참조)

· 단기노동자 혹은 비합법 신분의 이민자들이 법적 신분을 획득하기 전에 먼저 영어부터 학습하도록 요구할 것인가? 만약 그렇다면, 그에 관한 교육을 재정적으로 어떻게 지원할 것인가? 과연 필요한 교육 프로그램을 제공할 수 있는 매개기관은 존재하는가?(제9장 참조)

II. 통합은 무엇을 뜻하는가?

통합이란 용어의 의미와 심지어 그 용어를 사용하는 것 자체도 논쟁이 될 수 있다. 하지만 책의 개요를 설명하는 본 장의 목적을 위해서 굳이 정의하자면, 통합은 새 이민자들의 경제적 유동성과 사회적 포용의 과정으로 정의될 것이다. 즉 통합은 이민자뿐만이 아니라 그들을 받아들이는 지역사회 구성원들이 변화하는 상호적인 과정을 의미한다. 돈 커윈이 제5장에서 말하듯이 통합은 가치관의 공유와 이민자들의 이민사회에 대한 엄청난 기여 가능성에 대하여 문을 열어 놓는 것을 의미한다. 성공적인 통합은 경제적으로 더 부강하고 사회적, 문화적으로 더 포용적인 지역사회를 만든다. 한편 우리는 무엇이 통합과는 분명히 다른 것인지 살펴봄으로써 통합에 대하여 좀 더 명확히 알 수 있다. 사회에 이민자들과 그들의 후손으로 이뤄진 인종적으로 확연히 구별 가능한 사회경제적 최하위계층이 존재한다는 것은 진정한 통합과는 거리가 먼 개념이다.

Ⅲ. 오늘날 미국 통합정책의 개요

미국 연방정부의 통합정책에 담긴 주요한 본질적 요소들을 살펴보자.

::노동시장에의 참여

미국 연방정부는 이민자 통합에 있어 비교적 최소한의 역할만을 담당하고 있다. 지난 미국 역사에서 그래왔듯이 사실 오늘날 이민자 통합은 상당 부분 노동시장에 의해서 이루어지고 있다. 유럽의 거의 모든 국가들과 극명한 대조를 보이듯이 미국 노동시장은 이민자들에게 개방되어 왔으며 이러한 개방성은 반인종차별적인 법령들의 제정과 적용에 의해 더욱 강화되어 왔다. 이러한 결과 미국의 노동시장은 매우 높은 비율의 이민자 취업률을 보이고 있으며 근래에 이민자들은 노동시장 전반의 취업에 있어 지나치다 싶을 정도로 큰 활약을 보이고 있다. 실제로, 미국 인구 여덟 명 중 한 명이 타국 출생이지만, 노동자 일곱 명 중 한 명, 그리고 저임금 노동자 다섯 명 중 한 명꼴로 이민자이다.

:: 기본권

노동시장에의 자유로운 접근은 물론이고, 미국은 법적인 신분을 떠나 모든 노동자들에게 일체의 기본권을 보장하고 있다. 예를 들자면 회합을 가지거나, 부당한 수색이나 압류에서 자유로우며, 형사상의 문제에서 변호사를 고용할 권리 등이 이에 포함된다. 이러한 권리들은 "미국 헌법 체계 안으로의 기본적인 통합의 한 형태"라고 볼 수 있다(제5장).

:: 연방 정부의 특별 프로그램

오늘날 명백히 이민자와 그 가족, 또는 다수의 이민자 그룹들을 대상으로 한 많은 지원 및 서비스 프로그램들이 있으며(제6장 참조) 이에는 아래의 주요 네 가지 분야가 포함된다.

• *난민 배치, 정착 프로그램*: 이 프로그램은 구체적으로 난민의 새로운 지역사회로의 통합에 중점을 둔다. 난민은 매년 미국으로 들어오는 합법적인 이민자들 중 대략 5%를 차지한다. 난민은 종종 박해를 피해 탈출하기 때문에, 이들 중 많은 사람이 육체적, 정신적으로 열악한 건강상태로 미국에 도착하고 있다. 이들은 어떻게 보면 사전준비 없이 떠나왔다 할 수 있으며, 가족 결합이나 취업을 위해 들어오는 이민자들과 달리 후견자들도 없다.[3]

---

3) 미국 이민 체계에서 '후견자'는 해당이민자의 미국입국을 신청한 친척이나 고용주를 말한다. 친척을 후견하는 개개인들은 또한 그 이민자가 귀화하거나 향후 10년간(40 quarters) 미국에서 일할 때까지 그를 후원하겠다고 약속하는 선서에 서명하도록 요구된다.

• *이민 노동자들과 그 가족들을 위한 프로그램*: 이 분야의 프로그램은 본래 농업분야에 종사하는 미국출생 이민노동자들을 지원하기 위한 것이었으나, 농장 노동자들 네다섯 명 중 한 명이 외국 출신인 오늘날에는 보건, 헤드 스타트(역주: 저소득층의 유아들을 위한 정규 유아교육 프로그램), 의무교육, 직업훈련 분야에 걸쳐 실제적으로는 주로 외국 출생 이민 노동자와 그 가족들을 지원하는 통합 정책으로 변화되어 왔다.

• *언어교육 및 국적 취득 지원 자금*: 이 자금은 영어 구사에 한계가 있는(Limited English Proficient – LEP) 어린이(낙오아동방지법 제3장)들과 성인들(성인 기본 교육 / 제2외국어로서의 영어 – ESL)의 영어습득을 촉진하기 위한 것이다. 또한 공교육과 각종 사회캠페인 등을 통해 귀화를 장려하고 있는 미국 국적이민국 국적과(US Citizenship and Immigration Services, Office of Citizenship)의 기능과 역할을 보조하고 있다.

• *이민 부작용 감소를 위한 지역사회 보조자금 지원*: 연방정부는 (a) 최근에 이민해 온 이민자 학생들을 가르치는 데 추가로 소요되는 학교 자금 (b) 비합법적 이민자들에 대한 병원의 무상진료에 따른 비용 지원 (c) 비합법적 이민자의 보호 및 여타 이민자들의 감옥 수용에 따른 주와 지방 정부들의 소요비용을 지원한다.(표 1에는 불포함)[4](제10장 참조)

---

[4] 표 1은 주와 지방 정부의 비합법 이민자들 감옥소 수용에 따른 비용에 대한 연방 정부의 보상은 포함시키지 않는다. 이 비용은 이민자와 연관되어 있기는 하나, 그것이 이민자 통합의 목표를 향하지 않는다는 점에서 이민자들을 타겟으로 한 다른 비용들과는 차이가 있다고 볼 수 있다.

표 1. 이민자들을 위한 **2004**년도 연방정부 세출 규모

(단위: 2005년도 기준 100만 달러)

	'99회계연도 세출	'04 회계연도 세출	'99 - '04 증감비율
난민 정착 프로그램	545	429	−21.3%
이민자 헤드스타트	209	274	31.1%
이민자 교육	421	412	−2.1%
이민자 교육 이븐스타트	5	8	60.0%
이민자 보건	92	139	51.1%
NCLB 언어 습득 주정부 기금	−	708	−
긴급이민자교육 프로그램(EIEP)	176	−	−
연방 이중언어 교육	273	−	−
성인 교육/ESL	432	630	45.8%
합계	2,153	2,600	20.8%

출처: 줄리아 젤랏, 마이클 픽스, "이민자 가족 통합을 위한 연방정부 세출 규모", 이민과 미국의 미래를 위한 TF 연구자료(워싱턴 DC: 이민정책연구소, 2006)

　　표 1에서 우리는 먼저 이런 프로그램에 지출되는 총 세출규모가 비교적 저조한 것을 알 수 있다. 이는 1986 제정된 「이민 개혁과 관리 법률」(IRCA)에 의해 합법화된 일부 이민자, 즉 전체 이민자 인구 중 아주 작은 부분만을 차지하는 이들의 복지를 위해 주정부에서 지출한 비용을 보전하기 위해 할당된 40억 달러에도 훨씬 못 미치는 규모이다. 둘째, 현재 이루어지고 있는 지원자금은 주로 두 종류, 즉 1) 난민(그리고 망명자) (2) 이민 노동자와 그 가족 등 비교적 적은 숫자의 이민자 인구에게 주로 집중되고 있음을 보여 준다. 말하자면, 가족 이민초청으로 미국에 들어와 저임금 일자리나 그들이 사는 지역사회에서 일하고 있는 많은 숫자의 합법적 이민자들에게는 거의 어떤 것도 제공되지 못하고 있는 실정이다.

:: 주류사회 프로그램 및 시설에 대한 접근성

소수의 이민자들이나 그 자녀들이 경제적 소외학생 지원 프로그램(ESEA: 초중등교육법 Part1 Title Ⅰ)이나 저소득층 가정 공중건강보험 등의 주류사회 프로그램들을 이용하는 것은 가능하다. 그러나 이들 이민자와 그 가족들만을 위한 특별 프로그램에 대한 세출은 오히려 이러한 주류 사회교육 프로그램에 대한 지출로 인해 위축되어 있는 형국이다. 예를 들어, 초중등교육법에 따른 프로그램의 2005년도 연방정부 총 예산은 127억 달러였음에 반해, Title Ⅲ에 근거하여 영어 구사력에 한계가 있는 학생들(LEP)을 겨냥한 지출은 67,300만 달러에 불과하였다.

이민자와 그 가족을 위한 연방 정부의 총 세출 규모는 무엇보다 다음과 같은 요인들에 따라 결정된다. 신규 사회복지프로그램의 개발(예를 들어, 주 어린이 건강보험 프로그램); 이민자 프로그램에 대한 예산 증액(예를 들어, 지난 십 년 동안 광범위하게 증가한 헤드스타트 등록 인원); 이민자들을 포함한 모든 수혜계층에 영향을 미치는 프로그램 지원자격 기준의 변화(예를 들어, 공공복지 수혜자가 자동차를 소유해도 되는가를 결정짓는 자산한도 기준의 변화)

:: 사회적 권리: 공공복지 혜택 접근성

비시민권자와 이민자들에게도 헌법의 기본적인 보호를 받을 수 있는 권리는 폭넓게 부여되어 있으나, 정작 공공복지 영역에 있어서는 그러하지 못하다. 시험적으로 도입된 복지프로그램부터 사회보장제도와 같은 사회보험프로그램에 이르기까지의 각종 혜택에 대한 이민자들의 지원자격은 기본적으로 그들이 '허용의 연속선' 위의 어디에 존재하느냐에 달려 있다. '허용의 연속선'이라는 것은 정부가 미국에 사는 다양한 이민자 그룹의 존재를 허용하는 정도를 나타낸다. 예를 들면, 비합법 이민자들에게는 긴급 상황에서의 국민의료보조제도(Medicaid)를 제외하면 거의 어떤 혜택도 주어지고 있지 않고 있다. 마찬가지로, 합법적인 단기이민자들의 지원자격은 그들이 미국에 거주하고 노동시장 및 군대에서 일하는 기간 등에 의해 결정된다. 난민들은 일반 시민들이 받는 혜택과 대략 동일한 수혜 자격이 있다. 귀화 이민자들의 권리는 시민들과 같은 수준으로 확대되어 왔다.

1996년 제정된 사회복지 개혁법인 「개인책임과 노동기회조정법」 (Personal Responsibility and Work Opportunity Reconciliation Act - PRWORA)은 미국의 복지와 이민자 통합정책에 있어서 기존 질서를 결정적으로 변화시킨 상징적인 사건이다. 동 법 제정 이전에는 합법적인 이민자들에게는 미국 시민들과 거의 동일한 공공복지 수혜자격이 주어졌다. 그러나 동 법의 제정과 후속 개정들에 따라, 1996년 이후에 입국한 거의 모든 합법적 이민자들은 입국 후 적어도 5년 동안 연방 정부의 핵심적인 정부지원 프로그램들로부터 제외되어 버렸다. 이런 프로그램에는 국민의료보조제도, 주 어린이건강보험프로그램(SCHIP), 빈곤 가정 단기 지원(TANF), 무료급식, 안전 수입 보조 프로그램(SSI) 등이 있다. 물론 1996년의 법률 개혁으로 1996년 이전에 미국에 들어온 거의 모든 합법적인 영구 이민자들에 대한 혜택은 여러모로 복구되었다고 할 수는 있으나, 그럼에도 불구하고 사실 오늘날 영주권을 소지한 이민자들의 40% 이상은 그 이후에 들어온 사람들이다. 이에 따라 어떤 주들은 자체 예산으로 마련한 서비스 프로그램을 통하여 연방 정부의 지원이 중단되어 버린 비합법적 이민자들을 위한 보건 및 복지 혜택들을 지속시켜 왔으나 모든 주가 그렇게 할 수 있었던 것은 아니다.

:: 국적 정책

이민자들에 대한 이 같은 제약들로 인해 이제 미국 국적은 실용적인 면을 고려한다 해도 이전보다 더욱 귀중한 것이 되었다. 미국 국적취득은 정부지원과 안정적인 거주(추방에서 보호받는 방법)를 위한 관문이 되었다. 여타 국가에 비해 미국 국적 취득은 비교적 용이하고 빠른 편이다. 합법적인 영구 이민자가 된 후 5년 내, 미국 시민과 결혼했거나 군대에서 봉사했을 경우 3년 안에 가능하다. 미국 시민이 되기 위해 필요한 시험 과정은 다소 임의적이긴 하나 지나칠 정도로 어렵지는 않으며, 귀화를 위한 영어 능력 요건도 적절한 편이다.

이 같은 법률적 변화에 따라 이제 국적취득은 이민자통합의 표식으로 자리 잡게 되었다. 우선 국적은 통합을 촉진시킬 수 있는 유리한 조건들, 즉 건강보험, 기본적인 영양 섭생 및 각종 훈련 프로그램 등에 대한 자유로운 접근을 가능하게 한다. 다른 한편, 위와 같은 실용적 이유와 함께 또한 다소간의 소속감이나 국가적 충성심에 따라 귀화 결심을 하는 것이기도 하다. 국적과 관계된 정책들은 미국 USCIS(국적이민국)의 귀화시험 개편 과정에 따라 변화하고 있다.

Ⅳ. 우리는 어떤 통합의 추세로 가고 있는가?

자넷 머구퍼와 세실리아 무노즈는 미국의 이민자 통합이 이에 대한 저조한 투자에 비해서는 비교적 잘 진행되고 있다고 보고 있다(제3장 참조). 제2장에서 타말 제코비도 동의하고 있듯이 이런 주장은 로저 워딘저와 르네 레이흘에 의해 수행된 미국인구조사 데이터 분석(제4장 참조) 결과에 의해서 대체로 뒷받침되고 있다. 이민자 통합은 오랫동안, 다세대에 걸친 과정으로 간주되어 왔다. 워딘저와 레이흘은 이민자 제2세대의 취업, 직업의 질, 교육에 관한 광범위한 추세를 평가하고 이것들이 모두 성공적인 통합을 가늠하는 중요한 지표임을 지적하고 있다.

:: 일반적인 추세

워딘저와 레이흘은 (1) 캐나다 / 유럽 / 호주계, (2) 아시아계, (3) 멕시코계, (4) 남미계 등 각 네 그룹으로 나눠진 이민 제1세대인 외국 출생인들과 제2세대인 미국 출생 이민자 자녀들을 비교하고 있다. 이들을 백인 및 흑인 제3세대 이하의 세대, 즉 미국에서 태어난 미국 토박이들의 자녀들도 비교하였다. 성별에 따른 비교 또한 이루어졌다.

비교 결과, 다소 일관성이 떨어지기는 하나 역사적으로 볼 때, 이민자 그룹들의 모든 부분에서 통합이 실제로 진행되고 있는 것으로 밝혀졌다. 통합의 측정기준으로 고등학교 졸업 비율, 대학 졸업 비율, 노동참여, 수입, 건강보험 적용 범위와 연금제도 가입에 나타나는 직업의 질 등이 포함되었다. 가장 특징적 사실은 다음과 같다.

• 제1세대 및 제2세대 아시아계는 거의 모든 비교부문에서 백인과 동등하거나 그보다 더 우수한 성과를 나타낸다.

• 멕시코계 여성들은 특히 노동 참여에 있어서 두드러진 세대 간 향상을 보이고 있다.

• 세대 간 향상에도 불구하고, 멕시코계는 사실상 모든 비교 부문에서 흑인을 제외하고는 여타 그룹보다 뒤떨어진다. 다만 중요한 비교 부문인 노동참여만은 예외이다.

• 멕시코계 남성의 노동참여 비율이 높다는 것은 비록 재교육 비율의 증가에도 불구하고 이들 저학력 멕시코계가 대개 취업을 잘하고 있다는 것을 의미한다. 높은 취업률로 인해 이들은 흔히 사회학에서 말하는 실업에 중점을 둔 하층계급에 대한 표준적인 정의와도 다른 모습을 보여 주고 있다.

• 그림 1이 나타내듯, 16세~20세의 멕시코계 십대들 중 학교 등록비율은 제1세대 35%라는 매우 낮은 비율에서 제2세대 57%로 급속한 증가를 보였다. 오늘날 멕시코계 제2세대의 높은 학교 등록 비율은 본토 출신의 백인 자녀들(62%)과 흑인 자녀들(59%) 등록 비율에 근접하고 있다.

• 특히 멕시코계의 고등학교 이수비율은 세대 간 비교에서 굉장한 향상을 보이고 있다. 2004년 기준, 25세에서 65세까지의 멕시코 제1세대 중 52%나 고등학교 이하의 학력인 데 반해 제2세대는 단지 17%에 불과했다.

• 그러나 멕시코계의 고등학교 졸업 비율의 증가에도 불구하고 이 경향이 바로 동일한 비율의 대학교 수료 학력으로는 연결되지 못하는 것으로 나타난다(그림 2 참조). 2004년 기준, 백인 32%, 아

시아계 제2세대 57%와는 대조적으로 25세에서 64세까지의 멕시코계 제2세대의 14%만이 대학교를 수료한 것으로 나타났다.

• 많은 비교에서 흑인 남성들은 멕시코계를 제외한 다른 그룹보다 뒤쳐졌다. 노동 참여에서 흑인들의 비율은 여타 모든 그룹들에 비해 매우 낮았으며 특히 1970년 이후부터 지속적으로 낮아지고 있는 것으로 나타났다.

그림 1. 국적별 및 세대 간 십대의 학교등록 비율. 2000년

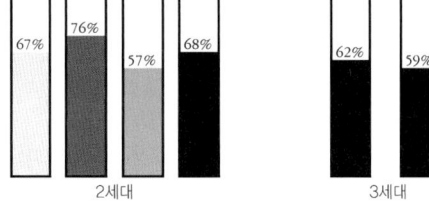

유럽. 캐나다. 호주계.　아시아계.　멕시코계.　기타 미국인(흑인 포함)

출처: Current Population Survey. 1997 - 2003년 3월

그림 2. 국적별 및 세대 간 대학 학위 소지 성인(25세～64세) 비율. 2004년

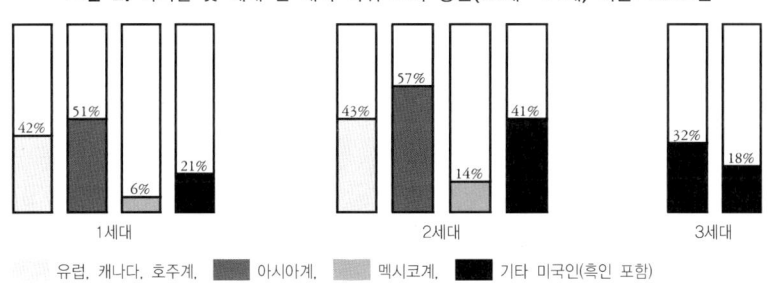

유럽. 캐나다. 호주계.　아시아계.　멕시코계.　기타 미국인(흑인 포함)

출처: Current Population Survey. 2004년 3월

워딘저와 레이흘의 조사결과는 한편으로는 긍정적이긴 하나 결론적으로 볼 때는 다음과 같은 사실에 주의해야 한다. 즉 "오늘날

이민자 제2세대 성인들은 그들의 부족함을 만회하기 위해 애쓰고 있는 것은 사실이다. 하지만 과연 그들의 미래가 어떨지는 아무도 확신할 수 없다. 어차피 이들은 지난 이십 년간 별로 나아지지 못한 환경 속에 갇힌 가난한 이민 노동자의 자녀들에 불과한 것이다."

::교육, 건강, 노동 및 국적 분야의 경향과 정책 이슈

본 책에서 교육, 건강, 노동 및 국적에 관한 연구(제7장~제10장)들은 특정 이민자 그룹의 통합의 문제와 함께 그들의 욕구에 대하여 통합 관련 기관들이 어떻게 대응하고 있는지에 대하여 관심을 환기시키고 있다.

유아교육부터 의무교육 및 낙오학생방지법

워딘저의 조사결과는 해당 분야의 여타 연구들과 일맥상통하고 있다. 가장 주목할 만한 것은 포르테와 럼바웃의 연구로서 "이민자 자녀들은 전반적으로 미국 교육 제도에 잘 적응하고 있으며, 대체로 미국 본토인 자녀들보다 우수한 성취도를 보인다"는 것이다.[5]

그럼에도 몇몇 외국 출생 이민자집단들의 낮은 학업 성취도는 여전히 염려의 대상이 된다. 퓨 히스패닉 센터(Pew Hispanic Center)에 따르면 15~17세까지의 이민자들은 같은 연령 미국인구의 8%에 불과하지만 청소년 학교 중퇴자 비율은 25%를 차지한다고 한다. 본국에서 학업을 중단하고 청소년기에 미국에 건너온 이민자들 중의 70%가 학교를 중퇴하는 것으로 나타났다.[6]

---

5) A. Portes and R. Rumbaut, Legacies: The Story of the Immigrant Second Generation (Berkeley, CA: University of California Press, 2001).

교육정책, 특히 이민자에 대한 교육정책은, 논란의 대상이 되고 있는 낙오학생방지법의 제정, 시행 및 추가시행 등에 따라 유동적이다(제9장 참조). 실질적으로 아주 중요한 새로운 이민자 통합정책이라 할 낙오학생방지법은 학교가 평준화된 학업능력 시험을 통해 LEP 학생들을 찾아내고 가르치고 테스트할 것을 규정하고 있다. 학생들의 점수는 집단별로 보고되고 학교는 그런 집단의 학업 수행능력에 책임을 지게 되어 있다. 일정 기준에 이르지 못하는 학교는 가중 규제를 받도록 되어 있다. 낙오학생방지법은 연방 정부에 대해서도 LEP 학생들의 영어 학습 향상을 위한 의무를 부과한 최초의 법이다. 사실 이 법은 이민자 및 영어구사력에 한계가 있는 학생들을 종종 간과하고 무시했던 지난날 학교 교육에 대한 십 년간에 걸친 개혁의 결실이라고 할 수 있다.

그림 3. 미국 의무교육 이수 학생 수와 영어구사력 한계학생 수 증가율(1993 - 1994년 ~ 2003 - 2004년)

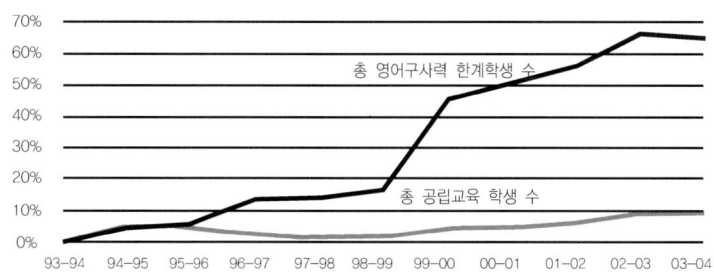

출처: 줄리 머레이, 진 베타로바, 마이클 픽스. "이민자 자녀와 새 교육 정책과 시행" 이민과 미국의 미래를 위한 독립특별TF 자료(워싱턴 DC: 이민정책연구원, 2006).

---

6) R. Frey, "Hispanic Youth Dropping Out of US Schools: Measuring the Challenge" (Washington, DC: Pew Hispanic Center, 2003).

이 법의 시행으로 이민으로 인한 많은 도전 과제들과 맞닥뜨리게 되었다. 이런 도전 과제는 법의 성공 여부에 영향을 끼치며 어느 면에서는 주와 기타 지자체 정책결정자들의 저항에도 영향을 미친다.

첫째, 점증하는 이민에 따라 이민자 자녀의 숫자도 크게 증가하면서, 아울러 이들이 기존의 이민자 집거지역을 벗어나 새로운 지역으로도 빠르게 분산되고 나가고 있다. 이러한 수적 증가와 분산 현상은 특히 영어구사력에 한계가 있는 학생인구의 증가와 관련하여 주의 깊게 살펴보아야 한다. 이들 LEP 인구는 1993 – 1994년에서 2003 – 2004년 사이에 65%나 증가했다. 특히 이들 LEP 인구가 각각 500%, 340%씩 증가한 노스캐롤라이나와 네브래스카 같은 주들에서는 이 사실이 더욱 충격적으로 나타나고 있다.

둘째, 1990년대 말 이후 도시연구소(Urban Institute)는 영어구사력에 한계가 있는 학생들이 소수의 학교에 집중되어 있다고 분석한 바 있다. 최근의 연구는 LEP 초등학생의 70%가 미국 학교 중 10%의 학교에 집중되어 있는 것을 발견했다. 이 연구는 또한 높은 LEP 비율의 학교들이 도시에 위치하고 있으며 이런 학교에 빈곤한 소수민족 학생들의 분포 경향이 높다는 것을 발견했다. 이 학교들은 LEP가 아예 없거나 적은 학교들보다 한 학급당 더 많은 등록 학생 수를 보이며, 경험이 부족한 교사 및 교장이 재직하는 경향도 높은 것으로 나타나고 있다.[7] NCLB 시행에 관한 초기연구 결과들은 이런 높은 LEP 비율의 학교들이 NCLB에 제시된 기준에

---

7) C. Cosentino de Cohen, B. Chu Clewell, and N. Deterding, "Who's Left Behind?: Immigrant Children in High and Low LEP Schools" (Washington, DC: The Urban Institute, 2005).

턱없이 미달하여 법의 제재를 받을 정도라는 것을 보여 주고 있다. 그러나 법 시행에 따른 변화로 인해 이 같은 학교의 LEP 및 이민자 자녀들이 과연 이익을 보게 될 것인지 오히려 불이익을 받게 될 것인지는 아직 지켜 볼 문제이다.

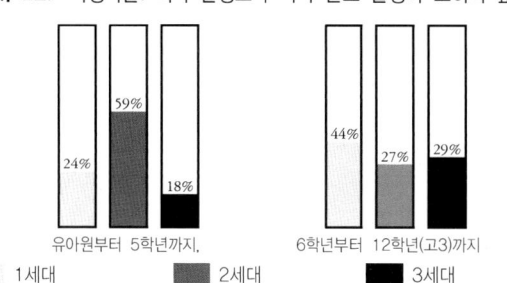

그림 4. LEP 학생비율: 외국 출생보다 미국 본토 출생이 오히려 높음

출처: Migration Policy Institue, "The Demography of America's Schools," CUSSW Presentation, November 16, 2005.

셋째로, 지난 삼십 년 동안 이민자 자녀들의 빈곤율 또한 급속도로 증가했다. 1970년에 이민자 자녀들의 빈곤율은 미국에서 태어난 백인들의 빈곤율과 비슷했다. 하지만 오늘날 이민자 자녀 빈곤율은 흑인 청년의 빈곤율에 가깝다.

넷째로, 도시연구소의 최근 연구는 전체적으로 학년이 올라갈수록 영어를 완전히 습득하는 비율도 높다는 사실을 발견했다.[8] 그럼에도 불구하고, 그림 4가 나타내는 것처럼, LEP 초등학생들의 사분의 삼 이상, LEP 중고등학생의 절반 이상은 정작 미국에서 태어나서 교육받은 미국 본토출생들인 것으로 보인다. 미국 본토출생의

8) R. Capps, M. Fix, J. Murray, et al., "The New Demography of America's Schools: Immigration and the No Child Left Behind Act" (Washington, DC: The Urban Institute, 2005).

제3세대 어린이들이 LEP 학생들 중 상당부분을 차지하고 있다. 이러한 경향은 이민자 자녀들의 언어 능력과 학교 교육 적응력을 높이기 위한 양질의 유아교육 확대와 책무성 제고의 중요성을 분명히 보여주고 있다.

그림 5. 보험에 가입되지 않은 저소득 가정 어린이(빈곤율 200% 이하) 백분율의 변화. 1995년부터 2004년까지

44%	49%
1995	2004
이민자 자녀	

29%	22%
1995	2004
시민 자녀/이민자 부모

19%	16%
1995	2004
시민 자녀/미국에서 태어난 부모

출처: L. Ku의 1996, 2005 3월 Current Population Survey에 대한 분석

마지막으로, 거의 모든 LEP 학생의 학부모들도 실상 LEP이며, 학생들이 학교에서 경험하는 언어적 고립은 가정에도 그대로 반영됨으로써 학생들의 학업 향상을 이중으로 어렵게 만들고 있다는 사실은 그리 놀랄 만한 일이 아니다. 따라서 그들의 이러한 고립 상황을 고려하여 가족 전체가 참여하는 교육 방법이 절대 필요한 실정이다. 그러나 연방정부의 가족 언어교육 중 가장 큰 프로그램인 'Even Start Program'에 지원되는 자금은 최근에 오히려 절반으로 줄어들었다.

:: 건강관리와 보험

쿠와 파파드미트리오에 의해 제시된 자료(제7장)는 최근 미국에

정착한 이민자들과 그 자녀들의 건강관리가 주류사회의 주변부에 위치하고 있다는 사실을 여실히 보여 주고 있다. 저소득층 미국 시민의 23%가 비보험인 반면에, 비시민권자인 저소득층 이민자는 56%가 보험에 가입되어 있지 못했다. 그림 5가 나타내듯이, 1995 년과 2004년 사이에 보험에 가입되지 않은 어린이 이민자의 비율 은 44%에서 49%로 증가했다.[9] 결국 높은 보험 미가입률은 낮은 건강관리시설 이용률과 열악한 건강상태로 귀결된다. 도시연구소 보고서에 따르면, 실질적으로 이민자 자녀들은 미국 본토인 자녀들 과 비교할 때 겨우 동등한 건강상태를 유지하거나 아니면 더욱 열 악한 상태에 있는 경향을 보이고 있다.[10]

이 같은 이민자들의 낮은 보험 가입률에는 여러 가지 이유가 있 다. 미국에서 태어난 노동자들에 비해 외국 출신 노동자들은 고용 주가 제공하는 보험에 가입된 비율이 저조한데, 이는 많은 경우 노동시장 안에서 계약직과 같은 저임금 직종에 고용되어 있기 때 문이다. 공공 혜택에 대한 접근성 또한 보험 가입률에 영향을 미 친다. 앞에서 언급한 바처럼 1996년 사회복지개혁에 따라 1996년 이후 미국에 들어온 거의 모든 이민자들은 연방 국민의료보조제도 와 주 어린이건강보험프로그램(SCHIP)의 혜택 대상에 적어도 입국

---

9) 이와 동시에, 이민자 및 소수인종 집거 지역에 대한 활발한 홍보에 힘입어 주 어린이건강보 험의 도입과 고용중심 건강보험의 감소세는 이민자가정 내의 시민권자인 아동에 대한 공공건 강보장보험의 증가로 이어졌다. 자세한 내용은 R. Capps, G. Kenney, and M. Fix, "Health Insurance Coverage of Children in Mixed-Status Immigrant Families", Snapshot 3 of America's Families, No.12(Washington, DC: The Urban Institute, 2003) 참고.

10) J. Reardon Anderson, R. Capps, and M. Fix, "The Health and Well-Being of Children in Immigrant Families", Assessing the New Federalism Policy Brief B-52(Washington, DC: The Urban Institute, 2002).

후 5년 동안은 제외되어 있으며, 따라서 그들에 대한 지원은 정부가 아닌 일반 후견자들의 몫으로 떠넘겨져 있다. 고용주가 제공하는 보험의 가족보상범위는 일 년에 10,000달러, 개인보상범위는 4,000달러임을 고려할 때, 후견자들은 늘어난 부담으로 버거운 상황에 직면해 있다. 낮은 보험가입율의 또 다른 원인은 비합법 이민의 증가와 사회복지개혁 전후에 연방정부가 비합법 이민자들에게 긴급국민의료보조를 제외한 일체의 공공보험 수혜를 금지시킨 때문이기도 하다. 마지막으로 정부지원 서비스의 이용 가능성은 지원자격 유무와는 별개로 공급자와의 언어적 소통 가능성(이중 언어를 구사할 수 있는 직원과 통역자의 유무 등)에도 달려 있기 때문이다. 위와 같은 이유에 따른 이민자들의 저조한 보험가입률로 인해 자연히 공중병원, 보건소, 자선단체들이 무료로 제공하는 서비스등에 상대적으로 높은 이용비율을 보이고 있다.

쿠와 파파드미트리오는 이민자들과 그들의 건강에 관한 세간의 잘못된 인식들 때문에 이민 통합정책이 더욱 어렵다고 말한다.

첫째로, 일반적 인식과는 반대로 실제 이민자들은 비보험 인구 증가의 주요원인이 아니다. 도시연구소 건강정책센터의 분석 결과, 1994년과 2003년 사이에 증가한 비보험 인구 대부분은 사실 미국 출생 시민들이 차지하고 있으며 이러한 비보험인구의 증가는 개인보험 감소에 의한 것임이 드러났다.[11]

둘째로, 이민자 건강보험의 비용이 공급자들에게 환급되지 않는 경우가 종종 있긴 하지만 그 실상이 부풀려져 발표되곤 한다. 사

---

11) J. Holahan and A. Cook, "Are Immigrants Responsible for Most of the Growth of the Uninsured?"(Washington, DC: Kaiser Commission on Medicaid and the Uninsured, 2005).

실 이민자들은 미국출생 시민들보다 응급실을 덜 이용하는 것으로 나타났다. 게다가, 미국공공보건저널(American Journal of Public Health)에 실린 최근의 기사는 이민자 한 사람이 지출하는 의료비용은 보험에 의해 지불되든 개인에 의해 지불되든, 미국출생 시민의 절반 이하라는 것이다.[12] 이러한 사실은 보험 보상범위, 인종 / 민족, 수입, 나이, 성별, 교육 건강상태 등의 제반 요인들에 대한 효과를 통제할 때에도 동일한 것으로 나타났다.

셋째로, 주정부 정책결정자들이 이미 자주 논의하고 있지만, 사실 이민자들에게 의료보장 혜택을 제공한다고 해서 이민자들이 해당 지역에 마구 몰려드는 것도 아니다. 1990년대 말에 나타난 바처럼 실제 이민자들이 어떻게 분산되어 갔는지 하는 사실을 보면 알 수 있듯이 캘리포니아 주 등 이민자들에게 많은 혜택을 제공하는 주에서 나온 이민자들은 남동부, 로키 마운틴 인근 주들 및 중서부 등 일반적으로 낮은 관세와 저조한 정부지원으로 특징지어지는 주들로 이주한 것으로 나타났다.

이런 건강보험 제공 패턴과 그를 둘러싼 허구적 사실들을 고려할 때, 과연 대대적인 이민개혁 속에 받아들여진 새로운 이민자들이 이미 커질 대로 커진 상태인 비보험 이민자 풀 속에 다시 방기되어도 옳은 일이지 의문이 든다.

::이민 노동자들의 경제적 향상 전망

노동시장에 대한 자유로운 접근 보장은 아직도 가장 강력한 이

---

12) S. Mohanty, et al., "Health Care Expenditures of Immigrants: A Nationally Representative Analysis", *American Journal of Public Health* 95:8, 2005.

민자 통합의 한 방법이다. 워딘저와 레이흘이 지적한 것처럼 이민자 노동인구는 기술력이 낮은 사람들까지 포함하여 전반적으로 높은 취업률을 보이고 있다. 이민자 노동인구의 기술수준은 상위와 하위에 집중되어 있어 마치 모래시계 형태처럼 분포되어 있다. 외국출신 노동자들의 30%가 고등학교 이하의 교육을 받은 반면에, 석사 이상의 학위를 가진 이들의 비율도 미국 토박이들과 비슷한 28% 수준이다.

노동이 이민과 통합에 있어 중심적인 역할을 함에도 불구하고, 실상 이민 노동자들의 노동유동성을 위한 정책이나 사회적 자본은 빈약하다. 빌러와 머레이는 오늘날 이 분야에서 나타나는 미국 시스템의 문제점들을 설명하면서 세 가지 보완적인 투자 전략들을 제시하고 있다.

노동력 개발

첫째는 노동력의 개발이다. 이 전략의 주요 타깃은 저숙련 이민 노동자들이다. 현재 연방 수준에서는 성인기초교육법(Adult Basic Education Act)에 따라 성인이민자들에 대한 ESL 교육을 위한 자원투입이 이루어지고 있는 정도다. 2003 – 2004년 사이에 1,000만 명의 LEP 성인 이민자들 중 대략 120만 명 정도가 이에 따라 언어훈련을 받았다. 그런데 주정부 발간 자료와 세간의 이야기에 따르면 프로그램 지원자가 너무 넘쳐서 수강자 수준별 교과 조정이 이루어지지 못하고 있으며, 특히 일정 정도의 영어 실력을 갖춘 자들에 대한 교육 수준의 부적합성 정도는 더욱 심하다고 한다. 세심한 수준별 배치가 이루어지지 못하고, 더욱이 첨단교육기자재 및 기술도 제대로 활용되지 못하고 있다는 것이다. 따라서 향후의 이민개혁은 소위 신규 '고객들'인 이민자들을 기존의 제도 내로 적절히 수용함에 있어 그에 따른 제도적 문제점들도 잘 고려하여 이루어져야 한다.

연방 정부의 직업훈련은 주로 WIA(Workforce Investment Act: 노동력지원법) 예산지원 프로그램을 통해 이뤄진다. 그런데 미국 저임금 노동자의 20%가 이민자이지만 정작 LEP 프로그램에 등록한 성인들은 전체 WIA 등록 인구의 7%에 불과할 정도로 그 실적이 대단히 저조하다. 훈련 프로그램들도 대개가 최근에 입국한 이민자들의 평균 수준보다 높아서 적어도 9학년 정도의 수준과 기술력을 가진 노동자에게만 적합한 프로그램들뿐이라고 한다.

물론, 고용주들이 이민자들의 노동 기술력 개발에 중요한 역할을 담당할 수도 있다. 그러나 실제 고용주들이 노동력 개발을 위해 하는 일은 별로 알려진 것이 없으며 또 이에 대해 신뢰할 만한 평가가 이루어진 것도 없다. 고용주들은 이민 노동자들의 노동력 개발을 위해 언어 및 기술지도 등의 스케줄을 짜야 하는 번거로움과 훈련제공 및 프로그램 참가에 따른 피고용자의 작업시간 손실, 관심 결여 등으로 인한 비용 때문에 오히려 불만을 가지고 있다. 더욱이 고용주가 제공하는 훈련 프로그램들은 오히려 대개 회사 내에 가장 숙련된 기술자들을 대상으로 하는 경우가 많다.

기술과 자격 인정

회사가 필요로 하는 숙련된 기술자를 구하기 위해서는 이민자들이 미국 입국 시에 이미 보유한 기술과 지식을 잘 이용하는 전략

이 필요하다. 연구에 따르면 합법적 이민자들의 절반이 미국에 들어 온 첫해에 이민 전보다 수준이 떨어지는 직업을 가지게 된다고 한다.[13] 미국인구센서스에 대한 이민정책연구소(Migration Policy Institute)의 최근 분석에 의하면, 석사학위 이상 학력 보유 이민자들의 17%가 연방빈곤지수(Federal Poverty Level)의 200% 이하에 위치하는 저소득층으로서 이는 단지 8%만이 저소득층에 불과한 토박이 미국인들과 크게 대조를 보이고 있다고 한다. 이런 상황이야말로 이민통합을 위한 공공정책과 사회적 자본의 부재 문제를 여실히 보여 주는 것이다. 교육분야 자격증명은 비영리단체인 국제교육단(World Education Services)과 같은 단체에 의해 수행되고 있다. 그러나 직업면허를 위해서는 그와 같은 국가 기관이 존재하지 않고, 주마다 다양한 기준에 의해 직업면허 증명이 진행되는 경우가 많다. 이런 문제에 대해 다른 나라들은 어떻게 하고 있는지 알아볼 필요가 있다. 최근 캐나다는 실제 미래 노동력의 대부분이 이민에서 비롯된다는 것을 인식하고 새로운 해외자격인정프로그램(Foreign Credential Recognition Program)을 신설하였으며, 향후 6년 동안 7,000만 달러를 여기에 투입할 예정이라고 한다.

이민자 기업 지원

노동력 개발 전략의 하나로서의 이민자 기업에 대한 지원의 중요성이 종종 간과되곤 하였다. 이민자들은 자영업을 하는 경우가 매우 많으며 이들은 모든 이민자들 중에서 가장 높은 수입 수준을

---

13) I. R. Akresh, "Occupational Mobility among Legal Immigrants to the United States", *International Migration Review* 40, no.4.

보이고 있다. 더욱이 이민자 기업은 그 자체로 일자리의 원천이 된다. 그러나 어떤 경우에는 그들이 제공하는 일자리들의 낮은 임금, 적은 혜택, 영어를 배울 기회의 제한 등으로 인해 오히려 통합을 어렵게 만들 수도 있기는 하다.

이민자 기업 지원정책으로는 이민자출신 기업주들이 신용실적을 더욱 쉽게 축적할 수 있도록 하고, 합법적 이민자들에 대한 정부지원, 대출, 사업지원 자격 등을 관리하는 공공기관의 표준화된 규정개발 등이 포함될 수 있다.

::귀화와 국적

지난 십 년 동안 귀화이민자 비율과 규모는 놀랄 만한 증가를 보여 왔다. 1990년대 중반을 시작으로 1995년과 2004년 사이에 귀화자의 규모는 처음으로 700만 명에서 1,310만 명으로 증가했다 (부록 3 참고).

그러나 이 같은 증가에도 불구하고 아직도 여전히 귀화자격을 갖춘 많은 이민자들이(2002년 기준 대략 800만 명) 실제로는 귀화를 하지 않고 있다. 그런데 이들 중 60%가 LEP, 25%가 9학년 이하 교육 수준, 대략 절반가량이 저소득층, 28% 정도의 꽤 큰 비율이 멕시코계라는 사실에 주목해야 한다.

말하자면 지속적인 귀화시험 재정비를 위해서는 귀화 자격 인구의 규모와 특성 등의 중요 요소도 함께 고려되어야 한다. 이미 유럽에서 진행되고 있는 바처럼 이는 귀화시험을 표준화하고 더욱 의미 있게 만들고자 하는 작업이다. 귀화시험 재정비는 다음과 같은 세 가지의 잠재적인 대립 요인들이 내재되어 있다.

　• 귀화시험 신청자들에게 이민귀화법(Immigration and Naturaliz ation Act)에 따라 기초적인 수준의 영어 능력만을 필요로 하면서 도, 한편 복잡한 개념들과 추상적인 관념들에 대한 이해도 요구하는 것

　• 시험 사정관들이 시험성적을 평가함에 있어서 신청자 개개인 의 배경이나 '상황적인 배려'도 해야 하면서도, 한편 시험시행기관 과 감독관 등 시험운영 전반에 걸친 표준화도 진행해야 하는 것

　• 의미있는 시험을 만들지만, 한편 이로 인해 시험이 더 어렵게 되거나 탈락률이 현재보다 더 증가되지 않도록 만드는 것

　이민 개혁으로 인해 교육수준 및 영어 능력이 상대적으로 낮은 노동자들이 많이 들어옴에 따라 귀화시험이 더욱 강화되게 된다면, 시민윤리 및 영어교육(노동자들에게도 국적 취득이 허용된다면)이 얼마나 필요한지 또는 일정 정도의 권리가 부여된 비시민권자로서 의 합법적 이민자인 단기노동자들은 어느 정도 도입해야 할 것인 지 등에 대하여 고려해야 할 것이다.

V. 새로운 통합 아젠더에는 무엇이 담겨져야 하는가?

　이제 이민통합정책의 핵심 요소는 무엇이며, 이민개혁을 통한 통합의 가능성은 얼마나 가능한 것인지에 대하여 언급함으로써 이 글의 결론을 맺고자 한다. 논의의 출발점은 오늘날에 있어서도 이

민자 통합 과정에의 주요 참여 주체는 결국 과거와 마찬가지로 주 또는 지방 차원에서 그리고 주로 고용주, 가정, 교회, 공공기관, 민간기관 및 이민자들이며, 이민통합은 이들 스스로에 의해서 주로 이루어지게 될 것이라는 점이다. 그러나 그럼에도 불구하고 본 책에서 제기된 여러 문제들을 볼 때, 이제는 더 이상 과거와 같이 자유방임적 이민자 통합정책으로 많은 것을 요행에만 맡겨 버릴 수는 없는 상황에 왔다. 이제부터 우리가 어떤 정책과 지원을 시행해야 할 것인가는 문제를 숙고해야 할 상황이다.

::단기이민과 영주이민간의 균형

무엇보다도 단기이민은 이민정책 개혁의 주요 대상이 되지 말아야 한다. 그럴 경우 아무리 많은 개혁을 시도한다 할지라도 결국 경제사회적 차원의 이민통합의 핵심 문제들을 건드릴 수 없게 된다. 물론 많은 단기이민자들이 영구적인 일자리를 찾아 경제에 합류하게 되고 결국 정주하는 경향이 있다. 그러나 단기이민자로 계속 남거나 비합법 신분이라 할지라도 그들은 노동시장으로의 자유로운 접근, 시민과 정주노동자들에게만 부여된 제반 권리들, 사회안전망, 인적 자본을 위한 투자 등의 통합정책이 제공하는 혜택과는 아무 상관없이 어쨌든 미국에서 잘 체류하고 있다.

::교육

본 책의 제4장에서는 이민자 세대 간 비교를 통해 지금까지의 미국 이민통합이 대체로 긍정적인 방향으로 진행되고 있다고 분석

하고 있다. 그러나 이에 대한 예외적 증거도 있으며 그 중에 하나
는 아마도 멕시코계의 경우 이민 제1세대와 제2세대 모두가 대학
졸업률이 매우 낮다는 사실일 것이다. 그러므로 지식경제사회에서
이러한 격차는 커뮤니티 칼리지에서의 2년제 교육과 4년제 대학교
육으로의 편입 및 졸업에 중점을 두는 정책 등의 프로그램을 통해
적극적으로 해소되어야 할 부분이다.

또한 유아교육에서부터 12학년제 공립교육 전반에 걸쳐 LEP 학생
인구가 급속하게 증가하고 있고, 특히 이것이 특정집단에 집중되고
있으며, 그리고 이민 제1세대를 넘어서 제2세대, 심지어 제3세대에
걸쳐 지속적으로 이민자 가정의 영어구사력에 한계가 있다는 사실
이 드러났다. 전체적으로 볼 때 이러한 경향들은 결국 NCLB(낙오학
생방지법)의 기준에 턱없이 못 미치는 '高LEP'('high LEP') 학교들에
향후 정책적 초점을 맞출 필요가 있음을 보여 준다. 또한 교육의 책
무성을 따지는 시스템을 잘 구축하고 유아교육을 통해 영어 조기습
득을 촉진하는 것이 얼마나 중요한지도 잘 보여 주고 있다.

::노동 훈련과 언어 정책

오늘날 성인기초교육시스템의 하나인 ESL프로그램은 너무 과도
한 신청자 규모로 넘쳐나고 있으며, 국가 노동력개발 프로그램은
이민자들과 LEP노동자들에 대하여 충분한 배려를 하지 못하고 있
다. 또한 이민자 훈련을 위한 고용주들의 역할에 대해서는 아직
제대로 된 연구도 이루어지지도 못하고 있으며, 효과 있는 방법들
에 관한 체계적 지식도 미미한 형편이다. 따라서 최소한 우리에게

는 이런 미흡한 교육과 훈련 시스템에 대한 보다 나은 이해와 파악 정도는 있어야 할 것이며, 좀 더 욕심을 부린다면 국가적 차원에서 계획적인 영어습득 정책을 개발할 수도 있어야 할 것이다. 사실 이러한 정책은 부시 정부가 최근 시행하겠다고 발표한 미국 시민들에 대한 제2외국어 습득장려정책과 동일선상에 있는 것이라 본다. 논의의 초점은 미국 성인 문해율과 노동력 개발체계를 더욱 효과적으로 통합하는 것이어야 할 것이다.

이에 맞춰서, 학교 차원에서 윤리 및 사회통합 교육과정 신설자금 마련을 위한 새로운 기금지원 프로그램 설치를 위한 일련의 법안이 상원에 제출되어 있다. 제출된 프로그램에 따르면 사회통합교육 관련 자선 기금의 모금 및 기부 권한을 부여받은 신설 공공 또는 개인단체에 의해 자금 지원이 이루어지도록 하고 있다. 이런 아이디어는 사회통합을 위한 영어습득 및 시민윤리교육 문제를 국가적 아젠더의 하나로 올려놓기 위한 좋은 방법이 될 수 있으며, 나아가 실제 공공 자금지원이 필요한 분야이기도 하다.

:: 의료 권리

오늘날 이민자와 그 가족에 대한 건강보험 보상수준은 지극히 저조한 수준에 머물러 있다. 이는 부분적으로는 1996년 이후 들어온 합법적 이민자들에게 입국 후 적어도 5년 동안 연방 국민의료보조제도와 SCHIP(주 어린이 건강보험 프로그램)의 혜택을 받지 못하도록 한 계획적인 정책 때문이기도 하다. 이 정책으로 지난 10년간 미국 내 모든 합법적 영구이민자들의 40%가 이런 규제의

틀 속에 묶여 있게 되었다. 이에 어떤 주들은 어린이와 임산부들이 겪는 어려움을 줄이기 위해 자체 예산을 이용하여 나서기도 했으나, 주 자체 예산상의 위기로 인해 그나마 보상 범위도 불완전하고 안정적이지 못한 지경이다. 이런 결과 적어도 개인보험조차도 가지기 힘든 신규 이민자들은 의료관리의 사각지대에 놓여 있다.

이제 이민개혁 정책입안자들은 신규 유입 단기노동자 및 합법적 이민자들이 의료관리의 사각지대에 편입되어 버리는 딜레마에 직면하고 있다. 이에 대하여 다양한 의료 보상범위 옵션들이 있을 수 있다(제7장). 예를 들어 아래를 보자.

• 합법적 이민자들에게도 다시 국민의료보조제도와 주 어린이 건강보험 프로그램(SCHIP)의 혜택을 받도록 복구시켜 주는 방안

• 고용주들에게서 징수한 노동자 초청 신청비 중 일부를 노동자 보험비용으로 지원하는 방안

• 위험률을 관리함으로써 고용주, 고용인들의 보험비를 쉽게 낮추게 하는 방안

• 고용주들이 주정부 차원의 피고용자건강보험, 국민의료보조제도 또는 어린이건강보험 프로그램(SCHIP)에 가입할 수 있도록 허용하는 방안

• 복수국가 또는 국가 간 적용이 가능한 건강보험을 확대하는 방안. 이를 통해 미국 거주 멕시코 이민자들은 멕시코의 저렴한 의료시설들에서 건강관리를 받고, 응급진료나 그 외에 멕시코에 없는 다른 건강관리들은 미국에서 받을 수 있도록 함

• 정부지원 1차 진료소의 무료 또는 저비용의 응급진료, 예방

건강진료 이용 등을 확대하는 방안

• 이민을 보내는 나라(예를 들어, 멕시코)에서 그들 국민이 이주하여 거주하는 지역의 1차 진료소를 지원하도록 국가 간에 양자협정을 맺는 방안

:: 재정보조

제10장에서 지적했듯이 이제 이민개혁을 추진함에 있어 새로운 이민 물결이 지역사회에 미칠 재정상의 잠재적 영향을 분명하게 고려해야 할 것이다. 그간의 연구 결과들은 여러 이민개혁안에 따라 실제 증가가 예상되는 비전문기능 이민자들에게 소요되는 교육, 공공혜택, 의료관리 등의 비용으로 인해 결국 주와 지방자치정부가 재정적인 어려움에 처하게 된다는 것을 밝혀 왔었다. 그러나 이와 동시에 연방정부는 오히려 단순노무 이민노동자들이 지출하는 사회보장비 등으로 실제는 재정적 흑자를 보고 있으며, 따라서 연방정부가 주와 지방자치정부의 비용을 보조해 주어야 하는 것은 아닌지 하는 의견도 제기되고 있다. 더욱이 주정부와 지방자치단체들이 신규 이민자들에게 교육, 예방 건강진료 등을 제공할 수 있도록 지원함으로써 이민자들을 경제적 측면에서 더욱 생산적으로 만들어 전체 국가 경제에 더 큰 유익을 가져오게 할 뿐만 아니라, 이민자들을 받아들이는 지역사회 전체에도 오히려 이익이 되게 할 수 있다.

1986년 제정된 「이민개혁과 관리법」에 따라 시행된 주 합법화 재정보조 프로그램(State Legalization Impact Assistance Grants Program. SLIAG)의 하나인 종전의 종합연방재정원조프로그램은 성공적이지 못

한 것으로 평가되고 있다. 이 프로그램의 실패는 환급지연, 과도한 첨부서류, 그리고 연방정부, 주, 지방자치정부, 지역사회 기관들 사이의 부적절한 조정 등에 기인한다.

정책결정자들이 직면한 또 다른 이슈는 얼마만큼의 재정원조를 체류자격 변경자 또는 단기노동자 등 신규이민자들이 내는 비용으로 충당해야 할 것인가는 것이다. SLIAG(주 합법화 재정원조 프로그램)이나 긴급이민자교육프로그램(Emergency Immigrant Education Program) 어느 것도 수혜자부담원칙에서 신규이민자들이나 고용주의 행정 수수료를 증가시키는 방안을 채택하지 않았다.

:: 이민자와 난민 통합을 위한 국가 기구

이민통합의 중요성은 이민자 통합으로 인해 발생하는 상이한 조직 및 정부 부처 간 또는 소관분야 간의 갈등적 이슈들을 총괄 조정하기 위해서 연방정부 차원의 중앙기구를 설치할 필요가 있음을 보여주고 있다. 이민자 통합을 위한 정부 중앙기구의 설치 목적은 다음과 같다. (1) 이민자 통합을 위한 국가 정책목표를 설정하고 그 수행 정도를 측정, (2) 통합지원 관련 정부정책을 평가 조정, (3) 통합 목표 달성을 위한 주와 지방자치정부들 사이의 중재 역할, (4) 이민자 가족들의 영어 습득에 관한 현재 및 미래의 수요와 공급을 구조적으로 조사하고 그 수요를 충족하기 위한 수단에 적합한 권한 부여 등이다.

이와 같이 제안된 중앙기구는 부시정부가 최근 2006년 6월 대통령령에 따라 설치한 「이민자 통합을 위한 특별TF」를 기초로 하여 설립될 수 있다. 이 TF는 국토안보부의 지휘 아래 대통령자문위원회 수준의 기관들을 소집하도록 되어 있다. TF의 핵심 임무는 "영어, 윤리 및 역사교육을 통해 미국의 합법적 이민자들을 미국사회로 통합하기 위한 방향을 행정부 및 관계 기관들에게 제시하는 것"이다. 이 글이 집필되는 현재로서는 아직 TF의 직원관리, 자금관리, 정책적용의 범위 등에 대해서는 구성단계에 머물러 있다.

신설되어야 할 범국가적 차원의 중앙기구는 이민자 통합에 실질적인 효과를 거양할 정책을 제정, 평가하는 데 필요한 연방 정부 기관들과 긴밀히 연계되어 업무를 수행하여야 하며, 또한 연방정부의 활동을 조정하고, 통합을 촉진하는 정책 집행의 선두에 있는 주와 지방자치정부들 사이에서 중재역할도 해야 한다.

유엔 새 천년 개발 목표(UN's Millennium Development Goals)
① 극심한 빈곤과 기아 퇴치
② 초등교육의 완전보급
③ 성평등 촉진과 여권 신장
④ 유아 사망률 감소
⑤ 임산부의 건강개선
⑥ 에이즈와 말라리아 등의 질병과의 전쟁
⑦ 환경 지속 가능성 보장
⑧ 발전을 위한 전 세계적인 동반관계의 구축

이민자 통합을 위한 국가 정책목표들을 설정함에 있어, 전 세계 빈곤층 인구의 어려움을 해결하기 위한 청사진을 제시한 UN의 새

천년 개발 목표가 하나의 중요한 모델이 될 수 있을 것이다.[14) 이 민통합을 위한 국가 중앙기구는 이민자 통합의 국가 지표들을 개발하며 이민자들의 제반 성취도를 측정하는 연구 등을 지원해야 할 것이다. 그리고 그 결과는 매년 대통령에게 제출하는 보고서 (Report to the President)에 자세하게 기록하여 일반 대중에게 공개하도록 해야 할 것이다.

---

14) 유엔 새천년 개발 목표에 관해 더 자세히 알기 위해서는, 다음 웹페이지를 참조하시오. http://www.un.org/millenniumgoals/.

Part **1**

이민통합의 비전에 대한 정의 ─────────────

제2장 미국 이민자 통합의 역사

-테이머 제이코비(Tamar Jacoby)

이민자 통합, 흡수, 혹은 동화는 미국에 있어 이미 오래되고 친숙한 용어이다. 그래서 미국의 가장 위대한 역사가 중의 한 명인 오스카 핸들린(Oscar Handlin)은 그의 명저 첫머리를 이러한 선언으로 시작했다. "나는 미국 이민자들의 역사에 관해 글을 쓰려고 생각한 적이 있었다. 그때 나는 이민자들이 미국의 역사이며 그들의 이야기를 전부 말하기 위해서는 미국 역사 전체를 다뤄야 함을 발견했다." 이민자로서의 경험은 미국 대부분의 사람들에게 친밀한 이야기이며, 우리는 모두 '인종의 용광로'에 대해 잘 알고 있다.

그러나 이런 모든 사실에도 불구하고, 이민과 이민자 흡수의 문제들을 다루고 있는 유럽 국가들과 미국의 실정을 비교해 볼 필요가 있다. 이는 마치 진료소 밖에서 서로의 병에 대해 유감을 표시하는 두 사람의 경우에 비유될 수도 있다. 그렇다고 이민이 불평거리의 대상이라거나 또는 질병이라는 말은 아니다. 이와는 정반대로 적당하게 그 숫자와 환경이 통제되었을 때, 이민은 오히려 이민자들을 받아들이는 나라에게 경제적, 정신적인 측면에서 큰 혜택이 된다. 그러나 때때로는 그와 같은 이민 유입이 아픔과 고통의 증가를 수반하기도 하며 실제 오늘날 많은 나라들이 명백히 그런 아픔과 고통에 직면해 있다.

희망적인 소식은 오늘날 미국에서는 이민자 동화가 꽤 잘 이뤄지고 있다는 것이다. 그런데 이것이 실제 사실이냐는 문제는 크게 논란이 되고 현재도 활발한 모니터링이 이루어지고 있는 상황이며 또한 마땅히 그래야 한다. 어쨌든 매해 약 10만 명의 합법적, 비합법적 이민자들이 이 나라에 들어오고 있는 것을 생각할 때, 만약 그들이 제대로 동화되지 못하고 있다면 우리는 정말 큰 문제를 맞이하고 있는 셈이다. 하지만 내가 살펴본 대부분의 증거들은 볼 때 나는 어느 정도의 낙천주의를 지지한다.

무엇보다도 이민자 통합의 첫 번째 구성요소는 경제이다. 그러나 경제적인 것이 모든 것인 동시에 최종적인 요소는 아니다. 경제적으로는 괜찮으나 완전히 통합되지 못할 수도 있다. 미국 이민자의 여러 경제적 지표와 데이터를 살펴볼 때, 적어도 절반은 성공한 것으로 보인다.

미국에 오는 거의 모든 이민자들은 일을 하기 위해 온다. 처음 5년에서 10년간은 사회복지의 권리가 주어지지 않기 때문에 그들 대부분이 사회복지의 혜택을 누리지 못한다. 그들은 미국에 일거리가 있는지 없는지를 그들보다 먼저 온 같은 고향의 이민자들로부터 듣고 익히 안다. 오늘날 미국 도시들과 라틴 아메리카의 작은 마을들 사이에서의 의사소통은 매우 활발히 이뤄지고 있다. 만약 미국에 많은 일자리가 없다면 적은 수의 사람들만이 이민을 올 것이다. 어차피 실업자가 될 것이라면 미국에서보다는 고향에서 실업자가 되는 것이 훨씬 낫다. 대개 고향은 훨씬 더 따뜻하고, 생활비용도 덜 들고, 또한 든든한 가족과 친구들에게 둘러싸여 있을 수 있기 때문이다. 그래서 사실 미국 이민비자의 4분의 3이 가족초청을 토대로 이뤄지고 있기는 하나, 미국에 오는 거의 모든 이민자들은 한 개에서 세 개까지 일자리를 얻어 열심히 일하고 있다. 실제로 히스패닉계 남성들(히스패닉계는 미국에 사는 타국 출생인의 약 절반을 차지한다)은 이 나라의 어떤 그룹보다도 높은 노동인구 참여율을 나타낸다.

오늘날 많은 이민자들이 빈곤 상태에 있으며, 가장 더럽고도 위험한 일을 하고 있는 것이 물론 사실이다. 그들의 직업은 식당주방보조, 호텔 종업원, 공장 인부 등 미국의 내국인들이 기피하는 것들이다. 그러나 이런 경제적 하부계층의 이민자들은 최근 수십년간 미국에 들어오고 있는 엄청난 규모의 이민자 중 일부분에 지날 뿐이다. 미국은 한편 경제적 사회계층의 상층에 위치한 많은 사람들의 이민도 받아들여 왔다. 간호사, 엔지니어, 기업가 등이 그 예이다. 오늘날 신규 이민자들의 약 4분의 1은 중등교육 이하의 학교교육을 받았으나, 또 다른 4분의 1은 대학 학위를 가지고 있다. 이 교육수준은 대략 미국 내국인들과도 같은 비율이다. 이런 두 번째 그룹의 교육적 배경과 거의 모든 이민자들이 가지고 있는 놀라울 정도의 개인적 욕구가 합쳐졌을 때, 이는 탁월한 복합작용을 할 수 있다. 실리콘밸리에서 약간의 시간만을 보내 보라. 그곳에서는 타국출생 과학자들이 전체 과학자 노동 인력의 3분의 1을 차지하며, 중국인 및 인도인 기업가들이 최첨단 회사의 4분의 1을 운영하고 있다.

물론 오늘날 신규 이민자들의 빈곤과 사회적 환경이 많은 우려를 야기하고 있다. 많은 유럽 국가들과 마찬가지로, 오늘날 미국도 새로운 하층계급을 수입하는 중산층 국가인 것은 의심할 여지가 없다. 이것은 진실로 핵심적인 문제이며, 혹은 핵심적 문제의 큰 부분을 이루는 것이다. 아이러니하게도 미국에는 더 이상 하층계급이 없으며, 결과적으로 미국은 그런 계급을 필요로 하게 된 것이다. 그러나 그렇다고 해서 이런 이민자들이 경제체제에 흡수되지 못하거나 그들 스스로 잘 살 수 없을 거라는 얘기는 아니다. 일반적으로는 경제체제에 잘 흡수되어 살아가고 있다. 실제로 평균적으로 볼 때, 이민자가 미국에 있은 지 10년, 15년이 지나면 그들은 평균 미국 내국인들보다 많은 수입을 번다.

　이민자 자녀들은 어떻게 지내고 있는가? 이것이 통합의 두 번째 요소를 이해하는 데 있어 중요한 문제이다. 이민 제1세대는 어차피 과도기적 성격이 있다. 그들은 두 개의 다른 세계 사이에 살며, 특히 성인이 되어 미국에 이민 온 경우 결코 완전히 미국사회에 통합되지 못한다. 그런데 어떤 면에서 볼 때 오늘날 미국의 이민자 제2세대들이 얼마나 잘하고 있는지를 판별하는 것은 아직 때가 이를 수 있다. 그럼에도 불구하고 이에 관한 새로운 사실들이 밝혀지기 시작했으며, 내게 이는 부정적이기보다는 훨씬 긍정적인 것으로 보인다.

　물론 문제가 있음을 보여 주는 징후가 존재하기는 한다. 본인이 해외에서 태어났거나 또는 부모가 해외에서 태어난 사람들은 종종 사회경제적 계층의 맨 밑바닥에서 시작한다. 그들은 어쩔 수 없이 최악의 여건인 학교에서 교육을 받게 된다. 도심 저소득층 거주지역의 낡고 붐비는 학교의 미국 내국인 학생들은 종종 학업을 멸시

하며 주류사회에서의 성공을 비웃는다. 이민자 제2세대 자녀들이
이런 학우들의 나쁜 태도를 보고 배우는 것은 사실이다.

그러나 전체적으로 봤을 때, 역시 이민자 제2세대 자녀들은 탁
월한 학업 성적표를 갖고 집에 온다. 지난 십 년 동안 샌디에이고
와 마이애미에서 실시된 한 중요한 연구는 출신국적에 상관없이
전체적으로 이민자 자녀들은 내국인 학우들보다 더욱 열심히 공부
한다는 것을 발견했다. 그들은 하루에 평균 2시간 동안 숙제를 하
는데, 이는 '보통의' 미국학생들의 30분 숙제시간과 명백히 비교된
다. 또한 그들은 미국에서 태어난 학생들보다 더 큰 포부를 가지고
있으며, 또 더 나은 성적을 거두거나 학업을 중단하는 비율도 훨씬
낮다. 그들의 학업 중단율은 미국 내국인 학생들의 3분의 1에서 절
반 사이이다. 이민자 제2세대는 교육적, 경제적으로 그들 부모세대
를 능가하곤 하며, 이는 그들 부모들이 가족의 더 나은 삶을 위하
여 미국에 와서 겪은 온갖 어려움을 능히 보상하는 것이다.

통합의 세 번째 주요 요소는 언어 문제이다. 오늘날 이민자들은
영어를 잘 습득하고 있는가? 이것은 오늘날 미국의 커다란 관심거
리이며, 아마도 이민자 동화가 잘 이뤄지지 않고 있다고 염려하는
사람들에게 있어서는 가장 큰 두려움이 되고 있는 문제일 것이다.
20년, 30년 전에 비해 훨씬 자주 스페인어 방송이 나오고 있다는
것은 의심의 여지가 없다. 어딜 가든 스페인어로 된 표시가 있다.
이민자들이 몰려 있는 도시와 연방 정부의 정치인들은 스페인어를
배우기 위해 전력을 다한다. 미국 실업계의 대표적 기업체들마저도
이런 대세를 파악하여, 스페인어와 심지어 중국 표준어로 된 광고
에 매년 수억 달러를 쓰고 있다. 그러므로 이민자들이 영어를 배우

지 못하고 있다고 쉽게 짐작 할 수 있을 것이며, 특히 히스패닉계 이민자들이 더욱 그렇다. 그들은 스페인어를 구사하는 다른 사람들과 함께 모여 큰 집거지를 이루어 살고 있으며, 이런 곳에서 살아가는 데는 영어가 필요하지 않다고 어떤 사람들은 주장한다.

그러나 실제 증거자료들을 살펴보면, 스페인어로 캠페인과 광고를 만드는 사람들의 일반통념이 매우 잘못된 것임이 드러난다. 인구조사에 따르면, 현재 미국 인구의 10%가 스페인어 구사 가정에서 살고 있다. 매우 큰 숫자처럼 보이지만 이는 실은 잘못된 수치이다. 미국 인구조사국은 단 한 명의 스페인어 구사자(많은 경우, 조부모)만 있어도 그 가정을 스페인어 구사 가정으로 분류하기 때문이다. 그러나 이러한 가정에서도 실제는 약 85%의 자녀들과 70%의 경제활동이 가능한 연령의 성인들이 영어를 잘 혹은 매우 잘 구사한다.

사실 이것은 언어 수업과는 아무 관련이 없다. 미국은 언어 수업에 많은 것을 제공하지 않는다. 영어는 주로 미국 대중문화의 힘과 영향력에 달려 있다. 현재 미국에 들어오는 신규 이민자의 60% 가량이 영어를 잘 혹은 매우 잘 구사한다. 오늘날 사회에서 이는 피하기 어려운 현상이다. 멕시코 외곽의 가난한 마을에서조차 그렇다. 이중언어 병용교육이라는 우스꽝스러운 제도에도 불구하고, 미국에서 자라는 거의 모든 사람이 결국에는 영어를 배운다. 이민자 제2세대에 대한 조사에 따르면, 고등학교를 마칠 때쯤이면 오늘날 98%의 이민자 자녀들이 영어를 잘 혹은 매우 잘 구사하고 이해하게 되며, 10분의 9가 영어를 그들의 모국어보다 선호한다고 한다.

이민자 동화를 측정하는 다른 중요한 방법들이 있다. 시민권 취득, 타인종과의 결혼처럼 이민자들의 주택 소유 여부는 이민자들이 그들의 뿌리를 내려놓고 이민사회에 동화하기 위한 투자를 하고 있음을 보여 주는 좋은 지표이다. 오늘날 미국 이민사회의 이런 지표들은 상당히 양호하거나 또는 놀랄 정도로 우수한 것으로 나타나고 있다.

먼저 주택 소유율을 살펴보자. 동화에 대해 비관적인 사람들이 늘 얘기하듯이, 최근 이민자들의 상당수가 전혀 정착을 하지 못하고 있다. 초기에 그들은 미국과 그들이 떠나온 나라 사이를 왔다 갔다 한다. 그러나 결국 어느 정도 시간이 흐른 후에는 훌륭하게 정착하는 모습을 보인다. 그들은 자기 가족을 초청하거나 미국에서 만난 누군가와 결혼한다. 그리고 20년 안에, 그들 중 60%가 주택을 소유하게 된다. 또한 그들이 미국에 있은 지 25년이 되면, 그들은 미국 내국인들보다도 더 안정적인 삶을 산다. 주택 소유율도 미국 내국인들보다 상당히 더 높은 비율을 보인다.

시민권 취득도 이와 비슷하다. 과거와 달리 오늘날 많은 나라에서 이민 온 사람들이 이중국적을 유지하고 그와 함께 그들은 다소 곤란한 이중적, 대립적 애국심도 갖게 되는 것 같다. 귀화는 느리고 점진적인 과정임이 사실이다. 1990년 이후 도착한 이민자들 중 10% 이하가 미국 시민이 되었다. 그러나 1970년 이후부터 미국에서 살고 있는 이민자들 중 80%나 되는 사람들이 귀화하였다. 요점은 명확하다. 이민자들은 미국에 남아 있는 한 결국에는 동화하게 된다. 과거와 마찬가지로 오늘날에도 이들 이민자들은 단순한 체류자 신분을 벗어나 결국 사회의 일원이 된다.

마지막으로(가장 놀랄 만한 수치를 마지막을 위해 남겨 두었다),

다른 인종 간 결혼비율이다. 간략히 살펴보면 가장 최근까지도 미국에서 흑인, 백인 사이의 결혼비율은 5%에 훨씬 못 미치나, 미국에서 태어난 아시아인들과 미국에서 태어난 라틴계의 경우 3분의 1에서 절반 사이의 사람들이 타민족 사람들과 결혼을 하는 것으로 나타났다. 또한 어떤 인구학자들에 따르면, 그 두 그룹 모두 제3세대에 이를 때 즈음이면 그 비율이 50%를 넘어서고 있다.

물론 이런 수치들로서 실제 한 이민자가 느끼는 새로운 나라와 새로운 문화에 대한 완전한 소속감의 일종인 통합의 핵심을 완전히 드러낼 수는 없다. 과연 오늘날 미국의 이민자들은 자신을 진정한 미국인이라 느끼고 있는가? 그들은 우리가 한 국가로서 공유하는 애국심을 그들의 그룹과 특정 민족성에 대한 충성보다 우선시하는가? 아니, 미국인들도 그러하듯이 실제 이러한 이민자들은 거의 없다. 미국의 주류문화도 또한 그러한 것을 조장하지는 않는다. 많은 미국인들도 스스로 진정 미국인이 된다는 것이 무엇을 의미하는지 더 이상 잘 알지 못하고 있다. 우리 학교들도 기껏해야 정치적 교조와 과도한 다문화주의에 의해 왜곡되어 이래저래 변조된 미국역사를 가르칠 뿐이며, 심지어 9·11 이후에는 미국에 대해 애매모호하고 자기만족적인 열광 이상의 그 어떤 것을 불러일으키려고 노력하는 지도자들은 거의 없었다.

사람들이 '애국적 동화'(patriotic assimilation)라고 지칭하는 것에 있어 오늘날 이민자들이 과거 이민자들에 비해 불리한 여건에 있다는 것은 의심할 여지가 없다. 그러나 이것이 이민자들 자신의 잘못이라면 그만큼 국가의 잘못이기도 하다. 미국에는 극단적 국수주의와 분리주의를 조장하는 자칭 소수민족 '지도자', 소수민족 연구교수, 소수민족 선동자들로 차고 넘치고 있는데 이들 대부분이 이민 제2세대, 3세대, 혹은 제4세대들이다. 그러나 사실 일상에서 열심히 일하는 평범한 이민자는 이러한 민족정체성을 부르짖는 정치에 의해 그저 시달리고 있을 뿐이다. 오늘날 이민자들도 과거와 마찬가지로 미국 안에서 합류되기를 원하지 분노와 소외 속에 따로 떨어져 살기를 원치 않는다. 이민자 자녀들은 또 다른 문제이므로 이들에게는 당연히 다른 방법이 적용되어야만 할 것이다. 그러나 그들의 불리한 여건을 고려할 때, 사실 신규 이민자보다 더한 애국자는 없을 것이다. 9·11 사건 직후에 멕시코계 미국인 거주지역들에 나부꼈던 미국 국기들을 우리 모두가 봤어야 한다. 워싱턴포스트지가 수행한 라틴계 사람들에 관한 가장 광범위하고 종합적인 국가 연구에 따르면, 그들 중 87%가 이민자들이 "인종의 도가니라는 개념에 맞게 더 큰 사회에 속하도록 변화하는 것"이 '중요하다' 혹은 '매우 중요하다' 믿고 있다고 한다.

이제 비로소 전체적인 그림이 드러나기 시작한다. 다소 혼합된 그림이어서 아직 상당 부분 옳다 그르다 판단하기에는 이르다. 그러나 어떤 질문들이 아직 남아 있든 간에, 오늘날 신규 미국이민자들이 새로운 '무지개 하층계급'(rainbow underclass)[1]으로 만들어지고 있는 것은 아니다. 이러한 현상의 원인으로 많은 것이 거론될 수 있지만, 전체적으로 볼 때 오늘날 미국에서 진전되고 있는 이민자 통합의 이야기는 성공적인 것으로 평가된다. 이에 대하여

---

[1] 역자 주: *U.S. News & World Report*편집인인 Mortimer B. Zukerman이 1965년 미국이민개혁법 제정 이후 유입된 다양한 문화적 배경을 가진 대규모 이민자의 자녀들이 인종적 차별, 빈곤 등으로 인한 하향적 통합과정(a cycle of downward assimilation) 속에서 사회적 하층계층을 형성하고 있음을 지적한 데에서 사용한 용어임.

의심이라도 생긴다면, 텍사스 휴스턴 같은 곳에 있는 멕시코계 미국인 중산층 거주지역에서 시간을 보내 보라. 혹은 제1세대 중국계 미국인들을 만나 보라. 적지 않은 이민자들이 캘리포니아 주립대학 시스템을 운영 감독하는 위치까지 자리를 차지하고 있음을 보게 될 것이다.

그러므로 문제는 유럽이나 미국에서 이민자 통합을 장려하고 돕기 위해 어떤 것이 시행될 수 있겠는가 하는 것이다. 그러나 그것에 대해 말하기 전에, 미국과 유럽 사이에 동등선을(더 정확히 말하자면, 어떤 것이 동등선상에 있으며 어떤 것이 아닌지를) 고려하고자 한다. 미국인들은 분명 유럽보다 이민자 통합의 문제를 더 오랜 기간 다뤄 왔다. 그렇다고 해서 우리가 그것을 더 잘 해결하고 있다는 것은 아니다. 어떤 문제에 처음 부딪히는 사람들은 종종 그 문제와 늘 씨름해 온 사람들이 잃어버리곤 하는 에너지와 아이디어를 복합적으로 잘 만들어 내곤 한다. 그러나 확실히 이 문제가 미국에서 더 쉽게 해결될 수 있는 요인들이 있다.

무엇보다도 확실히 미국에 유리한 한 가지 요인은 순수 프랑스인과 순수 독일인 등이 있는 것과 달리 순수 미국인이라는 것은 없다는 것이다. 미국은 언제나 외국인들이 와서 참여할 수 있는 장소가 되어 왔다. 그들은 동등한 대접을 받지 못했을지는 몰라도 여전히 참여할 수 있었으며 대개의 경우 결국 온전한 일원으로 받아들여지게 되었다.

또 다른 요인은, 우리에게는 이미 확립된 국가종교가 없으며 그런 것이 있어 본 적도 없다는 것이다. 따라서 종교도, 특정 민족성도 통합에 주요 장애물이 될 수 없다. 마지막으로, 범죄는 미국이민자들 사이에서 특별히 많이 일어나는 문제가 아니며 상대적으로 어려운 경제 상황에서조차 미국의 실업률은 유럽의 실업률과 비교할 수 없을 정도로 낮다.

이와 같이, 내가 생각하기에 미국이 유럽보다 더 쉽게 이민자 통합문제를 풀 수 있는 많은 요소들이 있다. 그리고 이 두 대륙 간의 차이점들로 인해 미국의 경험이 유럽에 전혀 적용될 수 없을 가능성도 꽤 많다.

이민정책은 노동에 기초해야 한다

어떤 이민을 받아들일 것인가를 결정하는 주요 기준은 과연 누가 우리의 해야 할 일들이나 또 우리가 기피하는 일을 하러 들어올 것인가에 있어야 한다. 박애주의적 관심도 물론 정책에 영향을 끼친다. 또한 가족상봉과 난민 지원도 중요하다. 그러나 사람들이 한 나라에서 다른 나라로 이동하는 주요한 이유는 대체로 경제적으로 더 나은 자신의 삶의 행복을 위해서이며 또한 다른 나라가 그들을 받아들임에 있어서도 가장 현실적이고 지속적인 관심은 과연 그들이 그 나라에 어느 정도 도움이 될 것인가 하는 문제이다. 이제 이민의 이러한 속성을 인정하고 이를 정책의 기초로 삼아야 한다. 더욱이 한 국가가 경제적 이민자들에게 더 많은 혜택을 제공할수록, 즉 경제적 이주자들을 더 확실히 인정하고 그들의 노동시장 접근을 더욱 원활하게 할수록 이민자 통합도 더욱 잘 이뤄지게 된다. 사람들은 일을 하면서 뿌리와 관계들을 만들어 나간다. 사람들은 일을 하며 결국 스스로 더 나은 삶을 살아가게 된다. 또한 일을 하면서 그들 동료 시민들로부터 존중도 받게 된다. 바로 이것이 내가 미국 사회에 적용시키고자 많은 시간을 쏟는 바의 핵심이다. 오늘날 미국의 가족중심적 이민체계는 미국사회의 노동 수요와 조화를 이루지 못하고 결국 우리를 곤경에 빠지게 하고 있다. 그럼에도 불구하고 아직 이러한 정책 원리는 유럽보다 미국에 더 적합해 보인다. 정치적 상황이 어떻든 터키, 아프가니스탄 같은 나라에서 많은 이민자들이 일을 하고 더 나은 삶을 살기 위해 유럽에 이민을 온다는 사실을 왜 인정하지 않는가? 이제 이런 사실을 인정하고, 이민자들이 일하도록 하고, 그리고 일을 통해서 수확을 하고, 그리고 일을 통해서 통합이 될 수 있도록 도와주어야 한다.

지나친 정부 원조는 바람직하지 않다

특별한 이유들로 인해 일을 할 수가 없는 난민의 경우에는 정부의 도움이 필요할 수 있으나, 이것이 여타 대부분의 경제적 이주자들에게까지 적용될 수는 없다. 그들에게 있어 지원은 축복인 만큼 저주가 될 수 있다. 복지가 오히려 노동과 그에 필연적으로 동반되어 일어나는 통합을 저지하는 경우가 많다. 쉼터 등의 공공 주거시설을 통한 정부의 지원이 오히려 도움은 커녕 이민자들의 격리만을 조장할 수도 있다. 그리고 이민자에 대한 지나친 환대는 오히려 잠재적인 여타 이주 희망자들에게 그릇된 기대심리를 불어넣게 됨으로써 결국 미국 국내에서 생산적으로 일하며 통합될 수 있는 것보다 더욱 많은 수의 사람들을 끌어들이게 된다. 또한 이것은 미국 내국인들로 하여금 정부원조를 받는 이민자들을 업신여기게 만들어 결국 통합을 더욱 어렵게 하게 된다.

물론 이 모든 것들은 이민자 지원의 적정 수준에 대한 문제를 제기한다. 그리고 나는 통합을 촉진하는 지원뿐만 아니라 긴급지원이나 여타 필수 지원 등 이민자에게 기본적인 도움을 제공하는 것에 반대하지는 않는다.(예를 들어 나는 양질의 공립학교, 직업 훈련, 경제교육 등과 같은 교육을 통하여 이민자의 자립에 도움을 주는 수업 등을 적극 지지한다. 경우에 따라서는, 이민자 지원에 대하여 극단적으로 관대한 편의 입장에 서기도 한다. 예를 들어 나는 오늘날 미국에서 큰 이슈가 되어 있는, 비합법적 이민자 자녀들의 국공립대학 입학을 허용하는 문제를 적극 지지한다.) 그러나 나는 이민자들을 복지 수혜 범위에서 제외시키는 것이 잘못되었다고 생각하지 않으며, 오히려 그러한 것이 유럽에서 가능하다면 유럽의 정책 결정자들도 가능한 정도 내에서 그것을 고려해 보기를 촉구한다.

합법적 신분을 얻을 수도 있는 이민자들로 하여금 비합법적인 신분으로서 살도록 강요하는 근시안적, 비현실적 법들은 그들의 통합을 지연시킬 뿐이다

이는 지극히 상식적인 것이라고 할 것이다. 준법적인 사람들은 법의 테두리를 벗어나 범법을 일삼는 자들보다 더욱 그 해당 사회에 잘 적응하고 수용되기도 쉽다.

오늘날 미국의 문제는 매해 100만 명의 이민자들이 일자리를 위해 이 나라에 들어오고 있음에도 불구하고, 이민법은 그 중에 3분의 2만을 인정하고 있으며 나머지 3분의 1은 밀입국하여 마치 도망자처럼 살도록 강요당하고 있는 형편이다. 이러한 여건은 결국 우리가 절실히 필요로 하는 생산활동을 불법화시킬 뿐만 아니라 법 자체를 우롱하고 결국 이민자 통합에 온갖 장애물만을 만들어

낼 뿐이다. 이런 상황은 유럽이라고 다르지 않다. 그곳에서도 타국에서의 취업을 원하는 많은 사람들이 결국 불법 취업을 선택할 수밖에 없거나, 심지어는 난민들조차 법외자의 신분으로 새 인생을 시작하곤 한다. 이들이 결국 어떤 상황에서건 국내에 들어오게 되어 있는 것이라면, 현실을 인정하고 그들을 위한 합법적 이주 통로를 만들어 주는 것이 훨씬 낫다.

이민자들에게 요구하는 것은 잘못이 아니다

이민자들에게 새로 귀화한 나라의 언어를 습득하고, 예절과 관습을 새로 배우며, 종국적으로 시민으로서 응당 갖추어야 할 것 등을 요구한다고 해서 이러한 요구가 인종주의적이거나 지나치게 국수주의적인 것은 아니다. 그런데 이처럼 통합을 위하여 이민자들이 갖추어야 할 바를 요구하는 방식은 결코 제재나 처벌의 방식이 아닌, 자신들의 새로운 국가의 매력을 강조하는 등 될 수 있는 한 긍정적 방식이어야 한다. 사람들에게 한 문화의 방식들을 배우도록 요청하고 격려하는 이유는 그러한 방식들이 그곳에서 성공할 수 있는 비결이기 때문이다. 만약 예를 들어 그 나라의 언어를 배우도록 요구할 것이라면, 우리는 그런 수업을 제공하며 그 수업료를 지불해 줘야 한다.(정부는 그런 것을 제공할 필요가 없으나 다른 사람들이 그렇게 하도록 동기를 부여해야 한다.) 그리고 이것도 새로운 이민자들이 그들이 본래 속해 있던 문화에 대하여 일정 정도 소속감을 유지하는 것도 허용되는 정도 안에서 비로소 효과를 발휘할 수 있을 것이다.

사람들에게 모국에 대한 애국심을 지우기를 요구하지 말라

미국은 이민자들에게 그들의 민족성을 잊으라고 요구하지 않는다. 반대로, 무엇이 미국을 위대하게 만드는지를 아는 사람이라면 누구나 이탈리아계 미국인은 이탈리아인이며, 유태계 미국인은 유태인이란 것을 알고 있다. 오늘날 21세기에서 라틴계 미국인은 라틴사람이다. 우리가 과거에서부터 요구해 왔으며 지금도 요구하고 있는 것은, 사람들이 그들이 가진 두 면의 민족성, 즉 특정 민족으로서의 면과 미국인으로서의 면, 두 가지 간에 균형 잡는 법을 배우라는 것이다. 이것이 거의 모든 이민자 그룹들에게 의미하는 바는 그들이 가정에서나, 주말에 이웃들과 함께, 그리고 개인적 공간 등에서는 스스로의 특정 민족적인 배경 속에 살아가며 또한 그렇게 자유롭게 살아간다는 것이다. 그러나 한편으로 업무 중이거나, 직장, 또는 어떤 공공 또는 공적인 공간과 삶에 있어서는 다른 시민들 사이에 존재하는 한 명의 시민이며, 그가 가정에서 무엇을 했건 또 어떤 사람이었건 관계없이 그런 공적 영역 안에서는 완전하게 통합된 한 명의 사회 일원으로 받아들여질 수 있어야 한다는 것이다.

오늘날 미국이 그런 전통적인 균형을 순조롭게 맞춘 정상상태가 아닌 것은 사실이다. 우리의 강박적이며 고집스러운 다문화주의는 그러한 오래된 균형을 분열시켰다. 오늘날 우리는 우리의 새로운 이민자들에게 충분히 많은 것을 요구하지 않고 있거나, 미국인이 되는 것이 무엇을 의미하는지에 대한 일관적인 생각을 유지하지 못하고 있는지도 모른다. 이것은 미국의 발전에 있어 결정적인 도전과제이다.

그러나 이민자 흡수는 앞서 말한 균형 없이는 이뤄질 수 없다. 사람들에게 단순히 그들 자신을 포기하도록, 그들이 자라면서 익힌

습관들과 그들이 강해지도록 도운 오랜 애국심을 버리도록 기대할 수는 없기 때문이다. 또한 완전하게 사회의 일원이 될 권리를 허락하고 장려하지 않는 이상 그들이 동화되기를 희망할 수도 없다. 따라서 우리는 열등한 계층이 아니라 어떤 귀화한 존재로서 그들을 인정하는 새로운 개념의 신분을 생각해 내야만 한다. 적어도 그것이 미국에서의 방식이다.

물론 큰 문제는, 이런 것들이 유럽에서도 이뤄질 수 있겠는가 하는 것이다. 나는 그것들이 미국을 오늘날 미국 되게 했다는 점에 의심의 여지가 있으리라 생각하지 않는다. 앵글로색슨 정치 전통에서부터 유태인의 유머감각에까지, 독일인의 근면함부터 아일랜드 사람들의 웅변력까지, 미국을 위대하게 만드는 실질적인 모든 것이 이민자들에 의해 이곳에 왔다. 하지만 유럽은 매우 다른 장소이다. 그곳에는 이민자 흡수에 대한 전통이 아주 혹은 거의 없으며 사람들은 지구촌화, 현대화 등 갖가지 이유들로 사회의 전통적인 형태와 특성이 무너져 가고 있는 것에 이미 신경이 집중되어 있다. 그러한 문젯거리들을 이해하고 왜 이민이 유럽에서 더 어려운 도전과제가 되는지를 보는 것은 쉬운 일이다.

하지만 장기적으로 볼 때에 이것은 피해갈 수 없는 도전과제이다. 인구학적인 이유로, 변화하는 노동의 필요에 의해, 그리고 지구촌화와 오늘날 날로 심화되어 가는 세계적인 상호 연계성으로 인해, 이민은 원하든 원하지 않든 그것은 우리의 미래인 것이다. 이러한 사실에 대하여 더욱 잘 이해하고, 문제를 조정하고, 해당 이슈를 공공의 영역으로 끄집어냄으로써 신규 이민자들의 통합을 지원하는 어려운 일을 시작하여야 할 것이다.

제3장 이민자에서 시민이 되기까지*

-자넷 머귀아, 세실리아 무뇨즈

(Janet Murgúia and Cecilia Muñoz)

이민국가인 미국에서 이민자 통합에 관해 가장 특이한 사항은 아마도 그것이 얼마나 이민자들 스스로에 의해 수행되고 있는가 하는 것일 것이다. 정부나 사회 전체의 노력은 최소한도에 그치면서 말이다. 요즘 이민자들이 영어를 배우지 않는다거나, 소위 '우리처럼' 되지 않고 있다는 안타까운 염려들이 널리 퍼져 있지만, 영어습득, 노동에의 참여, 주택 소유, 병역, 시민활동, 타인종과의 결혼 등의 전통적인 지표들을 살펴보면 오늘날의 이민자들도 과거 이민자들과 마찬가지로 여태까지 해 온 것들을 계속 잘해 나가고 있다는 것을 분명히 알 수 있다. 즉 그들은 상대적으로 빠르게 미국인이 되어 가고 있는 것이다. 사실 오늘날 미국은 이민자 통합과 관련하여 아주 적게 투자하고서도 막대한 수확을 얻고 있는 편이다.

그런데 이러한 경향은 한 세기 전에 유입되었던 이민자들의 상

황과는 크게 대조된다. 당시 정부와 개인 자선단체는 시민교육, 영어 봉사활동, 그리고 '미국화'라 할 수 있는 여러 프로그램 등을 통해 이민자들의 시민권 획득과 미국 사회로의 온전한 참여를 위한 길을 마련하고 있었다. 아이러니하게도 오늘날에는 신규 유입 이민자 동화 문제에 대해 많은 염려를 하는 사람들조차 진작 이들의 통합을 위해서는 가장 적은 노력을 투자하고 있다.

통합에 있어 가장 큰 문제는 영어 습득에 집중된다. 과거 우리의 선대 이민자들이 큰 도움도 없는 상황에서 별 문제없이 영어를 깨우쳤다는 일반적인 인식에도 불구하고, 거의 모든 인종별 이민자들은 대체로 언어습득의 3세대 패턴을 거쳐 왔다. 즉 제1세대 성인 이민자들은 그들이 살아가기에 충분할 정도로만 영어를 배워야 하는 단계, 제2세대인 그 자녀들은 영어를 주 언어로 하는 이중언어 구사자로 살아가는 단계, 그리고 제3세대인 그 손자들은 대체로 영어만을 구사하게 되는 단계의 패턴이었다. 그런데 이민자의 압도적인 다수가 남미와 아시아계인 오늘날에는 영어습득에 대하여 크게 걱정할 이유가 없어 보인다. 2000년 인구조사에 따르면, 집에서 스페인어를 구사하는 이민자들 중 72%가 영어를 '잘' 또는 '매우 잘' 구사한다고 보고되었다. 아시아지역 언어를 구사하는 이민자들은 이 비율이 77%를 넘어선다. 2, 3세대에 관한 연구는 여전히 그 3세대패턴이 지속되고 있음을 보여 준다. 예를 들어, 뉴욕 알바니에 소재하는 '도시와 지역 비교 연구를 위한 루이스 멈포드 센터'가 최근 수행한 언어 동화에 관한 조사보고서에 따르면 미국 이민 2세대는 대체적으로 이중언어를 구사하는 것으로 조사되었는데 이들 이민 2세대의 거의 모든 사람들이 집에서 다른 언어를 쓰면서도 남미계는 92%, 아시아계는 96%가 영어를 '잘' 구사한다고 하였다. 그리고 3세대는 일반적으로 영어만을 사용하는 것으로 나타났다.

그러나 이러한 일반적인 성공에도 불구하고, 통합을 위한 자원이 제대로 투입된다면 이민자들의 통합은 더욱 큰 혜택을 받게 될 것이다. 이민자들이 필요로 하는 프로그램 중에 하나는 '제2외국어로서의 영어'(ESL, English as a Second Language) 프로그램의 확대이다. 성인영어습득센터에 따르면 연방정부 예산으로 운영되는 성인 교육 프로그램을 이용하는 120만 명의 성인들 중 거의 절반이 영어를 배우기 위해 그곳에 온다. 그런데 수업을 듣기 위한 대기자 명단이 너무 길어서 어떤 이민자들은 자리를 얻기까지 수개월 혹은 수년을 기다리는 일이 빈번히 발생한다. 국립교육통계센터의 연구를 보면 ESL에 관심이 있으나 지원자 과다 등을 비롯한 다양한 이유로 수업에 등록하지 않은 성인들이 300만 명 이상이라고 한다.

이에 여러 이민자사회와 개별 시민단체들은 ESL 수업에 대한 수요와 공급 간의 격차를 줄이려고 노력하고 있다. 국립 라라자협의회(National Council of La Raza)[1]의 300명이 넘는 회원들 중 절반 이상이 공적 자금지원을 받지 않고 일반성인들에게 ESL 수업을 제공하고 있다. 이와 유사한 일들이 여러 민족별 단체, 교회 및 기타 비영리단체 등에서 계속해서 일어나고 있다. 이들은 대개 무료로 제공된 교실이나, 자원교사들, 그리고 인터넷 등에 떠 있는 교과 과정 등으로 필요한 부분을 채워 나가고 있다. 본질적으로 볼 때, 성인 이민자들에게 영어 교육을 제공하기 위한 국가적 노력의 많은 부분이 이와 같은 임시적인 대체 교육 수단들에 의해 수행되고 있는 형편이다.

---

1) 역자 주: 1968년에 설립된 남미계 미국인들의 인권 등 권익보호를 위한 민간 비영리기구.

그러나 사실 영어만으로는 이민자들의 미국사회 통합을 원활히 도울 수 없다. 19세기 미국이 신체적으로 건강한 이민자들을 요구한 반면, 오늘날의 진보된 경제적 상황은 이제 새로운 교육을 요구한다. 영어라는 기본적 언어기술을 넘어서 성인 이민자들의 성장을 돕기 위한 성인교육 프로그램들과 그들 자녀들을 위한 성공적인 공립교육체계의 능력은 오늘날 이민자들의 완전한 경제적 통합을 위해 필수적이다. 마찬가지로, 우리 모두는 이민자들이 ― 은행 계좌가 없는 사람들 중에서 이민자가 차지하는 비율이 불균형적으로 높다 ― 금융지식도 쌓고, 자녀 교육과 그들 자신의 노후를 위해 저축하여 목돈도 마련할 수 있는 정도의 지식과 교육을 획득하는 일 등에도 많은 관심을 가지고 있다. 또한 최근 입국한 이민자들은 건강 보험을 제공하지 않는 일터에서 일하는 경우가 빈번하다. 그럼에도 그들은 집단으로서 필수 예방 의료, 건강 교육, 그리고 보다 나은 공중 보건을 위한 기타 중요 서비스들을 제공하는 정부지원 프로그램의 혜택을 받을 수 없도록 되어 있다. 최근엔 걸프 연안에서 일어났던 홍수의 긴급위기사태에서도 연방 정부나 지방정부들은 모든 주민들이 이해할 수 있는 언어로 긴급대피명령을 전달하지 못했던 사실이 지적되기도 했다. 공공단체나 개인들의 어떠한 구조 노력에도 불구하고 정작 그러한 긴급위기사태에 처한 일부 이민자 집단들과의 의사소통이 어려웠다.

마지막으로, 우리는 귀화 신청 자격이 되는 이민자들이 귀화하는 데 도움을 줄 방법도 찾아야 한다. 미국은 정착의 최종 단계에 이른 이들 이민자들을 돕기 위한 노력을 게을리 하고 있다. 이민자나 망명자가 귀화할 자격을 얻게 되어도 그에게 아무런 통보도

하지 않거나, 귀화절차도 복잡하거나, 길고, 또한 엄청난 비용을 수반하고 있다. 귀화 신청 결과가 발표되기까지 기다리는 기간이 6개월 이내인 적이 거의 없으며, 1, 2년을 넘어가는 지역도 다반사이다. 인세와 다른 비용들을 제외한 신청비용인 320달러는 다른 나라의 절차와 비교해 보아도 매우 비싼 편이다. 예를 들어, 여권 발급이나 운전면허는 둘 다 훨씬 비싸고 민감한 안전문제를 동반하는 서류들을 포함하는 데도 불구하고 신청비가 훨씬 더 저렴하다. 귀화 절차를 관리하는 신설 부서인 국토안보부 '국적이민국'은 그 이전 부서인 '이민청'이 달고 있던 자료 소실, 지연처리 등의 관료주의적 딱지에서 자유로워졌다거나 더 발전했다는 평판을 아직 얻지 못하고 있다. 사실 우리가 이와 같은 시스템을 변화시킬 수 있다면 이로부터 큰 이득을 누릴 수 있게 될 것이다. 왜냐하면 일반적으로 귀화한 사람들은 주류사회에 더 높은 참여 경향을 보이기 때문이다. 실제로, 자기 선택에 의해 미국 시민권을 취득한 사람들이 출생에 의한 자연적 미국인들보다 투표 참여율이 더 높다는 것은 익히 알려진 사실이다.

불행히도, 오늘날에는 어떻게 하면 이민자들을 못 들어오게 할 것인가 하는 논의는 많지만, 이미 들어온 이민자들을 위해 국가와 사회가 무엇을 할 것인가에 대해서는 거의 아무런 얘기도 없다. 미국의 이민자 통합의 속도와 깊이를 극대화시킬 공공정책이나 전략 등 그 비슷한 어느 것도 존재하지 않는다는 것은 실로 놀라운 일이다. 건강보험에서부터 사회복지 논쟁까지, 지난 십여 년간에 이루어진 주요 정책 논의들을 보자. 이러한 정책들이 다소 논쟁의 여지는 있지만 사실 모두 보다 넓은 의미에서 이민자 통합 전략의 요소들을 결합시킬 수 있는 좋은 기회였다. 하지만 그런 논의는 아예 일어나지도 않았다.

보수 진영에서 이루어지는 논의들은 대체로 이민자들이 미국사회에 잘 동화되지 않고 있다는 문화적인 차원의 문제와 우려 따위에 초점이 모아져 있다. 이민자 자녀들이 영어도 배우면서 동시에 수학, 과학 같은 여타 과목들의 성적도 향상시킬 수 있도록 마련된 이중언어 교육에 많은 비난들을 쏟아 붓고 있다. 이들은 이중언어 교육이 사실은 어떤 수단을 써서라도 스페인어를 보전하려고 하는 국립 라라자협의회와 같은 단체들에 의한 국수주의적인 시도에 불과하다는 잘못된 낙인을 찍고자 한다. 이 보잘것없는 작은 프로그램에 이토록 치열한 토론이 집중되어 있는 형편이다. 이런 한편, 영어를 배울 필요가 있는 이민자들 중에서 3분의 2에 해당하는 학생들이 진작 그들을 도울 수 있도록 마련된 프로그램들을 전혀 이용하지 못하고 있다. 이런 상황에서는 분명 이중언어교육을 제거하자는 끝없는 이데올로기적 논쟁 대신에 실질적으로 이런 학생들을 돕는 일을 하는 편이 오히려 나을 것이다.

그러나 보수주의자들은 이 문제에 관해 어떻게 해서라도 트집을 잡으려고 한다. 과거에 이민자들이 미국인이 되는 과정을 촉진시키기 위해 한때 많은 노력을 쏟았던 진보운동은 이제 대체적으로 그런 토론에서 자취를 감추어 가고 있다. 이민자 유권자들을 직접 대상으로 하는 민족별 이민자단체들을 제외하면 진보주의자들은 그들의 정책계획, 자선사업전략, 또는 기관 자체에 이민자 집단들의 이해를 제대로 반영시키지 않은 채로 소위 자신들이 옳다는 것만을 논하는 경향이 있다.

이것은 100년 전의 미국의 진보운동과 비교하여 명확한 대조를 이룬다. 당시 미국 사회 각 분야는 오늘날 우리가 거의 상상할 수도 없는 규모의 개혁들을 이루면서 통합 과정에 놀랄 만한 투자를 했다. 이민자 통합을 직접 겨냥한 이런 투자로 인해 적어도 두 가지의 중요한 기관이 설립되었다. 미국의 공립학교와 성인교육체계가 그것이다. 19세기 말과 20세기 초의 자선단체는 이처럼 새 이민자들의 동화에 대한 실질적인 투자에 초점을 맞췄다. 기업가에서 자선가로 변신한 앤드류 카네기의 현대 공중도서관 체계 설립도 이 중에 하나다. 그 외에 여타 혁신들은 조금 더 간접적 효과를 보여 주었다. 제이콥 리스는 <나머지 절반은 어떻게 살아가고 있는가>(How the Other Half Lives)에서 이민자들의 생활환경에 관해 이야기함으로써 미국의 중대한 주택 개혁을 이끌어내기도 했다. 16년 후, 업튼 싱클레어는 <정글>(The Jungle)이라는 소설을 썼는데 여기서 그는 정육업에 종사하는 이민자들의 경험을 가상적이지만 진실되게 얘기함으로써 전국을 경악시켰으며 이로 인해 주요 노동법 제정을 촉발시켰다. 실제로, 미국의 노동운동 역사는 주요 도시들의 주요 정치기구 등에서 볼 수 있듯이 이민자 역사와 깊게 연관되어 있다. 예를 들어 태머니홀(Tammany Hall)[2]은 이민자들이 선거과정에 직접적인 영향을 미칠 수 있도록 함으로써 그들의 시민권 획득과 투표를 장려했다.

그와 대조적으로, 오늘날 이민자들과 이민의 영향 등에 관한 이슈는 사회문제에 대한 진보주의 진영의 토론에서 거의 주제조차

---

2) 역자 주: 19세기 미국 이민자들의 시민권 획득 등의 정치참여와 기타 권익증진을 위해 활동했던 뉴욕시의 민주당 조직.

되지 못하고 있다. 물론 이에 대한 큰 예외로서 일부 노동운동 분야들이 있긴 하다. 오늘날 성장을 보이고 있는 유일한 노동조합들이 주로 이민노동자 거주 산업단지에 조직되어 있다는 것은 우연이 아니다. 이런 조합들, 구체적으로는 국제서비스노동자연맹(Service Employees International Union)이나 신생노조인 호텔 / 식당 / 의류분야 노조(Unite HERE)는 미국노동총연맹(AFL‒CIO)의 이민노동자들에 대한 전통적인 제한주의적인 입장을 뒤엎고 이민자 권리운동과 연합하기도 하였다. 그러나 아직도 미국 노동운동의 전체적인 흐름은 국가 및 노동시장에서의 이민자의 존재 및 역할 등에 관해 어정쩡한 태도를 취하고 있다. 이러한 상황으로 인해 미국 진보주의 운동이 아직도 통합을 포함한 이민자 이슈에 대해 명확한 목소리를 내고 있지 않는 것일지도 모른다.

마찬가지로, '아직 영어를 배우고 있는' 이민자 당사자들이거나 또는 그 자녀들(English Language Learners, ELL)에 대한 언급은, 혹시 있다 해도 극히 소수의 교육정책가들로부터만 나오고 있다. 현재 미국 학교에서 10% 이상의 학생이 ELL이며 심지어 주요 도심지역에서는 그 두 배 이상의 비율을 차지하고 있음에도 불구하고, 공립교육체계는 대체적으로 이에 대해 아무런 대응도 하지 않고 있다. 이로 인해 ELL학생들과 일반학생들 간 교육성취도 격차가 좁혀지지 않고 있다.

게다가 또한 이런 성취도 격차는 매우 견고하기까지 하다. 많은 교외지역 학교들이 성취도 평가에 있어 '향상을 위해 더욱 노력이 필요한 등급'으로 분류되는데, 이는 바로 특수장애 학생들과 함께 ELL 학생들의 낮은 성취도 때문이다. 이러한 현상으로 영어가 모국어가 아닌 학생들이 치르는 시험의 공정성에 관해 열띤 논쟁이 일어났다. 학생들이 무엇을 알고 있는지 정확히 측정하기 위해 실제 그들이 이해하는 언어로 시험을 치르도록 하자는 의견이 토론의 중심이 되기도 했다.(만약 그들이 시험 지시사항을 알고 넘어갈 수 없다면 그들의 수학 능력을 알기가 어려울 것이다.) 그런데 이런 토론은 필연적으로 논쟁의 소지가 있다. 이런 방식의 평가를 지지하는 사람들은 아마도 실제로는 영어를 반대하는 이념주의자들일 것이라는 아주 익숙한 의구심만을 부채질하기 때문이다. 지나칠 정도로 자주 언급되는 그에 대한 대안은, ELL 학생들을 아예 모든 평가에서 면제시키자는 것이다. 그러나 이는 학교와 교사가 갖는 당장의 부담은 줄여 주지만, 이런 학생들에 대한 교육체계의 모든 책무를 붕괴시키는 것이기도 하다. 모든 방면에서 과중한 부담 아래 있는 학교들이라 할지라도 이런 상황이 이민자 청소년들에게 더 나은 결과를 가져오리라 기대하기 어렵다.

성인들에게 영어와 글을 가르치는 프로그램의 양과 질을 향상시키려는 시도 역시 소수의 사람들에 의한 고독한 노력으로 이루어지고 있다. 주목할 만한 예외는 일리노이와 뉴욕이 주 차원에서 내놓은 선도적인 ESL 및 귀화 프로그램인데, 이는 사실 이민자 협회가 벌인 미래지향적이고 효율적인 계몽캠페인의 산물이다. 다른 주에서는 이러한 프로그램이 매우 드물다는 점에서 두 지역의 노력은 특히 주목할 만하다. 사실 성인 ESL교육을 위한 연방정부 재정은 클린턴 정부 아래 잠시 확대되었으나 그 이후로는 계속 정체된 채로 머물거나 감소되어 왔다.

이민자 권리를 위한 운동 진영 내부에서의 끊임없는 주장을 제외하고는 귀화 절차의 개선에 관한 논의들은 진보주의 진영의 아젠다에 아예 올라가 있지도 않은 실정이다. 앨 고어 부통령이 이민자들의 귀화를 장려하는 안을 제안했을 당시, 그가 오히려 이민자 귀화절차를 정치적으로 이용하려 한다는 오명을 쓴 것에 주목해야 한다. 고어 부통령은 심각하게 케케묵은 귀화 절차를 합리적으로 만들 방법들을 담은 내부 지침을 제도화하려 했다는 이유로 의회에서 힐문의 대상이 되고 또 방송에서는 비난의 표적이 되었다. 방송은 그가 2000년 선거에서 자신에게 표를 던질 만한 투표자들을 만들어 내기 위해 귀화 절차의 '값을 깎아주려' 한다는 비난을 중심으로 그를 격렬하게 공격했다. 그러나 정작 공화당이 귀화를 더 어렵게 만들기 위해 지원비를 인상시키고 귀화 시험과 다른 검사들을 개정할 때 개혁세력은 이에 대해 침묵해 왔다. 이 침묵을 너그럽게 설명하자면, 고어가 직면했던 것과 같은 정치적 보복에 대한 두려움 때문일 것이고, 더 합당한 설명은 오히려 무관심 때문이라고 해야 할 것이다.

실제로 공화당원들은 어떤 특정 경우에 있어서는 진보주의자들보다 한 수 위이다. 어려운 귀화 절차를 통과한 참으로 대단한 이민자들에게 가까이 다가가는 것, 영어뿐 아니라 스페인어로도 광고방송을 내보내는 것, 유권자들에게 투표를 통한 지지를 구하는 것 등에서 그렇다. 사실 이러한 현상은 새로운 것이며 최근의 대통령 선거에서도 검증된 바 있어 이제는 어떤 내용의 문제라기보다는 정치적 유행에 가깝다고 해야 할 것이다. 그럼에도 불구하고, 공화당 중 이민자들에 대한 공격에 가담하지 않은 일부는 이제 이민자들의 투표권을 그들 편으로 끌어들일 태세를 가다듬고 있다.

이제 진보주의 운동은 이러한 현상에 주의를 기울여야 한다. 정치적 지형의 변화는 필연적인 것은 아니나 항상 충분히 일어날 가능성을 포함하는 것이며, 여기서 이민자통합의 이슈는 중대한 투자가 이루어지고 있는 변화하는 새로운 영역이다. 그럼에도 불구하고 진보주의자들은 남미계와 아시아계 이민자들 및 여타 소수민족집단들이 자신들의 기본적인 지지기반을 형성하고 있다고 생각하면서도 실제로는 이 분야에서 그리 눈에 띄는 활동을 보여 주지 못하고 있다. 이제 우리 사회가 이민자 통합에 투자해야 할 정당한 이유는 아주 많다. 이러한 것들이야 말로 자기만족을 깨치고 진보하고자 하는 우리 사회의 개혁세력들이 추구해야 할 가치일 것이다.

제4장 이민자 제2세대의 오늘: 그들은 진보하는가, 혹은 낙오되는가?

-로저 웰딩거, 르니 레이셜(Roger Waldinger and Renee Reichl)

Ⅰ. 서론

오늘날 미국에는 제1차 이민물결에 이어 또 다시 대량 이민이 이루어지고 있다. 이는 이민자들에게 더 좋은 삶의 기회를 제공하는 미국의 능력이 아직 녹슬지 않았다는 증거이다. 이민 후에 이민자들의 변화된 삶의 모습을 볼 때 미국 이민은 신규 유입 이민자들에게는 분명 이익이 된다는 사실을 여실히 보여주고 있다. 그러나 이민으로 인해 신규 이민자들의 생활이 개선되는 면이 분명히 있긴 하지만, 아직도 이들이 주류사회 토박이 시민들을 따라잡기에는 여전히 역부족이라는 사실을 지난 20년간의 학문적 연구 결과들은 잘 보여 주고 있다. 한편, 장기적인 측면에서 볼 때에 이들 신규 유입 이민자들의 삶의 개선 문제는 그렇게 핵심적인 이슈라고 할 수는 없다. 사실 이보다 중요한 것은 오늘 현재의 이민과 미래 사이에 과도기적으로 놓인 이들 이민자들의 후속 세대, 즉 이민자 제2세대들이다. 이민 이슈에 있어서 실제 중요한 과제는 이민 제2세대, 즉 미국에서 출생한 이민자 가정의 자녀들에 대한 사회통합과 사회경제적 이동성에 대한 전망이다.

오늘날 미국 이민 제2세대의 운명은 아직도 현재진행형이라서 이민자 가정의 자녀들이 일반적으로 살아가는 경로에 대하여 명확한 분석을 한 연구는 없다. 이들에 대한 가장 비관적인 시나리오는 사회학자들의 분절적 동화(segmented assimilation)[1] 가설과 연관된다. 분절적 동화론이란 오늘날 이민 제2세대의 상당수— 특히 노동계급 이민자 자녀들— 가 새롭게 형성되고 있는 '무지개 하류계층'[2]에 속할 수 있다는 주장이다. 이 무지개 하층계급은 대체로 경쟁에서 앞서 나가기 위해 필요한 기술을 습득하지 못하였거나 노동시장에서 정규직을 찾지 못한 자들로 구성된다. 그러나 일반적으로 이민 제2세대에 대한 전통적인 시각은 이들이 '동화'라는 과정을 통해 부모세대의 사회경제적 지위보다 더 우월한 발전을 달성한다고 보고 있다. 물론 이러한 다소 낙관적인 시각이 적어도 압도적인 다수의 이민 제2세대에게는 딱 들어맞을 수도 있다. 그러나 다소 시각을 달리해 볼 때, 오히려 절대적인 아닌 상대적인 진보가 더 중요한 이슈일 수 있다. 말하자면 이들이 부모 세대와는 다른 진보를 보였다고 해서 이것이 과연 지배 또는 주류사회 (즉 토박이 백인 그룹)로의 통합을 의미하는 것일 수 있는가라는 문제이다. 예를 들어, 이민 제2세대가 우수한 교육수준과 소득 증

---

1) A. Portes, R. G. Rumbaut, Legacies: The Story of the Immigrant Second Generation (Berkeley, CA: University of California Press, 2001) 참조.

2) 역자 주: 무지개는 이민자계층의 문화적 다양성을 상징하며, 이들은 인종분리적인 빈곤과 하향적 동화과정으로 인해 주로 사회경제적 하층계급을 형성하게 된다.

가를 보였다고 해도 이런 현상이 주로 고학력 이민근로자들에게만 집중되어 있다고 한다면 사실 주류사회로의 통합은 그만큼 지연되거나 차단될 수 있는 것이다. 한편, 이민 제2세대의 발전과 통합 정도를 평가함에 있어서 주류사회와의 어떤 점을 비교하는가는 관점도 중요하다. 예컨대 영어를 읽거나 쓸 줄도 모르던 접시닦이 또는 공장 근로자 출신인 이민 제1세대 부모의 자녀가 그래도 고등학교라도 졸업했다고 하면 분명히 그는 자기 부모세대보다는 발전을 보였다고 할 수 있을 것이다. 그러나 그렇다고 해서 그가 소위 사람들이 열망하는 소위 중산층의 아메리칸 드림까지 이루었다고는 할 수는 없을 것이다. 세월이 흘러도 자신들 앞날이 여전히 암울하기만 하고 사회경제적으로 낮은 지위(역사적으로 혜택받지 못한 그룹에 합류하는)에 정체되어 있다는 것을 깨닫게 될 때, 젊은 이민 제2세대는 이민의 땅 미국에서 더 이상 자기발전의 길이 막혀 있다고 체념하고, 스스로 교육 및 직업적으로 낮은 수준의 성취수준에 머물러 버릴 수도 있는 것이다.

본 章은 오늘날 이민 제2세대의 이러한 경험에 초점을 맞추어 그들의 가장 두드러진 교육 및 노동 시장의 특성을 점검해 보고자 한다. 오늘날 미국 이민 제2세대의 민족 및 국가별 구성과 연령 구성은 어떠하며, 그들의 교육적 성취 수준과 노동시장으로의 연계성 정도에서 이민 제1세대 및 제3세대(그리고 그 이후)와 비하여 어떠한 차이를 보이는지, 그리고 이들이 얼마나 독립적인 경제를 영위하는지, 나아가 이런 여러 지표를 통해 볼 때, 오늘날 미국 이민 제2세대는 과연 진보하고 있는지 아니면 낙오되고 있는지 등을 살펴볼 것이다.

먼저 이민 제1세대와 비교하여 제2세대의 특성을 일반적인 통계와 경향 중심으로 살펴보고 난 후에 핵심이슈로 옮겨 가기로 한다. 학교 교육, 고용, 소득 등의 핵심 지표를 통하여 미국에서 태어난 이민 제2세대 자녀들이 이룬 진보를 측정해 보도록 한다. 여기서는 특히 이민 제2세대 전체 인구의 4분의 1을 차지하고 10세 이하 제2세대 아이들의 3분의 1 이상을 차지하는 '멕시코계' 이민 제2세대를 주목해 보기로 한다. 우리의 목표는 과연 무지개 하류계층 가설이 유효한 것인지, 과연 어떤 증거가 이런 가설을 뒷받침하는 것인지를(특히 '멕시코계' 제2세대의 경우에) 점검해 보는 것이다. 이 분석에는 제2세대가 부모 및 동년배의 백인(주류 그룹)과 흑인(혜택받지 못한 그룹)[3]에 비교해서 얼마나 그리고 어느 정도 차이가 나는지를 판단하기 위한 일련의 비교 작업 — 세대별, 성별, 출신 국적별, 인종 / 민족별 — 이 포함된다.

Ⅱ. 정의와 데이터

오늘날 이민 제2세대는 여전히 이 시대의 현안 과제 중에 하나이다. 이민 제2세대의 인구 분포곡선은 젊은 세대 쪽으로 많이 치우쳐 있는 독특한 구조를 가지고 있는데 이는 거의 한 세기라는 긴 기간에 걸쳐 진행된 미국 이민의 부침을 반영하는 것이다. 중요한 사실은 미국이 아닌 아메리카 대륙권 내의 기타 국가나 아시아 출신 이민자 부모의 성인 자녀가 여전히 상대적으로 소규모 집단을 구성한다는 것이다. '멕시코계'를 제외하게 되면 그 숫자가 너무 작

---

3) 주의를 요하는 말: 세대와 출신 그룹을 교육 및 직업 특성과 비교하기는 하지만, 통계적 유의성을 보기 위해 그룹 간 차이를 테스트하지는 않았다. 그러므로 분석에서도 그룹 간 차이점을 설명해서 보여 주는 정도만을 제공한다.

아서 출신 국가별로 의미 있는 구별을 할 수가 없다. 따라서 여기서는 이민 제2세대를 한 개의 뚜렷한 출신국가 범주인 '멕시코계'와 세계적 규모에서 분류한 세 개의 범주─즉 유럽, 캐나다, 호주계(유럽/캐나다인으로 부르기로 한다), '기타 아메리카계'(멕시코와 캐나다를 제외한 서반구의 모든 나라), 그리고 '아시아계'(동아시아건 서아시아이건 구분하지 않고 아시아에 있는 모든 나라 포함) 등으로 나누었다. 물론 이런 광범위 분류로 인해 각 범주 내에 성격이 각기 다른 이민자집단들이 포함되긴 하지만, 이것을 피하기 위해 보다 상세하게 세분할 경우에는 오히려 더 신뢰성 있는 수치를 산출할 수가 없게 된다. 따라서 본 연구로서는 이러한 분류가 최선이다.

우리는 이민 제1세대를 외국에서 태어난 사람으로 규정했다.(즉 이 정의에는 미국 시민이 해외에서 낳은 아이, 미국 영토 외의 지역 출신인 사람, 귀화를 통해 미국 시민권을 획득한 사람, 즉 비시민권자가 포함된다.) 그리고 이민 제2세대는 미국에서 태어났지만 적어도 부모 한쪽이 외국 태생인 사람으로 하였다. 마지막으로, 이민 제3세대는 역시 이민 제2세대 부모로부터 미국에서 태어난 사람으로 이루어진다. 이 마지막 그룹을 '제3세대'라고 부르기는 하겠지만 사실은 '3.X세대'로서, 다수가 미국 내 거주한 지 몇 세대를 거슬러 올라가는 선조를 가진 세대이다. 그러나 우리가 관심을 갖는 바가 세대 간 차이라는 점에 비추어, 우리 분석에서 다루는 제3세대는 미국의 제3세대 인구의 압도적 다수를 구성하는 미국 출생의 토박이 두 그룹인 백인과 흑인으로 제한하였다. 백인 또는 흑인을 지칭할 때는 오직 이들 그룹의 이민 제3세대에 한한다.[4]

---

4) 이하 '해외 출생'과 '이민자'라는 말은 서로 바꾸어 쓸 수 있게 사용함.

본 장은 다양한 통계 자료를 인용하고 있다. 그런데 익히 알려져 있는 미국 통계시스템의 맏형 격인 미국 인구센서스를 본 연구에서 활용하기에는 다소 제한적이었다. 왜냐하면 이 미국 인구센서스는 1970년부터 부모의 출생지에 대한 설문을 중단함으로써 일단 자녀가 부모로부터 독립하게 되면 그가 이민자 자녀인지 여부를 추적하는 것이 불가능해졌기 때문이다. 따라서 우리는 1970년도의 분석을 위해서는 본 센서스를 사용하고, 그 이후 연도에 대해서는 최근인구조사(Current Population Survey, CPS)에 의존하였다. 이 조사는 1979년부터 주기적으로 부모의 출신지에 대해 설문하였고, 1994년부터는 정규 설문항목으로 넣어 조사하고 있다. 그런데 CPS 자료는 그 자체 샘플 사이즈가 작다는 약점이 있다. 따라서 샘플 사이즈를 늘리기 위해 사용되는 일반적인 방식인 조사 연도 조합 (또는 연쇄) 방식을 사용하였다.[5]

:: 성장하는 신이민 제2세대: 그들의 인구학적 프로필

이민 제1세대와 제2세대의 출생지

1965년 이후 미국 이민 흐름에서 가장 뚜렷한 변화는 아마도 이민 출신국가의 변화— 유럽에서 다른 지역국가로— 일 것이다. 미국 인구 중 외국 출생자가 5.4%를 좀 넘는 정도였던 1970년에 바닥을 친 이후부터 이민 숫자는 꾸준히 증가하였고, 2004년에는 미국인 100명당 13명 정도가 외국 출생자였다. 이민 증가에 따라 출

---

5) 이 보고서는 원칙적으로 1997, 1999, 2001, 2003 CPS 데이터를 병합하여 사용했다. 2000년이 이들 연도 중 중간이라서 이 병합된 샘플을 '2000'년 조사라고 칭하기로 한다.

신 국가 또한 변화되어 왔다(표 1 참조). 1970년에는 외국 출생 인구의 대다수가 유럽과 캐나다 출신이었지만, 그 후 이들의 상대적인 규모는 빠른 속도로 감소하여 2004년 무렵에는 20%에도 못 미치게 되었다. 21세기 진입 무렵에는 '비유럽계'가 지배적인 다수가 되었고 이 중 '멕시코계'와 다양한 아시아 출신 이민자가 각각 대략 30%를 차지하게 되었다.

여러 증거들을 통해 분명히 드러나듯이 이민 제2세대 인구구성의 변화는 매우 장기간에 걸쳐 일어나는 발전이며 현재도 결코 완결적인 것일 수 없다. 과거 대량이민 시대에도 이민 유산은 대규모적인 이민 제2세대의 출현이라는 모습으로 나타났었다. 당시의 대규모 이민 제2세대는 대략 1905년에서 1925년 사이에 출생한 연령 집단이 지배적이었고, 이후 이보다 규모는 작으나 결코 미미하지는 않는 연이은 15년 동안에 출생한 이민 제2세대들이 이 그룹의 꼬리를 구성하였다. 이들 이민 제2세대는 1930년대와 다시 2차 세계대전 직후에 도착한 보다 작은 규모의 유럽 이민자의 제2세대가 더해져 더욱 증가하였다. 그런데 이와는 대조적으로 아시아와 아메리카 대륙으로부터의 '신이민'은 최근에 일어난 현상이며, 오늘날 일어나는 주요이민 그룹의 다수는 실로 최근에 이루어진 것으로서 베트남인과 중앙아메리카인의 이민은 현실적인 이유에 따라 겨우 1970년대 후반부터 시작된 것이다.

결과적으로, 상대적인 규모와 구성을 보면 오늘날 이민 제2세대는 20세기 초반 이민물결 때와는 매우 다른 방식으로 발전했다고 할 수 있다. 즉 1970년에는 이민 제2세대가 미국 인구의 11.5%나 — 물론 시간이 가면서 그 비율이 감소함으로써 2004년에는 10.4%까지 떨어지긴 했지만— 차지하고 있었지만, 오늘날에는 상대적인 규모로 볼 때 이 두 그룹 간에 역전이 일어난 상황이다. 이전에는 외국 출생의 이민자, 즉 이민 제1세대가 이민 제2세대 규모의 절반 미만이었지만 지금은 오히려 이민 제1세대가 상당히 더 많은 규모를 보이고 있다.

표 1. 이민 제1세대 및 제2세대의 출신지별 %, 1970 - 2004

	1970	1979	1990	2000	2004
First Generation Canada/Europe/Australia	68.8	48.7	33.2	20.2	17.1
Asia	9.1	21.2	23.2	26.3	28.9
Mexico	9.7	15.2	24.8	27.9	28.8
Other Americas	11.4	13.6	17.4	23.3	22.8
Africa	1.1	1.2	1.5	2.4	2.4
Total	100.0	100.0	100.0	100.0	100.0
Second Generation Canada/Europe/Australia	87.8	81.3	32.9	43.4	34.9
Asia	2.8	4.3	23.6	15.1	19.4
Mexico	6.9	10.2	25.5	26.1	28.5
Other Americas	2.3	3.9	16.8	14.2	15.5
Africa	0.3	0.3	1.2	1.2	1.7
Total	100.0	100.0	100.0	100.0	100.0

Sources: 1970 IPUMS; 1979 November CPS; 1989 November CPS; 1997–2003 March CPS; 2004 March CPS

이와 마찬가지로 출신국가 또한 20세기 전반기에 이루어진 이민 패턴의 영향으로 변화를 보이고 있다. 35년 전에는 이민 제2세대 중 '유럽계'가 훨씬 지배적 규모였다(표 1 참조). 이러한 비율은 이후 많은 변화를 보이지만 현재도 여전히 '유럽계'가 다수를 이루고 있다(34.9%). 그런 가운데서도 신이민자 그룹의 미국 태생 자녀, 즉 이민 제2세대는 최근에야 비로소 두각을 나타내기 시작하고, 이 중에서 멕시코 출신 부모를 둔 이민 제2세대가 상당한 규모(28.5%)를 차지한다는 사실에 주목해야 한다. 이는 멕시코 이민자가 미국 이민 사에 오랜 기간 미쳐 온 영향을 반영하고 있다. 그러나 한편 다양한 출신국가로 구성된 아시아 태생의 이민 제2세대는 훨씬 적은 비율을 차지하고 있다(19.4%). 물론 앞으로도 분명히 이 모든 상황은 언제라도 뒤바뀔 수 있다. 지속적인 인구학적인 변화는— 늙어가는 유럽 이민자 후손의 사망률 및 신이민자들 사이의 출산율 차이의 관계 등 — 오늘날의 이민 제2세대의 인구구조를 미래의 이민 제1세대의 구조와 비교하여 판이하게 변화시킬 수 있는 가능성을 가지고 있다.

출신 국가별로 볼 때, '멕시코계'는 2004년 현재 미국에 사는 모든 이민 제1세대의 28.8%나 차지하고 있다. 어떤 다른 나라 출신도 단일 국가 규모로 이만큼 많지 않으며 그 규모도 상당한 차이가 난다. 필리핀이 그다음으로 큰 규모이지만 겨우 4.4%를 차지하고 있을 뿐이다. 규모 순으로 상위 10개 국가 중 7개국이 아시아(중국, 인도, 베트남, 한국)나 아메리카 대륙(쿠바, 캐나다, 엘살바도르)이다. 그런데 이런 분포가 이민 제2세대에서는 출신 국가별로 매우 다른 양상을 띠고 있다. '멕시코계'가 지배적이기는 했지만(28.5% 차지), 여전히 초기 이민의 유산을 쉽게 감지할 수 있다. 이탈리아, 러시아, 폴란드, 독일, 캐나다, 영국, 아일랜드가 제2세대 인구 중에 여전히 상위 10개 출신 국가에 랭크되었다.

그런데 이민 제2세대의 저연령대로 초점을 돌리면 이와는 아주 다른 모습을 볼 수 있다. 일반적으로 10세 이하의 이민 제2세대들의 출신 국가는 여전히 이민 제1세대의 출신 국가 분포와 상당히 닮은 모습을 보인다. 그러나 여기서도 한 가지 중요한 예외가 있다. 즉 이민 제1세대 분포도에서는 '멕시코계'가 28.8%를 차지했던 것과는 달리 10세 이하 이민 제2세대에서는 '멕시코계'가 이들의 36.5%를 차지하고 있었다.

:: 제1세대와 제2세대 간 연령 구조의 차이

연령 구조는 이민 세대 간 변화의 또 다른 유의미한 차원을 보여 준다. 이민은 주로 젊은 성인에 의해 자기선택적으로 이루어진다. 미국에서 외국 태생 인구의 연령 분포도를 보면 어린이의 비율은 적은 데 반해, 20 - 29세 및 30 - 49세의 연령이 많다는 것은 이러한 성향을 두드러지게 보여 주는 것이다(그림 1 참조). 그러나 이민 제2세대군을 보면 10세 미만이거나 50세 이상의 규모가 큰 반면, 중심 연령대 성인 인구는 적은 U자형으로 매우 다른 모습을 보인다. 이런 뚜렷한 U자형은 미국 이민 역사의 불연속성을 반영하는 것이다. 즉 연령 구조의 나이든 쪽의 다수 그룹은 지난 시대에 대량으로 이루어진 이민자의 미국 출생 자녀들을 나타내고, 어린 쪽의 이보다 더 큰 그룹은 최근 미국에 유입된 신이민자들의 자녀들이다. 이와는 대조적으로 중심 연령대 성인 그룹은 제2차 세계대전 말과 1980년대 초반 사이에 미국에서 태어난 이민 제2세대군이다.

출신 국가별로 구분을 해 보면 중요한 세부 사실이 나타나는데 유럽, 캐나다, 호주 출신의 이민 제2세대는 대개 나이가 많은 그룹으로서 약 60%가 50세 이상에 속했다. 그러나 이와 대조적으로 다른 출신 국가들에서는 젊은 어린애들이 많다. 2000년 현재, 멕시코, 기타 아메리카 국가 및 아시아 출신의 이민 제2세대의 40%

이상이 10세 미만의 연령이다. 이들 3개 출신 국가를 다 합치면 약 70%가 20세 미만인 것으로 나타났다.

그림 1. 세대 및 연령 그룹별 %

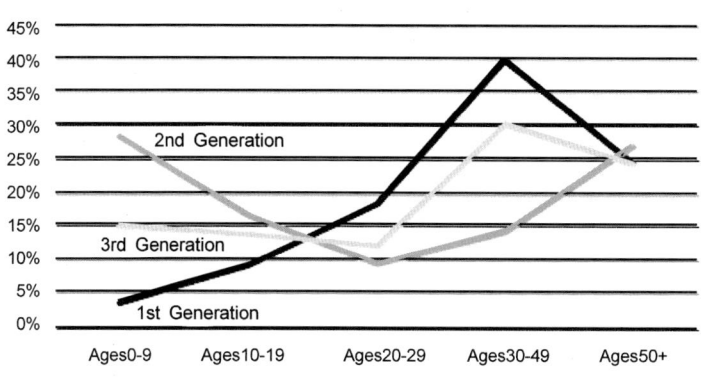

이제 여기서 우리는 이민 제2세대가 다른 세대와는 뚜렷하게 구별되는 연령 구조를 가지고 있으며, 따라서 이들 '새롭게 등장한' 이들 이민 제2세대의 영향력이 아직은 완전히 드러나지 않고 있다고 주장하는 바이다. 현재까지는 이들이 미치는 제도적 효과가 주로 학교, 특히 미국 각 주(州) 중에서 주로 신규 이민자를 받아들이는 도시의 학교들에서 감지되고 있는 수준이다. 이런 지역에서는 늘어 가는 이민으로 인해 학교 내에서 차지하는 이민 출신 학생 인구의 규모도 팽창하고 있다. 이와 대조적으로 노동시장에의 영향은 훨씬 온건한 편인데 이는 오늘날 이민 제2세대 중에서 주요노동가능 연령군의 규모가 아직은 작기 때문이다.

출신 국가별로 보자면, 멕시코 이민자의 미국 태생 자녀들이 ─ 즉 미국의 최하급기술 이민자들의 자녀 ─ 앞으로 이민 제2세대의 압도적인 다수를 구성하게 될 것이다. 엘살바도르나 도미니카와 같은 유사한 사회 및 경제적 특성을 지닌 다른 출신 국가 그룹 또한 앞으로 노동인구로 옮겨갈 이들 신이민 제2세대에서 차지하는 규모는 작지만 여전히 중요한 한 부분을 차지하게 될 것이다. 현재까지는 신이민 제2세대의 어린이 대부분이 아직 학교에 다니고 있지만, 이 인구의 기본적인 규모가 워낙 거대하므로 이들 중 아무리 적은 비율이라도 이들이 노동 인구에 진입하거나 또는 학교에서 직장으로 이행한다는 것은 그 자체 엄청난 파급효과를 의미하는 것이다. 그러나 미래는 항상 예측불가하다는 점을 인정하면서 이 장의 나머지 부분에서는 이들 이민 제2세대 중 청소년과 젊은 성인의 교육 및 고용에 초점을 맞출 것이다. 부분적이기는 하지만, 학교와 직장에서 그들이 현재 경험하고 있는 바는 적어도 미래 예측을 위한 합리적인 벤치마킹의 자료로서는 충분하기 때문이다.

:: 학교에서 일터로

학교 교육은 미래의 더 나은 삶을 위한 전제조건이다. 필수적으로 넘어야 하는 장애물이 고등학교 졸업장을 따는 것이고, 이는 주요 연령대 토박이 미국인의 점증하는 다수가 보유하는 자격증이기도 하다. 사실 많은 이민자들이 중등학교 교육을 겨우 몇 년 마치고 미국에 오거나, 그보다도 학력이 낮은 경우가 많다. 따라서 이민자 자녀가 그들의 부모를 넘어서려면, 고등학교 졸업장이 종종 중요한 도약의 발판이 되는 것이다. 그런데 비록 하급기술을 보유한 이민자들일지라도 취업비율이 상당히 높다는 것은 이들이 비록 고등학교를 마치지 못했더라도 이것이 모든 이민자에게 똑같이 부정적인 효과를 미치는 것은 아니라는 것을 의미할 수 있다. 따라서 이 중요한 가설을 확인하기 위해 학교로부터 직장으로의 이행 과정에 대해 살펴보도록 하자.

16세에서 20세 사이의 청소년

통계에서는 16-20세의 이민 제1세대 '멕시코계' 이민자들의 학교 등록 비율이 가장 낮은 수치를 보였다. 이들 중 겨우 40%만이 재학 중으로 나왔다(표 2 참조). 그러나 여타 이민 제1세대 및 제2세대 그룹의 경우에는 오히려 학교에 등록하는 일이 훨씬 일반적이었으며 그 비율은 전반적으로 제3세대 백인들과 비슷하거나 또는 약간 웃돌고 흑인들보다는 월등히 높았다. 이민 제2세대 중에서 '유럽계' 및 '여타 아메리카계' 그리고 특히 '아시아계'의 학교 등록률은 제3세대 '백인계'보다 우월했다. 비교한 모든 그룹에서 풀타임 학교 등록률이 낮게 나온 것은 놀랄만한 일이 아니다. 그러나 '아시아계'는 '백인계'에 비하여 일반 등록률에서 보다 풀타임 등록률이 단연코 높았다. 한편, 일반 등록률을 보든 풀타임 등록률을 보든 간에 흑인은 모든 영역에서 똑같이 다소 낮은 경향을 보였다.

일반적으로 학교를 중도에 포기할수록 그만큼 실업의 위험도 크다. 제3세대 백인 남자의 71.4%, 여자의 65.1%가 직업이 있다고 보고되었다(표 2, '16-20세 청소년' 패널). 전체적으로 대부분의 이민 제1세대와 이민 제2세대 그룹에서 학교를 중도에 떠난 청년들의 취업률은 백인에 비해 낮았다. 그러나 그 차이가 크게 심하지는 않았다.

표 2. 십대(16 - 20세)의 출신 국가별 및 성별 재학률

Enrollment types	All	Full - time	All	Full - time
	First Generation		**Second Generation**	
Canada/Europe/Australia	72%	69%	72%	67%
Asia	77%	73%	79%	76%
Mexico	40%	35%	64%	57%
Other Americas	61%	56%	72%	68%
	Third Generation			
Whites	66%	62%		
African Americans	62%	59%		

Source: Current Population Survey March 1997-2003

'멕시코계' 이민자들이 가장 낮은 재학률을 보이나 다른 한편은 가장 많이 취업을 하는 그룹으로 나타났다. 이들 중 학업을 마치지 못한 남자의 81.3%나 직업을 가지고 있는 것으로 나왔다. 그러나 흑인들의 경우에는 대조적으로 학업을 마치지 못한 경우 학교에서 일자리로의 이행 가능성이 가장 낮은 경향을 보인다. 남성이든 여성이든 상관없이 학업을 중단한 흑인의 겨우 절반 미만만이 일자리를 갖고 있었다. 특히 젊은 흑인그룹의 취업 비율은 더욱 낮았는데 학교를 중단한 후 일자리를 갖는 백인에 비해 겨우 60% 미만이 일자리를 갖는 것으로 나타났다.

21세에서 25세 사이의 청년층

각 청년 그룹을 비교해 보았을 때, 21세에서 25세 연령대에 있는 청년층의 학교등록률이 현저히 낮은 것으로 나왔다. 제3세대 백인의 경우 겨우 4분의 1을 약간 넘는 수가 재학 중인 것으로 나타났다(표 3 참조). 그리 큰 차이는 아니라고 하지만 백인들은 몇몇 다른 그룹에 비해서는 오히려 저조한 비율을 보였다. 외국 태

생 '아시아계' 및 그 2세대는 절반 가까이가 재학 중이고, '기타 아메리카계'의 이민 제2세대뿐만 아니라 '유럽 / 캐나다계' 이민 제1세대 및 이민 제2세대의 재학률도 모두 백인들을 앞지르고 있다. 20대 초반 청년층은 이민의 가장 중심적인 연령대이기 때문에(특히 비숙련 기술인력 중에서) 이 연령층에 있는 '멕시코계' 이민자들의 학교 등록률이 매우 낮은 것은 사실이다. 하지만 이 연령대에 있는 제2세대 '멕시코계'의 재학률은 16 - 20세 연령군에서보다는 많이 증가하여 '백인계'에 비해 조금 밑돌고 있는 수치를 보인다. 모든 그룹들의 풀타임 등록률이 낮지만, 특히 '백인계'는 '기타 아메리카' 제2세대뿐만 아니라 '유럽 / 캐나다계'와 '아시아계' 이민 제1세대 및 이민 제2세대에 비해 모두 뒤떨어진 것으로 나타나고 있다. 단지 '멕시코계' 이민자들만이 풀타임 등록률에서 백인 수준의 5분의 1에 불과하게 나왔다. '멕시코계' 이민 제2세대에 가서는 많이 나았지만, 그래도 여전히 백인에 비해 겨우 4분의 3 정도의 '멕시코계' 미국 청년들이 풀타임 재학 중인 것으로 나타났다.

표 3. 21세에서 25세 청년의 출신국가별 및 성별 재학 비율(2000년)

Enrollment types	All	Full – time	All	Full – time
	First Generation		Second Generation	
Canada/Europe/Australia	34.9%	28.8%	34.0%	27.9%
Asia	44.8%	38.8%	45.3%	36.8%
Mexico	7.3%	4.7%	24.4%	15.4%
Other Americas	22.4%	16.4%	38.8%	31.4%
	Third Generation			
Whites	27.2%	21.7%		
African Americans	22.7%	17.6%		

Source: Current Population Survey March 1997-2003

청년기는 학교에서 취업 현장으로 진출하는 기간으로 이 초기 성년기의 이민자들의 경우 안정적으로 직업을 유지하는 경향을 보인다. 전체적으로 볼 때, 이 연령대에서 학교에 다니지 않는 남성의 83%와 여성의 71%가 직장을 가지고 있는 것으로 나타났다. 남성 중에서는 '멕시코계' 이민자가 전체 비교 그룹에서 가장 높은 취업 비율을 보였다(88.6%)(표 3, '21 – 25세' 부분 참조). '백인계'가 아닌 경우의 이민 제1세대와 제 2세대 간의 취업 비율을 비교해 보면, '유럽 / 캐나다계'의 1%에서부터 '기타 아메리카' 제2세대 남성의 10%에 이르기까지 다양하지만, 해당 그룹의 취업 비율은 '백인계'(86.8%)와는 경합하지는 못하는 것으로 나타났다. 여성의 경우에도 유사한 패턴이 나타나는데 다만 '멕시코계'의 경우만 예외적으로 나왔다. 이민 제1세대든 이민 제2세대든 간에 이들의 취업률은 백인 여성(76.6%) 취업률보다 각각 34%와 10% 뒤처진 것으로 나타났다. 이러한 불균형에도 불구하고 '멕시코계' 이민 제1세대와 제2세대 여성의 취업률을 비교하면 42.3%에서 66.6%로 상승하고 있다.

16 – 20세 흑인그룹이 보이는 다른 그룹과의 현격한 취업률 격차는 21 – 25세 그룹에서는 다소 좁혀지는 양상을 보이긴 하지만, 여전히 전체적으로 볼때, 흑인그룹은 가장 뒤떨어진 그룹으로 나타났다. 흑인 남성은 특히 다른 모든 그룹에 비해 현저히 낮은 취업률을 보였다. 흑인 여성은 이와 대조적으로 '멕시코계' 여성 이민 제2세대뿐 아니라 '아시아계'와 '기타 아메리카계' 이민 여성의 취업률과는 대체로 비슷한 양상을 보였다.

앞서 언급한 대로, 이민자의 사회통합에 대한 다소 삭막한 사회학적 관점은 무지개 하층계급 시나리오로 대변되고 있다. 이 시나리오는 하층 노동계급 이민자의 제2세대 자녀들도 결국 이민사회에서의 사회적 진보에 필요한 기술을 제대로 습득하지 못하고 학교를 중퇴하는 경우, 노동인구에도 거의 편입되지 못하는 것으로 보는 것이다. 말하자면 결과적으로 이들이 장기적으로나 어쩌면 영구적으로 이 사회의 노동인구에서 배제된 집단에 속하게 된다는 것이다. 그러나 우리가 위에서 살펴본 바와 같이 오늘날 미국 이민자들의 이민 양상은 결코 이러한 염세적인 평가를 뒷받침하지는 않는 것으로 나타나고 있다. 가장 학교 중퇴율이 높은 그룹인 '멕시코계' 이민자들의 경우에도 실제는 가장 높은 취업 경향을 보이고 있으며 이러한 패턴은 아래에서 보는 바와 같이 연령이 올라가도 그대로 적용되고 있다. 십중팔구 그러하듯이 낮은 학교 등록률은 주로 멕시코에서 미국으로 취업하기 위해 이주한 젊은 멕시코 이민자뿐만 아니라, 멕시코에서 태어났지만 자라나기는 미국에서 자란 '멕시코계' 이민2세에게 나타나는 양상이다. 그럼에도 불구하고 고령 이민자와 더불어 이들 젊은 신입 이민자들을 기존 미국에 정착한 사람들과 연결시켜 주는 강한 인적 네트워크가 널리 확산되어 있어서, 비록 저임금 일자리이기는 하지만 이들에게도 미국 취업시장으로의 접근을 용이하게 하고 있다.

반면에 이민 제2세대 '멕시코계' 청년들의 학교 등록률은 오히려 백인 수준에 상당히 근접하여 유지되는 것을 볼 수 있다. 물론 대학 연령기에 있는 '멕시코계' 청년들의 학교 미등록률 — 특히 풀타임 미등록률이 현격히 높다 — 이 아주 크긴 하지만 그럼에도 불구하고 학교를 떠난 이민 제2세대 '멕시코계' 청년들의 취업 경향은 굉장히 높다. 특히 20대 초반의 청년은 백인 수준에 근접한 취업률을 유지하고 있다. 따라서 이 사실로 볼 때 이들보다 낮은 연령층(16 - 20세)이 겪는 취업난도 다소 과도기적인 현상임을 알 수 있다. 이민 제2세대 '멕시코계' 여성은 제1세대의 교육 수준을 넘어서면서도 또한 취업 수준도 높게 유지하는 등 대단히 인상적인 모습을 보여 주고 있다. 비록 여성이든 남성이든 간에 청년층들의 학교 등록률이 가파르게 떨어진다는 것은 상대적으로 소수의 젊은 '멕시코계' 이민 제2세대만이 대학을 마치며, 이런 요인으로 이들이 확실히 경제적 측면에서 백인들을 따라잡는데 한계가 있다는 사실을 보여 주고는 있지만 여전히 미국에서 이민사회가 주류사회로 잘 통합되고 있다는 증거는 충분하다고 할 수 있다.

다른 그룹의 이민 제1세대 및 제2세대에 관한 해석에 있어서는 이 장에서 사용하는 카테고리의 글로벌한 성격을 고려할 때 상당한 주의가 필요하다. 그럼에도 불구하고 '무지개 하층계급'을 지지하는 어떤 지표가 없는 것은 확실하다. 특히 '아시아계'에 대한 데이터는 외국 태생이든 미국 출생이든, 매우 긍정적인 방향을 제시하고 있으며 이는 기존의 다른 연구 결과와도 일치하는 패턴이다.[6] 주로 우려되는 그룹은 오히려 흑인, 특히 남자의 경우로, 이미 20년도 더 전에 알려진 이들의 '청년 취업 대란'은 전혀 누그러지지 않은 것으로 보인다. 또한, 이 그룹 십대 후반과 이십대 초반

---

6) M. Zhou, "Contemporary Immigration and the Dynamics of Race and Ethnicity", pp.200 - 242 in N. Smelser, W. J. Wilson, and F. Mitchell, eds., *America Becoming: Racial Trendsand Their Consequences*, Volume I, Commission on Behavioral and Social Sciences and Education, National Research Council(Washington DC: National Academy Press, 2001) 참고.

이 겪는 취업의 어려움은 다른 모든 그룹보다 더욱 끈질긴 양상을 보이고, 중심 연령대 성인에게서도 뚜렷한 패턴으로 나타나고 있다.

::근로연령 인구집단

이 섹션에서는 25 – 65세 사이 성인연령 그룹의 취업, 임금, 비금전적 형태의 보상 등에 초점을 맞추었다. 이민자의 경제적인 성취는 그들이 시장에 제공하는 기술의 수준에 영향을 받는다. 따라서 먼저 이들의 절대적인 그리고 상대적인 교육 수준의 변화를 살펴보는 것으로 시작하려고 한다.

교육 수준

미국 경제가 과거 어느 때보다도 기술집약적인 수준으로 이행하면서도 한편으로는 이에 따라 비숙련 노동자들의 대규모적인 유입도 함께 이루어진다는 것은 미국 이민의 역설적인 현상이라고 할 수 있다. 시장의 수요가 고학력 근로자에게로 옮겨 감에 따라 비숙련 기술노동자들의 수입은 정체되는 현상이 일어났다. 제조업계의 고용 또한 비숙련 생산직이 해외로 이동함에 따라 점차 줄어들었다. 많은 연구자들은 제조업의 하강세가 바로 비숙련 흑인 남성이 겪는 지속적인 취업난의 원인이라고 보고 있다. 동시에 토박이 및 이민 노동 인구의 구성원 양쪽 다 현저한 기술의 업그레이드를 이루었다. 지난 30년간 국내의 대학 교육 인구 규모는 크게 증가하였다. 이와 마찬가지로, 고급 기술 이민자들이 상당수 미국 경제로 편입되었다. 따라서 이민 제2세대 미국인이 어떻게 이렇게 진화하는 시장의 기술 구조에 적응하여 편입되는가에 따라 그들의 고용과 취업 직종에의 접근성 및 보상의 수준 등이 결정되는 것이다.

표 4에 보듯이 지난 30년 이상 동안 저학력 노동력의 상대적인 규모는 급감해 왔다. 1970년에는 모든 성인의 48.5%가 고등학교 졸업장이 없었지만, 2004년이 되면 12.1%만이 고등학교를 마치지 못했다. 모든 그룹에서 이러한 감소가 공통적으로 나타나기는 하지만 교육적 진보의 수준에서는 그룹 간에 상당한 차이가 존재하고 있다.

표 4. 고등학교 교육 미만 성인의 비율(25 - 65세) - 1970년, 2004년

	Difference from whites		Difference from whites		Percent change from
	1920	(1970)	2004	(2004)	1970
First Generation					
Canada/Europe/Australia	48.8	8.7	6.1	−0.4	−88
Asia	31.5	−8.6	9.5	3.0	−70
Mexico	81.2	41.1	58.0	51.5	−28
Other Americas	48.3	8.2	26.5	20.0	−45
Second Generation					
Canada/Europe/Australia	40.2	0.1	2.9	−3.6	−93
Asia	24.6	−15.5	3.6	−2.9	−85
Mexico	69.1	29.0	16.9	10.4	−76
Other Americas	31.6	−8.5	2.4	−4.2	−93
Third Generation					
Whites	40.1		6.5−		84
African Americans	45.5	25.5	12.1	5.6	−81
Total population	48.5	8.4	12.1	5.6	−75

Source: 1970 IPUMS; 2004 March CPS

이민자들 중에서 '멕시코계'는 지속적인 최저 학력 집단으로 나타난다. 물론 1970년대에는 10명 중 8명의 '멕시코계' 성인 이민

자가 고등학교 졸업장이 없었지만, 2004년에는 이 비율이 10명 중 6명 밑으로 떨어지는 모습을 보이고 있다(표 4 참조). 그러나 이러한 점진적인 향상에도 불구하고 여전히 이들은 다른 그룹과는 변화 양상이 다르다. 실제 그동안 '멕시코계' 이민자들과 백인 및 다른 그룹과의 교육 격차는 오히려 더욱 증가되었다. 1970년에는 압도적으로 저학력 그룹이었던 이민 제2세대 '멕시코계' 성인들은 여타 그룹과 스토리 자체가 다르다. 물론 이들도 시간이 지나면서 상당한 학력 업그레이드를 경험하게 되고, 고교 졸업장도 없는 '멕시코계' 이민 제2세대의 비율이 1970년의 69%에서 2004년의 17%로 떨어졌다.

비록 학력 스펙트럼의 높은 쪽의 성장이 낮은 쪽의 감소만큼 그다지 크지는 않지만, 같은 기간 동안 대학 교육을 받은 근로자의 비율은 급속하게 증가하였다. 1970년에 대학(또는 그 이상) 학력은 상대적으로 드물었고 10명의 성인 중 한 명이 보유한 정도였는 데 반해, 2004년에는 더욱 흔한 경우가 되어 대략 3분의 1이 대학을 마치게 되었다(표 5 참조).

표 5. 20-65세 성인의 대졸 학력 비율(1970년, 2004년)

	Difference from whites		Difference from whites		Percent change from
	1920	(1970)	2004	(2004)	1970
First Generation					
Canada/Europe/Australia	10.9	−0.9	42.2	10.5	286
Asia	35.4	23.6	51.2	19.5	45
Mexico	2.2	−9.7	5.7	−26.0	166
Other Americas	12.1	0.3	21.2	−10.5	76
Second Generation					
Canada/Europe/Australia	12.2	0.4	42.6	10.9	251
Asia	16.2	4.4	57.4	25.7	256
Mexico	3.2	−8.6	14.1	−17.6	334
Other Americas	15.1	3.3	41.3	9.6	174
Third Generation					
Whites	11.8	.	31.7		169
African Americans	4.7	−7.1	17.8	−13.9	277
Total population	10.2	−1.6	29.8	−2.0	192

Source: 1970 IPUMS; 2004 March CPS

　백인은 지속적으로 다른 이민 제1세대 및 제2세대 그룹보다는 뒤쳐져 있음을 볼 수 있다. 그러나 1970년에 미국 거주 중이던 '아시아계' 이민자 그룹은 당시부터 이미 두드러진 전문 인력이었음을 보여 주고 있다. 2004년에는 아시아 태생의 성인 절반 이상이 대학 졸업장을 소유한 것으로 나타난다. 더욱 눈에 띄는 것은 '아시아계' 이민 제2세대 성인들의 변화인데, 1970년에 백인보다 약간 앞섰던 이 그룹이 이제는 대학 졸업장을 가진 비율이 거의 두 배가 되었다.

　1970년 당시 벌써 뒤쳐져 있던 그룹들은 그간 격차를 거의 좁히지 못했다. 1970년에 '멕시코계' 이민자 사이에서는 대학 교육이 드물었다. 그 당시에 흑인과 이민 제2세대 '멕시코계' 성인 중에서는 대학 졸업자를 거의 보기 힘들 정도였다. 그리고 지난 세월 동안 '멕시코계' 이민자들에게 대학 교육은 여전히 매우 드문 일이었다. 그 결과 '멕시코계' 이민자들은 21세기로 진입하는 이 순간에도 여전히 삼십 년 전에 그랬던 것과 같이 불리한 조건에 놓여 있다. 물론 대학 교육 학력이 이민 제2세대의 '멕시코계'과 흑인들 간에 급속하게 늘고는 있다. 이들 두 그룹의 학력 향상이 간격을 좁히기는 했지만, 여전히 이들은 백인 그룹에 한참 뒤쳐져 있다.

요약하자면, 지난 삼십여 년간 이민사회 노동 인구의 학력 수준은 급격한 향상을 보였다. 이와 동시에 토박이 그룹보다는 학력 수준이 크게 떨어지는 신규 입국 비숙련 이민자들도 급증하였다. 이미 살펴 본 대로 멕시코에서 학력이 높은 이민자들이 점차 유입되는 등의 변화가 있긴 하지만 그리 큰 편이 아니라서 '멕시코계'와 백인 주류 그룹을 구별 짓게 만드는 이런 학력 격차는 실제 더욱 커져왔다.

1970년에 열악한 상황이던 그룹들이 — 가장 눈에 띄는 것이 '멕시코계' 이민자의 미국 출생 자녀 그룹과 흑인들 — 그간 괄목할 진전을 보여 왔고, 이제 고교 졸업장이 없는 사람의 비율도 급감했다. 그러나 이것도 백인들의 변화 비율에는 비견되지 못한다. 따라서 '멕시코계'와 흑인들 이민 제2세대 중의 단지 소수만이 저학력에 그치고 있다고 할지라도, 전체적으로는 고졸 학력 미만의 비율이 상당히 높은 편이다.

2004년 현재 대학 교육은 과거 1970년보다는 훨씬 일상화 되었고, 이런 현상은 '멕시코계' 이민자를 제외한 거의 모든 그룹에 일반적인 사실이다. 이제 부모 세대에 비하면, '멕시코계' 이민 제2세대 구성원들이 대학 졸업장을 소지할 확률은 높아졌다. 그러나 여전히 백인 그룹보다는 뒤쳐진다. '멕시코계' 이민 제2세대들 사이에 대학을 마치지 못하는 경우가 많은 것은 시장이 이들에게 대학 졸업 등의 학력 수준에 상응하는 프리미엄을 지불하지 못하고 있다는 것을 말하며, 이는 결국 이들의 수입능력도 그만큼 수준 이하라는 것을 반증하는 것이다.

::노동 시장의 결과

고용은 노동계급 이민자 자녀의 무지개 하층계급 편입 가능성 여부를 평가하기에 가장 좋은 척도를 제공한다. '하층계급'을 정의하는 방법은 많지만, 윌리엄 줄리어스 윌슨의 "일자리가 사라지는" 세상에 대한 설명이 이 현상의 핵심 속성을 잡아내고 있다.[7] 이 섹션에서는 노동력 편입수준(labor force attachment)을 측정하는 지표로서 현재의 취업 비율을 비교하도록 한다. 다음에 이어지는 섹션에서는 노동시장의 기타 결과물인 각 그룹의 소득과 건강 및 연금보장 등을 살펴볼 것이다.

고용

1970년 이래로 남녀에 대한 고용 경향은 두 가지 매우 다른 경로를 따랐는데, 남성들의 직업유지율(job - holding rates)은 점진적인 감소를 보인 반면 여성들은 급격한 증가를 보였다. 1970년에는 성인 남자의 87%가 고용 상태였지만 2004년이 되면 82%만이 직업을 가지고 있는 것으로 나타났다. 미국 남성들에게 전반적으로 나타난 이러한 움직임은 백인 남성과 대부분의 이민 제1세대 및 제2세대 남성

---

7) W. J. Wilson, When Work Disappears: The World of the New Urban Poor(New York: Knopf, 1996) 참조.

들에게 나타난 변화와 일치하고 있다(표 6 참조). 그런데 역설적이게도 발전하는 전문숙련기술 인력의 경제구조를 고려할 때, 분명히 '멕시코계' 이민자 남성그룹은 가장 많은 실업의 위험을 가진 그룹임에도 불구하고 실제로는 예외적인 모습을 보이고 있다. 1970년에 '멕시코계' 이민자 남성은 백인보다 고용 가능성이 적은 그룹이었지만, 그 이후 이들의 취업 가능성은 지속적으로 증가해 온 것을 볼 수 있다(표 6 참조). 미국 태생의 '멕시코계' 남성의 직업유지율은 다소의 감소세를 보였지만, 취업률은 항상 백인 수준보다 불과 몇 퍼센트 밖의 격차만을 유지해 왔다. 직업유지율에서 가장 심각한 감소를 보인 그룹은 흑인 남성 그룹이었다. 이들은 이미 1970년 당시에도 백인보다 훨씬 낮은 고용 가능성을 보였지만 2004년에는 10명의 흑인 남성 중 간신히 일곱 명 정도가 고용 상태를 유지하고 있을 뿐이었다.

그런데 여성의 경우에는 이야기가 조금 다르다. 1970년에는 성인의 여성 46%가 일을 하고 있었지만 2004년에는 이 비율이 68%가 된다. 비록 각 그룹별로 불균형적인 출발을 보이다가 이후 다양한 비율로 변화하긴 했지만 어쨌든 모든 그룹에서 고용증가가 나타났다. 가장 급격한 상승은 '멕시코계' 여성 이민 제2세대에서 이루어졌다. 1970년에 38.8%가 고용되었고 2004년에는 70.2%가 고용되어 특히 백인 여성(70.5%)과 동등한 수준을 보였다(표 6 참조). 이러한 패턴은 직업유지율이 1970년에 매우 낮은 수준을 기록했다가 상승했지만 너무나 더딘 성장세라서 절대적으로나 상대적으로나 백인에 한참 뒤떨어진 '멕시코계' 제1세대 여성 이민자와는 확연한 차이를 보이고 있다. 흑인 남성 그룹과는 달리, 흑인 여성 그룹의 직업유지율은 1970년 이래로 증가하였다. 하지만, 그 변화

속도는 완만하여 초기에는 백인 여성을 능가하였던 취업률이 2004
년에는 결과적으로 백인의 수준보다 밑으로 떨어졌다.

표 6. 성인 노동 인구의 세대별 출신별 취업률(25 - 65세)(1970 - 2004년)

	1970	1980	1990	2000	2004
MEN					
First Generation					
Canada/Europe/Australia	88.7	87.9	83.6	84.5	83.4
Asia	87.8	83.4	85.0	84.4	86.4
Mexico	84.9	87.9	85.4	57.6	87.3
Other Americas	89.1	88.4	81.6	85.1	84.9
Africa	84.3	92.9	82.2	85.1	84.7
Second Generation					
Canada/Europe/Australia	90.0	81.8	79.6	81.2	82.6
Asia	93.6	90.0	88.8	84.0	83.6
Mexico	86.3	85.6	78.0	80.9	81.1
Other Americas	88.6	78.6	83.3	84.7	83.6
Third Generation					
Whites	89.1	87.8	86.7	85.0	83.2
African Americans	80.3	77.8	73.7	73.3	69.7
WOMEN					
First Generation					
Canada/Europe/Australia	43.9	52.6	59.0	62.9	62.9
Asia	47.4	56.7	60.7	63.4	62.6
Mexico	30.8	38.2	52.6	47.5	45.3
Other Americas	54.6	59.8	58.2	64.3	66.0
Africa	38.9	59.2	62.5	63.2	62.5
Second Generation					
Canada/Europe/Australia	46.2	52.2	60.4	69.1	69.9
Asia	58.5	62.0	68.4	74.3	68.3
Mexico	38.8	51.5	54.4	66.7	70.2
Other Americas	54.7	55.3	60.0	75.0	84.0
Third Generation					
Whites	43.8	57.3	68.1	71.5	70.5
African Americans	52.8	58.7	62.9	68.4	67.4

Source: 1970 IPUMS; 1979 November CPS; 1989 November CPS; 1997–2003 March CPS; 2004
March CPS.

이렇게 고용 패턴을 검토해 보면 신 이민 제2세대가 무지개 하층계급을 형성 중이라는 시각을 뒷받침하는 증거를 거의 찾을 수 없다. 특히 이민 제2세대 '멕시코계' 여성 그룹의 행보를 보면 이러한 비관적 시나리오가 예상하는 것과는 거리가 멀다. 지속적인 노동인구 참여도가 제1세대와 달리 이민 제2세대에서 훨씬 강하여 주류 그룹으로부터의 분화가 아니라 오히려 수렴되고 있다는 강력한 증거를 볼 수 있다. '멕시코계' 남성들의 경향은 부분적으로 다소 다르다. 즉 이들 제1세대의 취업률은 예외적으로 높은데 이는 아마도 이민 현상 자체의 본질적인 측면일 것이고, 이민의 경험을 겪지 않은 이들에게서 다시 재현될 것 같지는 않다. 즉 이민 제2세대 '멕시코계' 남성의 취업률은 백인 남성에 근접하고 흑인 남성과는 큰 차이를 보이는데 이로서 흑인 남성 그룹이 노동 인구에의 지속적인 참여가 가장 약한 그룹임을 알 수 있다.

::보상 측면에서 살펴보기: 소득 중앙값

2000년에 제3세대 백인 남성의 소득 중앙값은 49,000달러에 가까웠다. 이 수치는 대부분의 다른 그룹보다는 우위에 있지만 모든 남성 그룹 중에서 최고의 수준은 아니었다(그림 2 참조). 이민 제2세대 '유럽 / 캐나다계'가 모든 그룹 중 가장 소득이 높았고(59,330달러), 다음이 동일 그룹의 제1세대, 그 다음이 이민 제2세대와 제1세대 '아시아계'였다. '멕시코계' 이민자는 이 스펙트럼의 반대편 끝에 위치하여, 소득이 백인의 절반 수준이었다. 흑인은 백인 소득의 2 / 3 정도이었고, '기타 아메리카' 출신 이민자는 백인 수준의

68%로 보고되었다. 이민 제2세대 '멕시코계' 남성 또한 순위가 낮아서 백인의 76%로, 제1세대 '멕시코계'와 백인 사이 중간 지점에 해당한다.

대략 28,000달러의 소득 중앙값을 나타낸 백인 여성은 백인 남성 소득의 절반보다는 조금 많은 정도의 소득을 올렸다. 백인 여성은 다른 모든 외국 태생 이민자 그룹보다는 많이 벌었으나 '유럽/캐나다계', '아시아계' 및 '기타 아메리카' 이민 제2세대 여성들보다는 적었다. 남성과 마찬가지로 '멕시코계' 이민 제1세대 여성은 다른 모든 비교 그룹보다 적게 벌었는데, 백인 여성의 절반을 약간 넘는 소득(14,552달러) 수준을 보였다. 이민 제2세대인 '멕시코계' 여성 이민자그룹과 흑인 여성을 비교해 보았을 때, 각각에 상응하는 남성그룹과 비교할 때 보다 소득 격차가 훨씬 작았다.

교육 수준이 소득 격차의 유일한 원인이 될 수는 없지만 주요 교육수준 범주 내에서의 소득 격차와는 관계가 있다. 요약하여 다음에 이어지는 논의를 제1세대와 이민 제2세대 '멕시코계' 근로자, 흑인, 제3세대 백인 간의 비교로만 제한해 살펴본다. 남성이든 여성이든 모든 그룹에서 학력이 높을수록 높은 소득을 창출해 냈다. 그러나 교육의 영향은 학력 수준에 따라 달라서, 대학 졸업(또는 대학 이상 학력)은 학교 교육에 따른 다른 어떤 증가보다 가파른 소득 증가를 부추겼다. 또한 동일 그룹 내에서의 소득 격차는 교육과 성별 모두에 따라 차이가 났다. 학력이 가장 낮은 근로자군에서 학력에 따른 소득 격차는 작았지만 학력 수준이 높아질수록 그 격차가 벌어졌다. 그러나 동일 그룹 내에서 학력에 따른 격차는 여성보다 남성 그룹에서 계속 더 커졌다.

그림 2. 근로자의 세대별, 출신별, 성별 연봉과 급여 소득 중앙값(달러, 2000년)

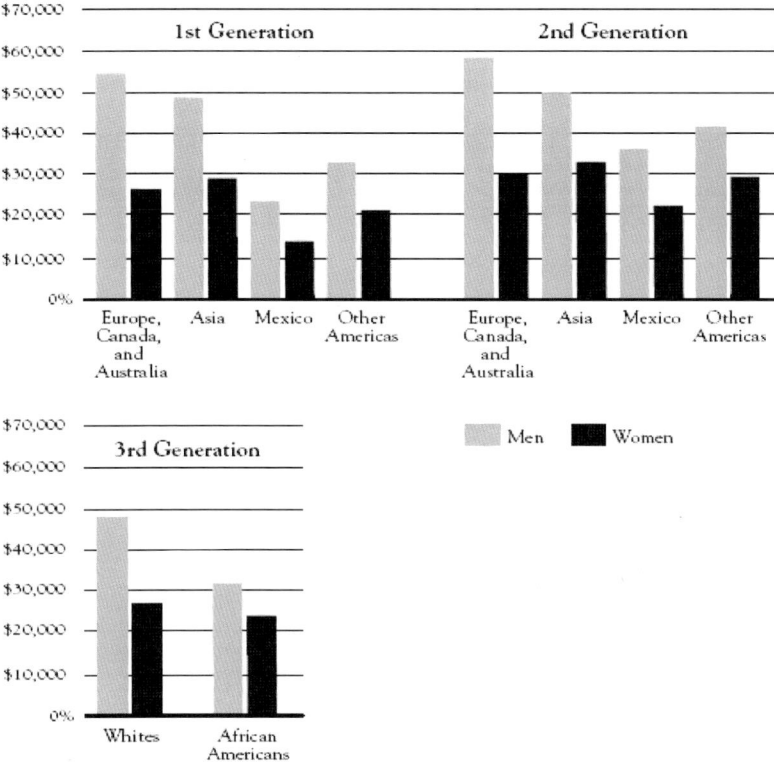

* Workers, ages 25 to 65, reporting positive wages
Source: Current Population Survey March 1997-2003.

그림 3. 세대별, 출신별 의료보험 보장 제공 고용주에 고용된 성인의 비율(2000년)

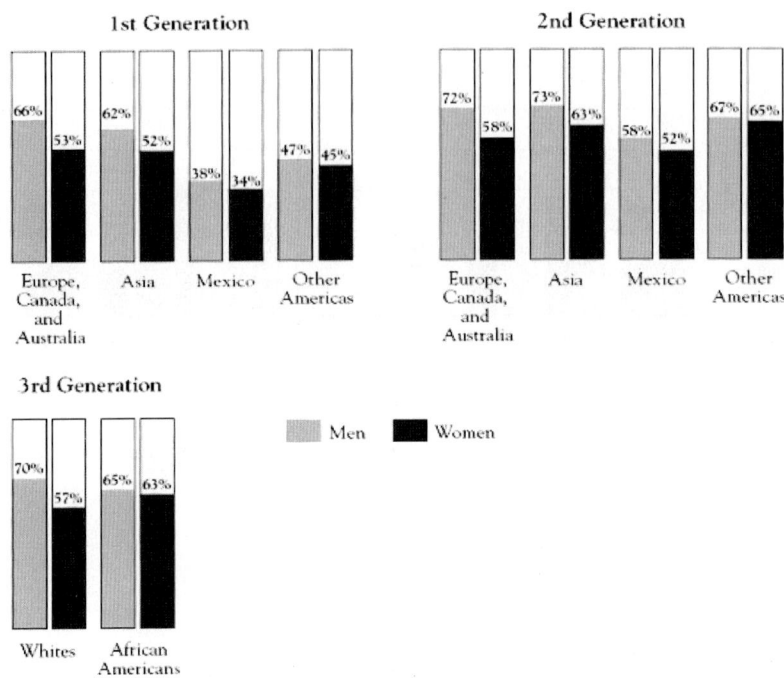

1st Generation

Europe, Canada, and Australia — 66% / 53%
Asia — 62% / 52%
Mexico — 38% / 34%
Other Americas — 47% / 45%

2nd Generation

Europe, Canada, and Australia — 72% / 58%
Asia — 73% / 63%
Mexico — 58% / 52%
Other Americas — 67% / 65%

3rd Generation

Whites — 70% / 57%
African Americans — 65% / 63%

Men   Women

Source: Current Population Survey March 1997-2003.

모든 그룹이 학교를 많이 다닐수록 긍정적인 영향을 받았지만, 그 영향이 획일적이지는 않다. 멕시코 출생 근로자는 이민 전에 취득한 기술에 대해서 이에 걸맞은 부가적인 보상을 받지 못하는 것으로 나타났다. 멕시코 이민자들에게도 학력이 높아질수록 소득 격차를 더 벌이는 경향이 있지만, 대학졸업 학력은 제한적인 플러스 효과만을 거두는 것으로 나타났다. 이와 대조적으로, 이민 제2세대 '멕시코계' 남성의 경우에는 학력이 증가하면 그만큼 소득도 증가하였다. 모든 학력 수준에서 이민 제2세대 '멕시코계' 근로자는 그에 상응하는 흑인 그룹보다 소득이 많았고, 흑인 그룹이 대학 졸업 학력으로부터 받는 영향은 '멕시코계' 외국 태생 근로자를 제외한 모든 그룹보다 훨씬 약했다.

::보상 측면: 급여외 급부

부가급부 — 주로 연금과 건강보험 — 는 일자리의 질을 따질 때 결정적인 측면을 구성한다. 미국에서는 건강보험과 연금 혜택을 대개 고용주가 제공한다.[8]

건강보험

백인 남성 근로자의 70%가 고용주로부터 다양한 형태로 건강보험 보장을 받는다(그림 3 참조). 백인 이외의 그룹들을 살펴보면 그런대로 잘하고 있는 편이며 이 중 가장 눈에 띄는 것이 '유럽/캐나다계'와 '아시아계' 이민 제2세대 근로자이다. 그러나 외국 태생 이주자들을 보면 백인들에 비해서는 뒤쳐지고 있으며, 그 중에서도 '멕시코계' 이민자 — 겨우 35%만이 어떤 형태로든 건강보험 혜택을 받는다 — 가 가장 혜택을 덜 받고 있는 그룹으로 나타났다. 이와 대조적으로, 흑인 남성의 65%와 '멕시코계' 이민 제2세대 남성의 60% 가까이가 고용주로부터 건강보험 혜택을 보장받고 있었다. 건강보험 수혜범위는 한 그룹만 제외하고는 모든 그룹에서 남성

---

8) 건강보험과 연금 지급에 관한 정보는 봉급 근로자로 고용된 사람들에 대한 것에 국한되기는 하지만 CPS에서 수집하였다. 자영업자에 대한 비교 데이터는 구할 수 없었다. CPS에서는 응답자에게 고용주가 어느 직원을 위해서든 연금 계획을 제공하는지를 물었다. 그렇다고 대답한 응답자들에 대해서는 다시 자신이 보장 대상인지를 물었다. 또한 건강보험 보장을 받는지 묻고, 그렇다고 대답한 경우에는 다른 가족 구성원도 보장되는지, 고용주가 얼마나 부담하는지를 물었다.

보다 여성이 공통적으로 더 낮은 수준이었다. 예외적인 그룹은 흑인 여성으로, 3분의 2 가까이가 고용주로부터 건강보험 보장을 받았는데, 대략적으로 흑인 남성과 비슷하고 백인 여성보다는 높은 비율이었다(그림 3 참조). 또한 대부분의 이민 제2세대 여성은 백인보다 보장받는 비율에서 더 높았는데, '멕시코계' 이민 제2세대 여성 그룹만이 예외였다. 고용주가 제공하는 건강보험 보장범위는 이민 제2세대 및 제1세대 '멕시코계' 여성의 경우, 월등히 높은 반면에, 두 그룹 모두에서의 보장 수준은 낮은데 이는 이들이 개인 가정이나 이와 유사한 일자리에 고용되는 경우가 많다는 사실과 관련이 있을 것이다.

고용주가 제공하는 건강보험은 대개 부분적인 추가 보장을 수반한다. 남성 근로자 19%와 여성 근로자 15%만이 고용주가 비용 전체를 부담하는 것으로 나타났다. 남성 중에서는 모든 이민자(유럽 / 캐나다 / 호주 출신을 제외하고)그룹이 백인보다는 완전 보장을 받는 비율이 낮았다. '멕시코계' 이민자들이 특히 불리한 여건에 있었는데, 완전 보장을 받는 백인 비율의 절반에 불과했다. 모든 이민 제2세대 그룹은 자기 그룹의 제1세대 그룹보다는 사정이 개선된 것으로 나타났다. 이민 제2세대 '멕시코계' 남성이 백인에 비해서는 상당히 뒤져 있는 반면에 멕시코 태생의 이민 제1세대 남성보다는 훨씬 나았고, 대략 흑인 남성과 비슷한 비율로 완전 보장을 받고 있었다.

3

표 7. 고용주 제공 연금 대상인 성인의 세대별, 출신별 비율(2000년)

	Men	Women
First Generation		
Canada/Europe/Australia	47.2%	41.9%
Asia	43.3%	40.9%
Mexico	20.9%	19.6%
Other Americas	28.7%	29.7%
Second Generation		
Canada/Europe/Australia	58.3%	52.2%
Asia	53.6%	54.4%
Mexico	43.3%	43.9%
Other Americas	48.4%	45.5%
Third Generation		
Whites	56.4%	50.4%
African Americans	49.6%	48.1%

Source: Current Population Survey 1997-2003.

연금 혜택

고용주들은 연금보다는 건강보험을 제공하는 경향이 높았다. 백인 남성의 58% 가량이 연금보장을 받고 있었다. '유럽 / 캐나다계' 이민 제2세대 남성은 연금보장에서 백인 그룹을 약간 앞질렀다(표 7 참조). 외국 출생 남성은 모두 백인보다는 연금보장 혜택을 받는 비율이 낮았다. 연금보장은 특히 '멕시코계' 이민자 그룹에서 낮았는데, 백인 비율의 3분의 1을 간신히 넘는 수준이었다. 미국 출생 '멕시코계' 남성의 연금보장 비율은 여전히 백인 비율보다 한참 처지긴 했지만 외국 출생 '멕시코계'의 두 배에 달했다.

여성을 보면, 이민 제2세대 '아시아계'와 '유럽 / 캐나다계' 근로 자는 백인 여성보다 보장받는 비율이 높았다. 그 외 모든 다른 그 룹은 보장 비율이 더 낮았다. 연금혜택에 있어서도 역시 '멕시코

계' 이민 여성은 다른 그룹에 비해 열악한 상태인 것으로 나타났
는데 이들의 겨우 5분의 1만이 고용주가 제공하는 혜택을 보장받
았다.

소득과 부가급부에 대한 이상의 검토결과에서 우리는 미국의 비
숙련 이민 근로자들이 분명히 미국 경제에서 자기 자리를 차지하
고 있으며 그를 위한 대가도 지불하고 있다는 점을 알 수 있었다.
즉 이들 이민자들이 낮은 임금에 비금전적 보상을 거의 제공하지
않는 일자리에서 일하고 있다는 것이다. '멕시코계' 이민자를 보면
다른 요인들이 비숙련에 따르는 그들의 불리함을 더 악화시키는 것
으로 보인다. 학력이 더 높아도 '멕시코계' 이민자에게 있어서는 다
른 그룹보다 그로 인한 보상의 증가가 소폭에 그친다. 여기서 측정
한 특성은 아니지만 영어 구사 능력이나 미국에서의 취업 경력 연
수 등도 교육적 투자에 따른 보상을 계속해서 억누를 수 있다.

이민자에 비해 '멕시코계' 이민 제2세대 근로자는 몇 가지 점에
서 향상된 결과를 보였다. 이들은 더 높은 임금을 받았고 저임금
직종에서 일하는 비율도 더 낮았다. 또한 고소득의 일자리를 가진
비율도 더 높았다. 건강보험과 연금 혜택을 받는 일자리일 확률도
더 높게 나타났다. '멕시코계' 이민 제1세대와 대조적으로 학력이
더 높아지면 소득도 상당히 증가되었다. '멕시코계' 부모를 가진
미국 태생 근로자가 대학을 마치는 데 따라 보상을 받기는 하지만,
이들의 대학 졸업 비율은 여전히 상대적으로 낮은 선에 머물러 있
다. 낮은 대학 졸업 비율은 급여 등의 보상에 있어 강력한 제약
조건으로 특히 대학 교육을 받은 근로자들이 좋은 보수를 받는 분
야에서 더욱 그렇다.

또 다른 중요한 발견은 이민 제2세대 '멕시코계' 여성이 가장 발전적인 세대 간 향상을 보이고, 주류사회의 백인여성 그룹에 가장 잘 수렴되는 모습을 보였다는 점이다. 멕시코에서 출생한 그룹에 비하여, 이민 제2세대 '멕시코계' 여성은 상당히 높은 소득과 건강보험 및 연금보장을 누렸다. 또한 이들의 취업률도 백인과 동일했다.

'멕시코계' 이민자들에게는 저임금 노동이 지배적인 것이 문제인 반면에, 흑인 남성의 보수 수준은 더욱 걱정스러운 면을 품고 있는데, 전혀 소득이 없는 비율이 과도하게 높다는 점이다. 분명히 '멕시코계' 이민자보다는 급여 수준이 우월하지만, 흑인 남성은 백인에 비해서는 한참 뒤쳐져 있다. 이민 제2세대 '멕시코계' 남성과 함께, 지속적인 저학력 수준이 이러한 격차의 가장 큰 요인이 되고 있다. 그럼에도 불구하고, 대학 교육을 받은 흑인 남성은 이에 상응하는 백인 그룹에 비해 여전히 열악한 상황에 있음을 보여 주고 있다.

Ⅲ. 결론

'신' 이민 제2세대에 관한 조사는 왜곡된 비관주의적 관념에서 시작되었다. 오늘날 미국의 이민자 자녀들의 앞날에 대한 염려는 확실히 근거가 있다. 많은 비숙련 이민자들이 미국으로 이민 왔고, 이들 학력이 변변치 않은 근로자들은 많은 보상을 주지 않는 경제에 편입되었다. 이민자들이 맞닥뜨리는 문화적, 언어적, 법적인 제한은 이들에게 추가적인 어려움을 부과함으로써 낮은 학력에서 유발된 어려움을 더욱 가중시켰다. 그리고 광범위한 이민 네트워크가 이민자들— 혹은 적어도 이민 남성들— 을 고용주와 신속하게 연결시켜 주고 일자리를 지속적으로 유지하도록 하지만, 이런 사회적 연결망도 이들로 하여금 직업 이동에 필요한 기술을 습득하도록 만드는 능력을 제공하지는 못하는 것으로 보인다. '멕시코계' 이민자들은 단일 그룹으로서는 학력이 낮은 최대의 신규이민 그룹이며, 가난한 근로 계층의 구성원으로 저임금 직종 이외의 일자리에 대해서는 접근이 어려운 상황이다. 이러한 환경을 고려할 때, 미국에서 태어나고 미국에서 자란 이들의 자녀가 앞으로 더욱 발전해 나가리라고 기대해도 되는지 의문이 든다.

일부 연구자들은 이에 대해 상당히 부정적인 의견을 제기한다. 그럼에도 불구하고 이 장에서는 노동계급 이민자 자녀가 무지개 하층계급으로 하향 동화를 겪으리라는 견해를 뒷받침할만한 증거를 거의 찾을 수 없었다. 이민 제2세대 '멕시코계' 남성이 여타 외국 태생 이민자 그룹들처럼 뛰어난 직업유지율을 보여 주지 못한 반면에, 이들의 취업률은 대체적으로 토박이 백인의 취업률과 비슷했다. 이민 제2세대가 제1세대보다 현저하게 교육을 잘 받았기 때문에, '멕시코계' 이민 제2세대 남성은 더 안정적이고, 급여 수준이 상당히 더 높으며, 복리후생 혜택도 훨씬 더 좋은 일자리를 찾는 것으로 나타났다.

물론 성별을 고려하면 이러한 그림이 조금 바뀐다. 이 장에서 보았듯이 노동력으로서의 '멕시코계' 이민 남성과 여성의 행태는 확연히 다르다. '멕시코계' 이민 제1세대 여성은 남성에 비해 지속적으로 훨씬 낮은 수준의 노동 참여를 보인다. 그러나 이와 대조적으로, '멕시코계' 이민 제2세대인 미국 출생 여성의 노동 행태는 오히려 토박이 백인 여성이 보이는 패턴과 상당히 유사하다. 격차가 여전히 존재하기는 하지만, 그 차이는 매우 크게 줄어들고 있다. 상응하는 남성 그룹과 마찬가지로, 멕시코 부모로부터 미국에서 출생한 여성은 학력 수준도 더 높고, 그래서 더 나은 경제적 보상을 창출해 내고 있는 것이다.

이민 제2세대의 앞날에 대한 비관론은 오늘날의 이민에서 두드러지는 속성인 사회경제적 다양성과 썩 잘 어울리지는 않는다. 많은 수의 비숙련 이민자가 존재하는 것은 분명하지만, 상황은 여전히 지난 시대 이민의 패턴과 대조되는 모습을 보인다. 20세기의 전환기에, 새로이 들어온 이민자는 대체로 직업계층의 하층바닥에 집중되었다. 그러나 오늘날은 고급 기술 이민자의 유입도 상당하며, 이들 중 다수가 토박이 백인이 보유한 능력과 동등하거나 이를 넘어서고 있는 상황이다. 이들 이민자의 자녀 또한 모든 면에서 성공하고 있다.

그러나 비관적인 평가가 정당화되지 않는다 해도 여전히 우려해야할 만한 근거는 충분하다. 이민 제2세대 '멕시코계' 남성과 여성의 발전은 동화의 예가 될 터이지만, 그것도 절대적인 의미로 규정할 때만 그렇다. 다수의 백인과 비교했을 때, 매우 상당한 격차가 존재하는 것은 사실이다. 이를 따라 잡는 데는 계속적인 학업으로 학력을 높이는 것, 그리고 제대로 대학을 마칠 때까지 학업을 지속하는 것이 필요하다. 미국에서 태어난 '멕시코계' 이민자 자녀의 다수에게 있어 그러한 성취는 여전히 요원해 보인다. 고등학교와 대학의 재학 패턴은 분명히 부족한 점을 많이 보여 주고 있다. 이민 제2세대 '멕시코계' 중퇴자가 백인 중퇴자와 매우 근접한 비율로 일자리를 찾는다는 점을 기억하는 것이 중요하다. 그러나 문제는 그 백인은 학업을 계속할 가능성이 훨씬 높다는 점이다. 게다가 대학 졸업 비율이 증가한 반면에, '멕시코계' 2세 그룹이 보여 주는 변화의 행보는 그렇게 활발하지 못하다. 대학 졸업 비율의 격차에 따른 결과는 그간 경제가 다른 경로를 따라 움직였다면 달랐을 수도 있다. 그러나 현재 조건하에서는 가장 학력이 높은 자가 가장 많이 보상받으며, 지난 시절 대량 이민자의 자녀가 성년이 되었을 때 그러했던 것 이상으로 앞으로 더욱 그러할 것이다. 오늘날의 이민 제2세대 성인은 이를 따라잡기 위해 분투하고 있으며, 내일은 또 어떻게 해 나갈지 고민해야 할 것이다. 결국 이들은 빈곤한 이민 노동자의 자녀이고, 이들에게 주어진 경제적 조건은 분명히 지난 20년간 개선된 것이 없기 때문이다. 이제 이들의 미래는 단지 학문적 관심사만일 수 없다. 인구학적으로 볼 때 이민 제2세대는 무시할 수 없는 노동력이 될 것이 분명하기 때문이다.

Part **2**

이민자의 권리와 지원정책 ─────────────

제5장 이민자의 권리, 이민통합과 공공의 이익

-도널드 커윈(Donald Kerwin)

I. 서론

이민자의 '권리'와 '통합' 사이의 상호작용이야말로 미국의 이민 역사를 규정하는 속성을 가지고 있다. 미국은 공식적이거나 또는 조정된 어떤 이민자 통합 정책을 갖고 있지는 않지만, 그럼에도 불구하고 통합이 잘 이루어지는 나라이다. 일부 예외가 있긴 했지만, 미국 이민자와 그 자손들은 미국인으로 그런대로 잘 편입되어 왔다. 이는 부분적으로, 연방 정부에게 이민을 규제하는 넓은 권한을 주긴 하지만, 그들의 보호에 있어서는 시민이 아닌 이들을 포함하여 모든 '사람'에게까지 그 효력을 미치는 헌법적 틀이 존재하기 때문이었다.

최근 수년간 이민 논쟁에서 '권리'와 '통합'에 대한 오해가 있어 왔고 이러한 개념들이 서로 경합을 벌여 왔었다. 이민 반대론자들은 '공공복리'의 맥락과는 동떨어져서 개인의 권리만을 반복적으로 강력하게 주장한다면 오히려 이 나라를 분열시킬 위협이 있다고 주장하고, 이민 옹호자들은 '동화'나 '통합' 같은 개념들이 오히려 이민자의 이 사회에 대한 다양한 문화적 사회적 기여를 부정할 우려가 있다고 주장한다. 여기서 본 연구는 이민자들의 요구뿐만 아니라 우리의 헌법적 전통도 반영하는 '권리'와 '통합'의 상호 시너지적인 관점을 전제한다. 이러한 관점에서 볼 때, '권리'란 시민으로서의 책임과 더 나아가 '공익'을 내포해야 하는 것이며, 반대로 '통합'은 사회적으로 공유된 가치에 대한 헌신과 이민자들의 무한한 공헌에 대하여 열려진 자세를 필요로 한다.

본 장에서 '권리'라는 용어는 미국 헌법에서 규정한 '사람(persons)'에게 보장된 권리를 일컫는다. 여기서 '권리'란 미국 사회의 구성원이지만 비시민권자에게도 부여될 수 있는 '특권'이나 '특질', '이익' 등과는 구별된다. 우리는 본 장에서 '권리'와 더불어 사회구성원의 특권 / 특질 / 이익 모두를 시민이 아닌 자에게까지 확장시켜 나가는 것이 통합이라고 주장하고자 한다.

권리와 통합 간 관계를 분명히 해야 할 필요성은 두 가지 이유에서 최근 몇 년간 가장 중요한 일로 생각되어 왔다. 첫째, 외국 태생의 미국 인구는 거의 3천 6백만 명에 이르도록 증가하였다.[1] 여기에는 대략 천3백만 명의 귀화 시민, 천2백만 명의 영주권자(Lawful Permanent Residents), 그리고 천백만 명의 미등록 외국인들이 포함된다.[2] 미국 이민 인구는 가족, 직장, 학교, 교회 기타 종교

---

1) J. Passel, "Estimates of the Size and Characteristics of the Undocumented Population"(Pew Hispanic Center, Mar. 21, 2005), p.7(이하 "Characteristics of the Undocumented").

2) Ibid., pp.1, 3; 또한 A. Erlich and D. Dixon, "Spotlight on Naturalization Trends", Migration Information Source(Migration Policy Institute, Nov. 1, 2005) 참조.

사원, 군대와 같은 미국의 단체들을 구성함에 있어 중심적인 역할을 하고 있다. 이러한 단체의 성공적 발전여부— 그리고 국가의 복지—는 갈수록 이민자가 기여하는 바에 더 많이 의지할 것이다. 둘째, 1996년의 이민과 복지개혁법은 미국 시민과 영주권자 간 구분을 분명히 함으로써 이민자와 그 가족의 통합을 훨씬 더 어렵게 만들었다. 1996년 법과 잇따른 연방 및 각 주의 법안 및 의회에 보류 중인 몇 개 '개혁' 입법안의 기저에 깔린 이민에 대한 잘못된 관점은 미등록이민자와 기타 특정 이민자들의 미국에서의 삶을 너무나 어렵게 만들어서 결국 이들로 하여금 미국을 떠날 수밖에 없도록 만들며, 또한 새로운 이들이 들어오는 것을 차단하게 될 뿐일 것이다. 이 장은 미국 국경을 통제해야 할 필요성에 대해 왈가왈부하려는 것이 아니다. 오히려 이민자에 대한 명예로운 '권리'— 정확하게 이해되었을 때— 가 이민자들을 통합시키고 그들로 하여금 그들을 받아들인 나라에 완전하게 기여할 수 있게 만든다고 주장하는 것이다. 이민자의 통합은 거꾸로 국가의 이익에 기여하게 된다는 것이다. 나는 이장을 통해 이민 통합 아젠더에 '권리'를 반드시 포함시켜야 한다는 결론을 내리고자 한다.

II. 역사적 배경과 법적인 틀

흔히 미국 시민권은, 부정확할 수도 있지만, '권리를 가질 권리'라고 정의되어 왔다.3) 사실 헌법상 권리는 시민에게만 적용되는

---

3) Perez v. Brownnell, 356 US 44, 64(1958)(Warren, Black, and Douglas dissenting).

것이 아니라 시민이 아닌 자까지도 포괄하는 용어인 '사람'에게 적용되는 것이다. 미국 헌법은 '평화로운 집회의 권리', '부당한 수색과 체포로부터 안전할 권리', '누구든 이중처벌 받지 않으며, 묵비권을 행사할 수 있으며', '적법한 절차 없이 생명, 자유, 재산을 박탈당하지 않을 권리', '정당한 보상 없이 공공 용도를 위해 재산을 수용당하지 않을 권리', '형사재판에서 변호와 공평한 재판을 받을 권리', '누구든 정부에 의해 적법한 절차 없이 생명, 자유, 재산을 박탈당하지 않을 권리', '법 앞에 평등한 보호를 받을 권리' 등을 보호한다.[4] 이러한 헌법상의 핵심적인 보호에 대한 권리를 시민이 아닌 자에게도 적용하는 것은 바로 미국 헌법 체제에 내재된 '통합'의 기초적인 형태를 나타낸다.[5]

동시에, 그간 사법부는 지속적으로 연방 정부의 각 기관들이 이민 규제에 관한 전권을 행사할 수 있게끔 판결해 왔다. 그러나 이것이 연방정부가 이민자에 대한 모든 제한, 즉 누가 들어올 수 있고, 누가 머무를 수 있는지, 그리고 누가 떠나야 하는지 등을 규제하는 권한을 가지고 있다는 것을 의미하는 것은 아니다. 의회와 행정부는 헌법의 기본적인 규범을 반영하는 방식으로 이민에 관한 그들의 권한을 행사하여야 한다. 그럼에도 불구하고, 미국의 비시민권자는 이민 문제에서 거의 헌법적 권리를 누리지 못하고 있다. 이상하게도, 미국 헌법은 명시적으로 의회에게 이민 규제에 관한

---

4) US Const., amends. I, IV, V, VI, XIV, § 1

5) 본 장은 외국태생 이민자들을 세 가지로 분류한다. 국적취득자, 영주권자(미국법에 따라 이민자로 규정), 미등록이민자 등이다. '1921년 쿼터법'(42 stat. 5)에서는 '이민자(immigrants)'를 규정하고, 이를 단기입국자(비이민자, non‐immigrants)와 구분하고 있다. 본 장에서는 모든 외국 출생자들을 이민자로 보는 일반적인 규정을 사용하고자 한다.

권한을 부여하지 않고 있다.[6] 대신에 사법부는 국가의 고유한 자기결정권, 즉 달리 말하면 국가 주권의 한 사례로서의 이민 규제 권한을 연방 정부에 주어 왔다.

A. '사람'에게 적용되는 권리

120년간 미국 법원은 시민이 아닌 자라도 '사람'으로서 일체의 시민권을 누린다고 인정해 왔다. 1886년에 대법원은 윅워 대 홉킨스(Yick Wo v. Hopkins) 판례를 통해 중국계를 겨냥하여 돌이나 벽돌로 지어지지 않은 건물에서 세탁업을 하는 것을 불법화한 지자체의 조례를 무효화하였다.[7] 법원은 수정헌법 14조가 '인종, 피부색, 국적과 관계없이 미국 영토 내의 모든 사람'에게 적용된다고 판시하였다.[8] 윙윙 대 미국 정부(Wong Wing v. United States) 판례에서 법원은 추방 전 수감 상태에서 강제노동을 요구하는 1892년의 중국인 추방법을 심리하였다.[9] 여기서 법원은 윅워 케이스를 인용하여 '미국 영토 내의 모든 사람'은 수정헌법 5조와 6조가 보장하는 보호를 받아야 하며, 특히 대배심에 의한 기소에 대한 권리 및 '정당한 법적 절차 없이 생명, 자유, 재산을 박탈당하지 않을' 권리를 보장받는다고 판결하였다.[10] 보다 최근에는 언론·출판

---

6) 의회는 "외국 및 각 주(州)들과의 통상을 규제할 수 있으며"; "귀화에 관한 일반 규정을 만들며"; '선전포고권'; 및 이 권한들을 실행함에 있어 '필요하고 적절한' 입법을 한다. US Const., art. I, § 8. cls. 3, 4, 11, 18.

7) 118 US 356, 6 S.Ct. 1064(1886).

8) Ibid., p.1070.

9) 163 US 228(1896).

10) Ibid., p.238.

의 자유까지 비시민권자에게 확대되며,[11] 외국 기업도 수정헌법 5
조 적용에 의한 정당한 보상을 받아야 하고,[12] 불법이민자도 구속
수사에 앞서 미란다 권리를 고지받아야 한다고[13] 판결하였다.

교육은 자신과 아이들을 위해 더 큰 기회를 찾고자 미국에 온
이민자들에게 가장 중심적인 관심사이다. 플라이어 대 도(*Plyler v.
Doe*) 재판에서 법원은 불법이민자 자녀도 무료 공립 교육을 받을
동등한 권리를 누려야 한다고 판결하였다.[14] 판결은 그 이유로 '수
정헌법 14조는 시민이든 이방인이든, 미국 법의 지배를 받는 누구
에게나 적용되고, 미국 영토 어느 곳에나 미치기 때문'이라고 하였
다.[15] 이 판례는 불법이민의 신분을 '헌법상 부적격자'로 보지 않
았으며 교육을 '기본권'으로 보았다.[16] 그리고 오히려 이 조항이
'스스로의 비자격 상태에 대해 책임이 없는 아이들에게 평생에 짊
어질 고난'을 부과하고, 이 아이들에게 '우리의 시민사회 내에서
살아갈 능력'을 부인함으로써 이들이 '국가발전에 조금이라도 기여
할 현실적인 가능성을 배제할' 수 있다고 결론지었다.[17]

생계를 도모할 권리 또한 미국 헌법 전통과 강하게 일치한다.[18]

---

11) Bridges v. Wilson, 326 US 135, 148(1995).

12) Russian Volunteer Fleet v. United States, 282 US 481(1931).

13) United States v. Casimiro-Benitez, 533 F.2d 1121, 1124(9th Cir.), cert denied,
    429 US 926(1976); United States v. Henry, 604 F.2d 908, 914(5th Cir. 1979).

14) 457 US 202(1982).

15) Ibid., p.210, 215.

16) Ibid., p.223.

17) Ibid.

18) 토마스 제퍼슨 취임연설, 워싱턴 D.C., 1801.3.4참조("……. 사람들이 서로 해치는 것을
    금하고자 하는 지혜롭고 절제할 줄 아는 그러한 정부라면 사람들이 자유롭게 자신의 생업
    과 나은 삶을 추구하는 바를 스스로 규제하도록 해야 할 것이다. 그리고 자신이 벌어들인
    양식을 빼앗지 말아야 할 것이다. 이것이 좋은 정부의 요체이며, 우리의 복을 온전하게 하

대법원은 종종 외국인에 대한 고용 제한을 무효화함으로써 미국 노동 시장의 상대적인 개방성을 강화해 왔다. 햄튼 대 모우선웡 (*Hampton v. Mow Sun Wong*) 판례를 예로 들면, 본 건에서는 선출직 공무원직을 비시민권자에게 제한하는 연방 규정이 정당한지를 다루었다.[19] 법원은 이 규정이 "구별되는 집단의 사람들의 이익을 전체적으로 박탈한다"고 판결하였다.[20] 중앙인사위원회의 권한 범위 내에서 이러한 차별을 정당화하는 어떤 근거도 없는 가운데 있어야 할 절차를 위반하였다는 것이다.[21]

다카하시 대 어류엽수위원회(*Takahashi v. Fish and Game Commission*) 판례에서 법원은 연방법하에서 시민권 자격이 되지 않는 비시민권자(주로 일본계 LPR)에게 상업용 어업허가권을 불허하는 캘리포니아 주 법조항이 위헌이라고 판결하였다.[22] 법원은 이 조항이 '외국인의 진입이나 거주에 차별적인 부담을' 지운다는 면에서 이민을 규제하는 연방 정부의 틀에 상충되며, 수정헌법 14조가 '모든 사람'에게 해당된다는 사실을 위반했다고 하였다.[23] 이와 마찬가지로, 슈거맨 대 두걸 건에서 법원은 평등 원칙에 의거 공무원직 선발 '경쟁'의 자격을 미국 시민으로 제한한 뉴욕 주 법 조항을

는 데 필요한 일이다."); 그린 대 매켈로이(Greene v. McElroy), 360 US 474, 492(1959) 참조.("……특정한 개인적인 일자리를 가질 권리와 비합리적인 정부 간섭 없이 자신이 선택한 직업을 따를 권리가 수정헌법 5조의 '자유'와 '재산' 개념 내에 드는 것이다.")

19) 426 US 88(1976).

20) Ibid., p.103.

21) Ibid., p.116.

22) 334 US 410(1948).

23) Ibid., pp.419-420; 또한 Truax v. Raich, 239 US 33, 42(1915) 참조(5인 초과 사업장 고용주는 적어도 80%는 미국 시민을 고용할 것을 요구하는 애리조나 법은 평등 보호 정신에 위배되며 연방정부 이민 당국과 상충하여 "입국과 주거……를 거부할 권리를 요구한 것과도 같다.")

무효화하였다.[24] 뉴욕 주는 해당 자리가 온전한 충성심을 지닌 사람(시민)으로 채워져야 할 필요가 있다고 주장하였으나 법원은 뉴욕 주의 안이 이러한 의도를 충족시키는 데 '정확히 들어맞지' 않는다고 판시하였다. 특히, 뉴욕 주의 '시민권' 소유 자격 요건은 선출 공무원이나 고위직이 아니라 상대적으로 낮은 등급의 고용인에게 적용되었던 것이다.[25]

이와 반대로, 법원은 '통치의 실체로서 국가의 운영과 밀접한 관계가 있는' 자리, 그리고 국가의 정의와 통치에 근본이 되는 자리에 있어서는 시민권 요건을 확인하는 판결을 내렸다.[26] 이러한 근거에 의하여, 특정한 정부직위는 완전한 시민 신분인 자들에게만 개방되어야 한다. 암바흐 대 노르윅(*Ambach v. Norwick*) 건은 시민권 신청 자격이 되지만 미국 시민이 되고자 하지 않은 사람들을 초·중교 교사직 채용에서 제외한 주 법률이 동등한 보호 정신을 위반한 것인지를 다루었다. 법원은 공립학교 교사는 핵심적인 정부 기능을 수행하므로 그러한 구분은 국가의 교육 목표를 합리적으로 심화시킨 것이라고 확인하였다.[27] 또한 경찰과[28] 보호감찰관[29]에 대한 시민권 요건도 인용하여 판결하였다.

---

24) 413 US 634(1973).

25) Ibid., p.643.

26) Ambach v. Norwick, 441 US 68, 73 – 75(1979).

27) Ibid., pp.79 – 81.

28) Foley v. Connelie, 435 US 291, 297(1978)("통치하는 권리는 시민에게 돌아가는 것" 이며 경찰은 공공권력을 "거의 무한할 정도로 다양하게 행사한다."고 판결)

29) Cabell v. Chavez – Salido, 454 US 432, 447(1982)(보호감찰관은 "국가주권을 인격화한 존재일 수 있다. 더 큰 공동체라는 견지로부터, 보호감찰관은 사회질서의 규범을 위반한 것으로 적발된 사람들에 대한 정치적 공동체의 통제를 상징하며, 고로 그러한 사람들에 대한 책임을 상징한다.)

이민자 고용과 관련된 이슈를 넘어서서, 법원은 또한 이들을 해고하는 문제와 관련된 이슈도 다루었다. 2002년에 대법원은 불법이민 근로자들에 대한 보호 조항을 완화시키는 판결을 내렸다. 호프만 플라스틱스 대 NLRB(*Hoffman Plastics, Inc.v. NLRB*) 건에서,[30] 노조 결성을 이유로 부당 해고된 불법이민자는 급여를 소급하여 지급받을 수 없다고 판결하였는데, 급여의 소급 지급은 전국노사관계법(NLRA) 위반에 대한 가장 강력한 시정 조치이다.[31]

헌법은 시민(또는 비시민권자)에게 '사회적 또는 경제적' 복지의 최저기준을 보장하지는 않는다.[32] 그러나 사회복지 조항에서 주정부에 의해 차별적인 구별이 가해지지는 않도록 보호하고 있다. 그레이엄 대 리처드슨(*Graham v. Richardson*) 판례에서 법원은 미국에서 15년 이상 거주한 영주권자만 사회복지 혜택을 누릴 수 있도록 한 주정부의 법을 무효화했다.[33] 영주권자를 수정헌법 14조 규정의 '사람'으로 간주하고 이들을 '분리되고 구별하여 취급되는 소수자의 대표적인 예'로 보았으며, 이 '본질적으로 의심스러운' 분류법을 엄격한 입장에서 검토한 것이다.[34] 판례는 주정부가 내세우는 근거(한정된 지출)가 이런 차별적인 분류를 정당화하지 못한다고 보았으며,[35] 더 나아가 주정부가 차별적으로 비시민권자의 진입

---

30) 122 S. Ct. 1275(2002).
31) 29 USC § § 151 - 169.
32) Dandridge v. Williams, 397 US 471, 487(1970)(사회복지 프로그램에 의해 제시된 경제적, 사회적, 심지어 철학적이기까지 한 이 다루기 어려운 문제는 본 법정이 다뤄야 할 바가 아니다.")
33) 403 US 365(1971).
34) Ibid., pp.372, 376.
35) Ibid., p.376.

과 거주에 '부차적인 조건'을 지우는 것은 배타적인 권한을 가지는 연방 이민정책과 상충된다고 판결하였다.[36] 물론 이 판례는 사회복지 수혜자격에 대한 연방법상의 규제에 대해서는 논하지 않았다.

B. 이민을 규제하는 의회와 행정부의 전권

비시민권자도 이민 이외의 영역에서 권리를 갖는 한편, 의회는 비시민권자에 대한 권리의 허용과 배제를 규제하는 법안(행정부에 의해 시행되는)을 만들 '전권'을 가지고 있다. 그런데 소위 말하는 이 전권의 교리는 그다지 교훈적이지 못한 기원을 가지고 있다. 이는 19세기 후반의 악명 높은 중국인 추방법에 대한 도전에서 비롯된 것이다. 1882년에 입법부는 향후 10년간 중국인 노동자의 이민을 유예하고, 귀화를 금지하며, 여행 등을 위해 일시 출국하는 사람들에 대한 재입국허가증 제도를 시행했다. 1884년에 이 허가증은 '입국권리'를 위한 배타적인 수단이 되었다. 그리고 1888년에 와서 의회는 출국 전에 이 허가증을 소지했든 안 했든 상관없이 중국인 노동자의 입국을 금지해 버렸다. 채찬핑 대 미국 정부(*Chae Chan Ping v. United States*) 판례(중국인 추방 케이스)에서 법원은 추방의 권한은 '모든 주권국가에서 시행되는 사례'라고 판결하면서 이 정책에 대한 도전을 기각하였다.[37] 1892년 입법부는 중국인 이민을 다시 십 년간 보류하고 1년 내에 거주허가서를 취득하거나, 그렇지 못한 경우 허가서를 취득하지 못한 불가피한 이유와 함께 해당 법령이 통과될 당시에 본

---

36) Ibid., pp.379 – 380.
37) 130 US 581, 608 – 609(1889).

인이 미국 거주자였음을 적어도 한 명의 '신뢰할 만한 백인' 증인에 의해 증명하지 못한 모든 중국인 불법이민자는 강제 출국하도록 했다. 퐁위팅 대 미국 정부(Fong Yue Ting v. United States) 판례에서는 이민을 규제하는 주권국가의 '고유하고 양도할 수 없는 권리'에 근거하여 이러한 정책은 옳다고 판결하였다.[38]

약 60년 후에 법원은 공공의 이익을 해할 우려가 있다는 비공개 결정에 근거하여 추방되었던 두 명의 비시민권자에 대한 케이스를 다루었다. 미국 시민의 외국인 아내였던 앨런 크나우프는 귀화신청을 위한 입국 과정에서 엘리스 섬에 1년 이상을 보호 조치되었다. 법원은 그녀에 대한 추방이 외교 사안에 관한 행정부 권한에 고유한 '근원적인 주권 행동'을 포함한다고 판결하였다.[39] "그 규칙이 무엇이든 간에 미국에 입국한 사람에 대한 추방에 관한 것은 해당 외국인을 추방하는 정부기관의 결정을 검토하도록 법이 적시하여 권한을 부여하지 않은 한, 어느 법원의 심리 대상이 될 수 없다." 그리고 "의회가 승인한 절차가 무엇이든 간에, 외국인의 입국 거부에 관련되는 한 이는 정당한 절차이다."라고 판결하였다.[40] 쇼니시 대 미국 정부(Shaughnessy v. United States ex. Rel. Mezei) 판례에서는 미국 시민의 영주권자 배우자의 구금과 추방을 다루었다.[41] 법원은 헌법상 권리는 일단 미국에 입국한 비시민권자에게는 적용되나 국경에서 입국 거부된 자에게는 적용되지 않는다는 '입국' 원칙을 재확인하였다.[42]

---

38) 149 US 698, 711(1893).
39) Knauff v. Shaughnessy, 338 US 537, 542(1950).
40) Ibid., pp.543－544.
41) 345 US 206(1953).
42) Ibid., p.210.

클라인딘스트 대 맨델(*Kleindienst v. Mandel*) 판례에서 법원은 공산주의자인 한 저술가에 대한 입국 거부가 수정헌법 1조에 부합하는지 여부를 다루었다.[43] 법원의 판결은 외국인에게는 '헌법상 보장된 입국 권리가 없으며' '외형적으로 적법하며 선의의 이유'[44]에 따라 이루어진 입국거부 결정을 '재검토'하지 않는다는 것이었다. 피알로 대 벨(*Fiallo v. Bell*) 판례에서 법원은 이러한 '검토' 기준을 받아들여, 어머니가 미국 시민이거나 영주권자이지만 부친은 그렇지 않은 관계에서 태어난 혼외자녀에게 특별체류이민자격을 부여토록 한 법령을 '정당한 절차와 평등한 보호 정신'(*a due process and equal protection*) 따라 자신들에게도 적용해 달라는 요구에 대한 검토를 기각하였다.[45] 이러한 구별적인 법률 적용은 '행정 기관에 독점적으로 위탁된' 정책적 판단이라고 본 것이다.[46]

법원은 연방정부의 이러한 이민자격에 대한 분류조치가 이민 규제에 대한 연방정부의 권한에 포함되지 않을 때(또는 그렇게 주장되었을 때) 조차도 그것을 무효화하기를 꺼려 왔다. 매튜 대 디아즈(*Matthews v. Diaz*) 판례를 통해 법원은 미국에 5년 미만 거주한 영주권자에게 메디케어 의료보험 혜택을 거부하는 조치를 확정 판결하였다.[47] 법원은 이 판결을 통해 '불법적이거나, 비자발적이거나, 또는 일시적으로 미국에 체류하든지' 적법한 절차의 보호를 누리긴 하지만, 이 조항에서 외국인을 제한하는 것은 '외국인 입국과

---

43) 408 US 753(1972).
44) Ibid., p.770.
45) 430 US 787(1977).
46) Ibid., p.798.
47) 426 US 67(1976).

거주의 조건을 규제하는' 연방 권한에 포함된다고 본 것이다.[48] 의
회가 "시민권자에게는 적용될 수 없는 규정을 정기적으로 만들어
낸다"고 지적하면서 "모든 사람, 즉 외국인이나 시민권자나 똑같
이, '적법한 절차'의 보호를 받는다는 사실이 모든 외국인이 시민
권자들과 동등한 혜택을 누릴 수 있다는 것은 아니다…"고 하였
다.[49] 연방 복지혜택의 제한을 수용 가능한 '이민' 규제 정책수단
으로 취급한 법원의 판결은 1996년 복지법안의 개혁을 예견한 것
이었다고 하겠다.

C. 전권 원칙에 대한 제한

연방정부는 이민자 입국, 입국금지, 강제추방을 규제하는 폭넓은
권한을 소유한다. 그러나 그 권한 ─ 보호조치의 사용을 포함하여
─ 을 행사함에 있어서는 헌법상의 기준을 반영해야 한다. 자드비
다스 대 데이비스(In Zadvydas v. Davis) 판례에서 법원은 미국에서
추방 명령을 받았으나 정작 그들의 모국에서는 본국송환을 받아들
이지 않는 비시민 '종신수감자'의 케이스를 다루었다.[50] 이민과 국
적법(Immigration and Nationality Act, INA)은 추방 명령을 받은
외국인이 도주 위험이나 위해요소를 보일 때는 90일 이상 '구금할
수 있다'고 규정하였다.[51] 법원은 이에 대해 추방 명령을 수행하는
데 '합리적으로 필요한 만큼의 기간'만큼 구류를 허용하는 것으로

---

48) Ibid., pp.77, 84.
49) Ibid., pp.78 - 80.
50) 533 US 678(2001).
51) INA § 241(a)(6).

해석하였다.[52] 추방 명령 후 6개월을 '합리적인 구류 기간'으로 본 것이다.[53] 한편, 위헌결정을 피하기 위해 보호조치에 대해 법적 근거가 있다고 판정하면서도[54] 무기한 구류는 이민에 대한 연방 정부의 규제 권한으로서는 헌법상 허용할 수 없는 기간인 것으로 판단했다.[55] 클라크 대 마르티네즈(*Clark v. Martinez*) 사건에서 법원은 이러한 조문 해석을 '입국불허'된 '부자격' 외국인에게까지 확대 적용하였다.[56]

Ⅲ. 권리를 제한하고 시민권 신청에 제약을 가하는 법안

시민권자가 된 이민자는 미국헌법상 보장된 민주주의 체제 구성원으로서의 모든 권리와 책임을 누리게 된다.[57] 이와 대조적으로, 영주권자는 연방 및 주 선거에서 투표할 수 없고, 특정 공직에 진출할 수 없으며, 또한 최근에는 영주권자를 추방시킬 수 있는 법 위반 사항의 범위도 확대되고 있다. 그러나 다른 한편 영주권자는 전통적으로 미국 시민이 갖는 비정치적 권리(일정 자격에 따른 복지혜택/일반적 수혜) 등을 누려 왔다. 일도 하고, 학교에도 다니며, 가정을 이루고, 정부정책에 참가도 하며, 군대에도 복무해 왔다. 1996년 이

---

52) 533 US, p.699.

53) Ibid., p.701.

54) Ibid., pp.689 - 690.

55) Ibid., p.695.

56) 543 US 371(2005).

57) 미국에서 출생한 시민과 귀화 시민 간에도 두 가지 중요한 구별이 존재한다. 첫째, 미국 헌법하에서(Ⅱ, ∫ 1, cl.5) '출생에 의한' 시민만이 미국 대통령이 될 수 있다. 둘째, 귀화한 시민은 특정 상황에서 귀화가 취소될 수 있다 (INA ∫ 1451).

민과 복지개혁 법안은 이 패러다임을 바꾸어 시민권을 사회복지 수혜자격의 주요 요건으로 강화하였으며, 혜택 자체도 더욱 취득하기 어렵게 만들었다. 그런데 이 법안은 특히 가족구성원들이 각기 다른 이민 자격을 가지고 있는 가정에 더 큰 어려움을 주었다.[58]

1996년 사적 책임 및 근로기회조정법(Personal Responsibility and Work Opportunity Reconciliation Act, POWORA)은 미국 시민과 영주권자 사이에 분명한 구분을 두었다.[59] 사회복지 혜택 제한을 이민 규제 수단으로 사용한 이러한 법적 틀에 대한 여러 도전에도 불구하고 결국 해당 법률은 통과되었다. PRWORA의 시행 전에는 시민권자와 영주권자가 연방 복지혜택에서 거의 동등한 자격을 가졌으며, 이런 자격을 제한하고자 한 주정부의 시도는 번번이 좌절되었었다. PRWORA는 '연방 사회복지 혜택'의 자격 요건을 미국 시민과 '유자격 외국인' — 영주권자 및 기타를 포함하는 — 으로 한정하였다.[60] 이 법은 심지어 '유자격 외국인'이라도 사회보장자격 취득에 필요한 40분기(分期)의 근로를 마친 영주권자[61]와 기타 두 그룹을 제외한 나머지 외국인들은 사회보장소득부조(Supplemental Security Income, SSI) 및 푸드스탬프 혜택에서도 제외했다.[62] 그리

---

58) 3백만 이상의 미국 출생 아이들이 불법이민자 가장이 거느리는 가정에 속해 있다. "Chara cteristics of the Undocumented", p.3.

59) Pub. L. No.104 – 193, 110 Stat. 2105.

60) '자격을 갖춘 외국인'이라는 용어는 영주권자, 망명자, 난민, 적어도 일 년 기간의 가석방자, 추방 유예를 허가받은 자, 조건부 입국을 허가받은 자를 일컫는다. Welfare Act § 431.

61) Welfare Act § 402(a)(2)(B).

62) 자격이 있는 다른 두 비시민권자 그룹은 (1) 난민, 망명자, 추방 유예를 허가받은 사람에 대하여 난민으로서 입국 또는 망명객 신분을 허락받거나 또는 보류 이후 처음 5년간 (2) 현역 군복무나 참전 군인으로 적법하게 거주한 자로 배우자 및 결혼하지 아니한 부양 자녀를 포함. Welfare Act § 402(a)(2)(A), (C).

고 주립 정부에 빈곤가정을 위한 한시적 보조제도(Temporary Assistance to Needy Families, TANF), 의료보험, 주립아동건강보험프로그램(State Children's Health Insurance Program, SCHIP) 혜택 중 '유자격 외국인'에게 무엇을 제공할지 선택할 권한을 주었다.[63] 그 결과 모든 주가 TANF 및(와이오밍 주를 제외하고) 의료보험을 PRWORA 법령의 시행 이후에 입국한 소위 '유자격 외국인'에게 제공하는 방안을 선택하였다.

그러나 PRWORA는 '유자격 외국인'일지라도 '입국' 이후 5년 동안은 이들 '자격적부심사'에 기초한 연방 복지혜택 — SSI, TANF, 푸드스탬프(비응급 시), 의료보험, SCHIP — 에서 제외하였다.[64] 또한 '이민자 지원을 위한 후견인 지출'(즉 복지혜택 적격 여부를 심사할 때 후견자의 수입 중에서 이민자에 지원된 부분) 여부를 심사함으로써 비록 5년 기한을 채운 영주권자라도 이 기준에 걸리면 '자격적부심사'에서 제외시켰다.[65] 또한, 몇 개 주는 5년 요건을 채운 법령 시행 이후에 입국한 이민자에 대해서도 TANF와 의료보험을 적용을 제외시켰다.

PRWORA는 '부적격' 이민자(불법이민자 포함)를 '연방 사회복지' 프로그램의 대상에서 제외시켰다. 불법이민자는 응급의료보험, 비현금성 재난구호, 예방접종, 학교급식 등을 비롯하여 매우 제한적인 응급 및 공중보건 혜택에 대해서만 자격이 되었다.[66] PRWORA

---

63) Welfare Act § 402(b)(1).

64) Welfare Act § 403(a).

65) Welfare Act § 421(a). "난민, 망명자, 추방 유예를 허가받은 자"를 포함하여 5년 제한을 면제받은 '유자격 외국인'. 합법적으로 거주하는 참전 군인, 현역 복무군인, 이들의 배우자와 부양자녀. 쿠바 및 아이티 입국자. Welfare Act § § 403(b), (d).

66) Welfare Act § § 401(b)(1), 411(b).

는 각 주에서 불법이민자에게 사회복지 혜택을 확대하려면 새로
법령을 제정하도록 요구하였다.[67]

그런데 PRWORA의 시행 이래로, 특정 그룹에 대해서는 오히려
일부 복지 혜택이 회복되었다. 예를 들어, (1) PRWORA 통과 이전
부터 미국에 거주한 대부분의 영주권자의 SSI 자격,[68] (2) 법률시행
이전에 들어온 이민자 자녀, 노령자, 장애우의 푸드스탬프 자격,[69]
(3) 장애보조를 받는 '유자격 외국인'과 5년 이상 자격을 유지해
온 사람들, 어린이들의 푸드스탬프 자격[70] 등이다. 이러한 법안 개
선에도 불구하고, PRWORA의 기본 골격, 즉 미국 시민과 영주권
자 간의 엄격한 구별은 그대로였다.

「1996년 불법이민개혁과 이민자책임 법안(1996 Immigration Act,
IIRIRA)」은 다수 이민자와 그 가족들의 통합을 가로막는 규제의
거미줄을 만들어 냈다.[71] 따라서 이 법은 미국 이민법 체제에서
최우선적인 정책방향인 가족의 통합이라는 의도와는 상반되게 작
용하고 있다.[72] 이 법은 또한 다른 문맥에서 가족과 함께 살 권리
를 인정해 온 법원의 판결과도 배치된다.[73] 마지막으로, IIRIRA는

---

67) Welfare Act § 411(d).

68) The Balanced Budget Act of 1997, Pub. L. No.105 - 33, 111 Stat. 251(Aug. 5,
1997).

69) Agriculture Research, Extension and Education Reform Act, Pub. L. No.105 -
185(June 23, 1998), § § 4401(May 13, 2002). 이 법안은 또한 난민이 식권배급을
받을 자격을 5년에서 7년으로 늘렸다.

70) The Farm Security and Rural Investment Act, Pub. L. No.107 - 171, § 4401(May
13, 2002).

71) Pub. L. No.104 - 208, 110 Stat. 3009.

72) 영주권을 취득하는 가장 일반적인 경로는 — 발급된 이민 비자의 65%를 차지 — 미국 시민
이나 영주권자와 자격이 되는 관계를 통해서이다. LPR. US Department of Homeland
Security, Office of Immigration Statistics, "2004 Yearbook of Immigration Statistics",
Table 7, 인터넷출처: http://uscis.gov/graphics/shared/statistics/yearbook/.

상이한 체류자격으로 구성된 '혼합가족'이 점증하는 오늘날의 미국의 현실과 그리고 이런 가정의 비시민권자가 오랜 시간에 걸쳐 미국이라는 나라와 쌓아 온 깊은 유대를 제대로 반영하지 못하고 있다.

「1996년 이민법」은 세 가지 면에서 가족의 근간을 파괴하는 것이었다.[74] 첫째, 영주권자의 추방 사유가 될 수 있는 범죄를 대폭 확대하였다. 동시에 범죄의 경중, 갱생, 가족 유대, 고용, 기타 형평성 등을 고려하여 추방대상자가 계속 미국에 머물 수 있게 허용하는 이민판사의 재량권을 크게 제한하거나 없애 버렸다. 그 결과, 수천 명의 장기 영주권자가 수년 전이나 또는 그 전에 저지른 상대적으로 가벼운 경범죄 때문에 추방되어 버렸고 이는 그 가족에게는 재앙과도 같은 것이었다. 둘째, IIRIRA는 저소득 미국 시민과 영주권자가 비자를 위해 가족 구성원의 후견자가 되는 것을 더욱 어렵게 만들었다. 청원자 / 후견자는 연방 빈곤기준선의 125% 수입(가족에 대해)을 유지해야 하고, 이민자가 귀화하거나 '자격 취득을 위해 40분기'를 일할 때까지 이민자에게 그 수준으로 '유지할 만한 자산능력'을 보일 것을 요구한 것이다.[75] 이러한 요건은 후견을 받는 외국인이나 연방 또는 주정부에 의해 후견자의 의사에 반하여 법적으로 강제될 수 있다.[76] 그러나 실제 공동후견자를 확보할

---

73) Lassiter v. Department of Social Services of Durham County, North Carolina, 452 US 18, 27(1981); 또한 The Universal Declaration of Human Rights, Art. 16(3) 도 참조(가족은 사회를 구성하는 자연적이고 기초적인 단위이므로 국가와 사회에 의하여 보호되어야 한다.)

74) Catholic Legal Immigration Network, Inc., Placing Immigrants at Risk: The Impact of our Laws and Policies on American Families(2000); American Bar Association, Commission on Immigration, American Justice through Immigrants' Eyes(2004) 참조.

75) INA § § 213A(a)(1)(A), 213A(a)(2) - (3), 213A(f)(1)(E).

76) INA § 213A(a)(1)B; 또한 C. Wheeler, "Alien vs. Sponsor: Legal Enforceability of the

능력을 가졌다고 해도, 가족을 불러오기 위해 자선기관에 찾아오는 미국 시민과 영주권자들의 20% 가량은 이러한 수입 요건을 맞출 수가 없다.[77] 그러지 못할 경우 어쩔수 없이 몇 년간이나 그들 가족의 이민은 지체될 수밖에 없다. 셋째, IIRIRA는 미국에서의 불법체류, 추방, 이민청 직원 앞에서의 허위진술, 시민권 소송(실수에 의한 것까지도) 등의 이유로 수년간 또는 영구히 입국규제도 할 수 있도록 했다. 이러한 규제 조치로 인해 수천의 비시민권자가 미국에서의 정당한 법적 지위를 취득하지 못하게 되어 버렸다.

또한 1996년 이민법은 주정부가 자기 주 내에 체류하는 불법체류자에게는 후기중등교육을 제공하지 못하도록 했다.[78] 이러한 조치는 어릴 때 미국에 와서 어느 모로 보나 이제 미국인이 되어 버린 많은 저소득층 학생들의 교육 기본권의 기회를 제한해 버렸다.

「1996년 이민법」 조항들에 걸리지 않는 이민가정들조차도 여전히 미국의 가족중심 이민체제에 따라서 수년간 적체되어 있는 대기 차례를 기다려야 한다. 이것은 우선순위의 가족관계('선호 범주') 및 국가별로 부여되는 비자쿼터 제한 때문이다. 게다가 국토안보부의 지지부진한 수속 기간은 대기기간을 더욱 지체시키고 있다. 이 같은 경우 가족은 아예 장기간 이별을 각오해야 하거나 미국에 함께 머무는(그러나 불안정하고 신분보장도 제대로 되지 않은 채) 쪽을 택한다. 대기자 적체나 지체는 이민가정 자체를 불안정하게 만들 뿐만 아니라, 영어수업, 시민교육 및 수많은 공공 취업의 기회 등의

Affidavit of Support", 10 Bender's Immigration Bulletin No.23(Dec. 1, 2005) 참조.

77) Catholic Legal Immigration Network, Inc., The Affidavit of Support and Its Effect on Low-Income Families(Aug. 2000), p.13.

78) 8 INA § 1623(a).

제공으로 '이민자통합' 활동의 중심점 역할을 하는 귀화 절차를 지연시킴으로써 결국 전체 이민통합을 크게 저해하고 있다.

「1996년 이민법」 이후 시행된 후속 법령들에 담긴 정책취지는 결국 비이민가정으로 하여금 미국에서의 계속 체류를 한층 부담스럽게 만들어서 이들로 하여금 — 특히 불법체류자 — 스스로 미국을 떠나도록 만들자는 것이었다.[79] 이미 오래전부터 미국으로의 불법입국은 범죄로 다루어져 왔다. 그러나 「2005년 국경 및 이민강화법」은 불법체류자 신분으로 미국에 머무는 것을 연방차원의 범죄로 만들었다. 그런데 불법체류자를 추방시키는 데 소요되는 비용이 엄청나다는(5년간 20.6백억 달러가 들 것이라는 추산도 있다)[80] 사실은 이미 익히 알려진 바이다. 불법체류자의 추방으로 수백만 가정이 빈곤에 빠지거나 또한 경제가 피폐하게 된다.[81] 그렇다고 불법체류에 대한 형사처리도 더욱 현실성이 없어 보인다. 이와 비슷하게, 「2005년 리얼ID법」은 안보의 명목으로 각 주가 불법체류자에게 운전면허증 발급을 거부하도록 강제하는 방안을 모색하였다.[82] 이 법은 불법체류자의 삶을 더 힘들게 만들고 무면허와 무보험 운전자만을 양산하게 될 것으로 보인다. 또한, 전국적으로 경찰 데이터베이스에서 비시민권자 DB가 구축되지 않게 됨으로써 오히려

---

79) 주정부의 이민 관련법도 엄청나게 쏟아져 나왔다. N. Riccardi, "States Take on Border Issues", Los Angeles Times(Jan. 16, 2006).

80) R. Goyle and D. A. Jaegar, PhD, "Deporting the Undocumented: A Cost Assessment"(Center for American Progress, July 2005).

81) 외국에서 출생한 사람은 미국 노동력의 15%를 차지한다. US Department of Labor, Bureau of Labor Statistics, "Labor Force Characteristics of Foreign-Born Workers in 2004)(May 12, 2005). 대략 이들 근로자의 1/3 — 모든 미국 근로자의 5% — 정도가 법적 지위를 갖고 있지 못하다. "Characteristics of the Undocumented", p.4.

82) Pub. L. No.109-13, 119 Stat. 231.

이들이 더욱 정부의 관리 밖으로 몰려나게 된다고 보면 이 법으로 미국 안보가 더욱 공고하게 될 것 같지도 않다.

Ⅳ. 결론

미국에서 이제 이민에 관한 논의는 갈림길에 들어섰다. 이민 '개혁' 관련 입법은 합법체류의 범위를 넓게 해석함으로써 불법체류자(및 다른 비시민권자)를 더욱 이 나라 주변부로 밀어내거나, 제한된 비율의 일부 불법체류자에게만 시민권 획득의 길을 터 주어 다른 이들의 삶은 더욱 초라하게 만들 가능성도 있다. 아직 현재까지는 이민자(불법체류자를 포함하여)들이 중등교육을 포함하여 비이민 영역에서는 상당한 권리를 누리고 있지만 다른 한편, 불법체류자가 합법적으로 일할 수 없게 되고, 상당 범위의 영주권자들이 추방으로 인해 가족들과 떨어져 살게 될 수도 있다.

아직 이민법 개혁의 최종 형태를 알 수는 없지만, 적어도 논의와 이해관계의 핵심은 분명히 할 수는 있다. 현재까지 볼 때 '권리'라는 입장만으로는 논의의 기저에 깔린 이슈를 평가하기 위한 생산적인 틀을 만들 수 없었다. 상호 경쟁하는 '권리'에 대한 요구만으로는 이민에 관한 공적 담론을 오히려 더욱 어렵게 만들 수 있다는 것을 보여 주었다.[83] 이민옹호자들은 미국 이민법이 가족통합의 권리, 생계유지를 위해 노력할 권리, 정당한 근로 조건의

---

[83] M. A. Glendon, Rights Talk(Free Press, 1991), pp.12, 14 참조(글렌든은 미국에서 '권리'는 '목적'이나 책임을 고려하지 않고 절대적이고 개인적인 용어로 만들어지는 경향이 있다고 주장한다.)

권리 등을 침해한다고 주장한다. 이에 대해 다른 많은 미국 국민들, 특히 국경을 접하고 있는 주의 주민들은 이민자들이 오히려 안보와 재산에 관련된 자신들의 권리를 침해한다고 주장한다. 일부 고용주들은 자신들의 정당한 사업운영의 권리가 오히려 근로의욕이 충만한 (이민)근로자들만을 마음껏 고용 못하도록 하는 이민정책으로 방해를 받는다고 생각한다. 또 일부 미국 시민은 이민노동자들이 정당한 임금과 근로 조건에 대한 자신들의 권리를 좀먹는다고 생각한다. 한편, 많은 이민자들은 자신들이 미국에서 가족과 함께 살 권리가 있다고 믿는다. 또한 다른 이들은 심지어 가족연고에 근거한 비자 승인을 받았다 할지라도 어쨌든 불법체류자는 ― 합법적으로 입국할 수 있을 때까지는 미국에 들어오지 않음으로써 ― 법을 잘 준수하는 사람들의 권리를 오히려 침해한다고 생각한다.

따라서 효과적인 정책 도구가 되기 위해서는, '권리'를 다르게 개념화할 필요가 있다. 너무나도 빈번히 자신들이 주장하는 '권리'를 모든 사람이 바라는 사회적 결과물인 양 말하지만, 이것이 우리 헌정 민주주의의 기반이 되는 '생명, 자유, 행복 추구'와 같은 '불가양의 권리'나 자명한 가치와는 긴밀히 연관될 수 없다.[84] 또 '권리'라고 주장되는 모든 입장들이 꼭 그렇지 않은 경우가 많다.

따라서 권리라는 개념과 더불어, 비시민권자에게 미국 사회 구성원으로서의 일정한 '특혜', '자격요건', 또는 '복지 혜택'을 확대한다는 개념이 이들의 통합과 공공의 이익에도 기여할 것으로 본

---

84) L. Henkin, "The Idea of Rights and the United States Constitution", The Age of Reason(1990), pp.83 - 97, reprinted in L. Henkin, G. Neuman, D. Orentlicher, D. Leebron, Human Rights(Foundation Press, 1999)(독립선언이 기저에 깔린 '미국 헌법 정신의 이론'을 밝혔다고 주장).

다. 가령 실질적인 문제로서 이민자가 건강보험 혜택을 받을 수 있다면, 공중보건 노력에 도움이 되고, 비효율적이고 값비싼 응급실 사용을 줄여 주며, 강한 노동력을 유지하는 데도 도움이 된다. 특별히 더 불우한 비시민권자 — 극빈자, 장애우, 노령자, 노약자 — 에 대한 복지 혜택 제공은 이들에게 단지 기본적인 사람으로서의 삶을 영위하도록 해 주는 통합의 최소한의 전제조건이 된다. 이민자에 대한 노동과 취업 관련 보호 법안의 적용은 결국 모든 근로자에 대한 임금과 노동 기준을 악화시키는 것을 방지한다. 이민자 자녀에 대한 교육은 이들이 자신을 받아들인 나라에 기여할 수 있도록 훈련시킨다. 합법적인 체류자격의 안정적인 제공은 가족을 보호하고, 미국 노동 인구를 강화하며, 비시민권자에 대한 착취를 줄이고, 안보를 강화할 수 있게 한다. 추방절차 중에 있는 사람에게 법적 지원을 제공하는 것은 미국의 법적 체제 하에서 최선의 결정이 이루어지도록 함으로써 결국 이 나라의 이익을 심화시킨다.

이러한 권리와 '혜택'은 또한 이민자들이 이민자 통합을 촉진시키는 중재 집단 — 가족, 예배 장소, 학교, 직장, 노조와 같은 — 에 대한 참여를 강화한다. 이들 집단은 이민자들에게 실질적인 기술 (언어 및 직업 훈련)과 시민적 가치(공감대 형성, 관용, 참여)를 전달하는 역할을 한다. 소속감 및 안정감을 불어넣고 나아가 스스로를 벗어나 더욱 큰 공동체에 영향을 끼치려는 능력을 갖게 하도록 한다. 역으로 '통합'정책은 근본적으로 이민자의 권리를 지지해 주는 역할을 한다. '권리' 이론은 본질적으로든(종교적 전통에서) 또는 사회적 필요(체제의 전통에서)에 의해서든 일반적으로 인간을 '사회적' 존재로 본다. 이러한 이유로, 가족, 학교, 직장, 시민사회와 같은 집단으로부터 배제시키는 것은 본질적으로 인간의 권리에 위배된다. 이와 비슷하게, 인간의 정체성은 문화를 통해서 표출되는 것이기 때문에 '통합'정책은 이민자의 소속 사회에 대한 문화적 기여를 촉진할 수 있어야 한다. 사람들을 국가 공동체 안에 끌어들이려 하면서도 그 사람의 개인적 특질에 기여하는 바를 거부하거나 없애는 일은 명백히 그들의 권리를 침해하는 것이며 따라서 결코 통합이라고 볼 수가 없을 것이다.

권리는 이민자를 통합할 수 있게 할 뿐 아니라, 그들을 보호하도록 만들어진 한 나라 안에 있는 우리 모두에게 '공통'된 '이익'이 된다. 플라일러 대 도(*Plyler v. Doe*) 사건에서 법원은 권리 없이는 이민자가 통합될 수도 없고, 그들이 공공의 이익을 위해 완전히 기여할 수도 없다고 했다.

우리 국경 내에 문맹의 하위계층을 만들고 존속시켜서 국가가 무엇을 얻고자 바라는지 정확히 이해하기는 어려운 일이다. 분명히 문제를 더하고 실업과 복지, 범죄의 비용을 추가할 터인데 말이다. 그래서 이 아이들에게 교육을 거부함으로써 절약할 수도 있는 어떤 것은 이 아이들, 우리의 주, 이 나라와 관련된 비용 측면에서 볼 때 완전히 아무 실체도 없는 것이라는 점이 분명하다.[85]

미국의 이민자는 미국사회의 완전한 구성원으로서 대우받기를 열망하고 있다. 그들에게는 이것이 자신의 문화적 정체성을 박탈당하지 않으면서 동시에 미국의 정치적 시민적 가치를 수용하는 것

---

85) Plyler v. Doe, 457 US, p.230.

을 의미한다. 이는 노동, 근면, 가치, 가족, 신뢰를 통해 그들을 받아들인 나라에 기여하는 것을 의미한다. 그들은 노골적으로 권리, 통합, 공익 같은 용어는 사용하지 않을 수 있다. 그러나 지금 그들의 삶과 열망이 바로 이러한 개념과 긴밀히 연결되어 있음을 여실히 보여 주고 있다. 이제 앞으로 미국의 이민자 통합 아젠더는 이민자들의 이러한 비전을 잘 존중하여 진행되어 나가야 할 것이다.

제6장 이민자 가정의 이민통합을 위한 연방정책

-줄리아 젤라트, 마이클 픽스(Julia Gelatt and Michael Fix)

Ⅰ. 서론[1]

국가적 차원의 이민 시스템 개혁 작업이 진행되는 가운데 이민 규제와 외국인력의 도입 등에는 여론이 집중되고 있지만 이민통합 정책에는 그만큼의 관심이 집중되지 않고 있다. 실제 미국 이민자 통합정책, 특히 연방 수준에서의 정책은 이민자에 대한 불간섭주의로 접근되고 있으며, 대부분의 이민통합 사업은 주와 지역정부 또는 비정부 단체에게 맡겨져 있는 형편이다.

오히려 연방 차원의 이민통합 사업은 이민자 자녀와 가족을 위한 교육 서비스, 이민 노동자 건강 및 교육서비스, 직업 훈련, 난민과 망명자를 위한 건강 및 기타 서비스 등을 누더기처럼 망라하고 있는 형국이다.

본 장에서는 전반적으로 미국에서 이민자 및 그 가족들로 구성

---

[1] 이 장은 Ⅵ '이민 가정 이민통합을 위한 연방 정부 지출' 내용에 대한 업데이트를 제공한다. Ⅵ, "What Does the Federal Government Spend on Immigrant Family Integration", pp.43 to 52 in M. Fix, W. Zimmerman, and J. Passel, "The Integration of Immigrant Families in the UnitedStates"(Washington, DC: Urban Institute, July 2001).

된 인구집단을 대상으로 제한적으로 편성된 이민자 통합관련 연방 사업 및 그 지출구조를 살펴보도록 한다. 그리고 이민자에게 적용될 수는 있지만 특정하여 이민자만을 위해 만들어진 것만은 아닌 주요 사업의 맥락 내에서 연방 지출에 대해 간략하게 논의하겠다.[2] (이에 대한 예로는 지금은 낙오아동방지법(No Child Left Behind Act)으로 포함되어 들어간 소외계층을 위한 타이틀 Ⅰ의 교육 사업을 들 수 있다.) 한편 여기서는 중요하기는 하지만 이민자들을 위해 책정된 민간재단의 예산은 다루지 않도록 한다.

표 1. 이민자 대상 연방 지출(**1999**년, **2005**년)(단위 **2005**년 백만 달러)

	1999 회계연도 지출	2005 회계연도 지출	1999 – 2005 % 변화
난민 정착 사업	$ 545	$ 470	−13.8%
이민자 헤드 스타트	$ 209	$ 266	27.3%
이민자 교육	$ 421	$ 390	−7.5%
이민자 교육 이븐 스타트	$ 5	$ 8	60.0%
이민자 건강	$ 92	$ 144	56.5%
주정부 NCLB 언어습득	〃	$ 673	〃
EIEP(비상이민교육사업)	$ 176	〃	〃
연방 이중언어 교육	$ 273		〃
성인 ESL *	$ 207	$ 277	33.8%
국적이민국(USCIS) 시민권청	〃	$ 3	〃
불법체류자 응급 헬스케어	〃	$ 250	〃
합계	$ 1,928	$ 2,481	28.7%

* 주: 여기서는 성인 ESL에 대한 지출이 ESL 수령자가 데이터를 구할 수 있는 가장 최근 연도의 총 성인기본교육 참가자 중 차지하는 비율과 비례한다고 가정하였다. 1999 회계 연도에 대해서는, 1997 – 1998 학년으로부터의 데이터를 사용하였다.

---

2) 도로, 군대 등과 같은 일반적인 이익으로 정의된 항목에 대한 지출은 거기서 창출된 이익을 이민자도 공유함에도 불구하고 여기서는 제외하였다.

:: 연방 사업

표 1은 미국의 이민자를 위한 연방 주요 정책 사업들을 보여 주고 있다. 이 목록이 모든 사업을 포괄적으로 담고 있는 것은 아니지만, 이민자와 그 공동체를 지원하기 위한 의회의 주요 입법 방향을 잘 반영하고 있다. 전체적으로 볼 때, 이민자를 겨냥한 목적 사업과 관련하여 적어도 네 가지 주요 사항을 지적할 수 있다. 첫째, 이 사업들은 다년간에 걸쳐 임시조치적으로 만들어진 것이므로, 당연히 이민 가족을 위한 일관된 이민통합 아젠다로 볼 수는 없다. 둘째, 이 사업들의 전체 기금은(2004 회계 연도에 대략 26억 달러) 아무리 좋게 봐도 그리 큰 규모라고 볼 수 없다. 미국의 3천5백만 이민자는 이제 이 나라 인구의 12% 이상을 차지하기 때문이다. 실제 26억 달러는 1986년 이민개혁 및 통제법의 의회통과3)에 따른 280만 명의 이민자 합법화와 관련된 서비스 비용을 충당하기 위해 주정부에 제공한 보조금 40억 달러보다도 현격히 적은 수치이다.

---

3) 주 합법화재정보조 사업(SLIAG, State Legalization Impact Assistance Grant)은 1986년 이민개혁 및 통제법하에서 새로이 합법 체류의 신분을 얻은 이민자들에게 주 차원의 서비스를 제공하는 데 필요한 비용을 지원하기 위해 만들어진 사업이다. 이 사업은 1995년에 끝났지만, 연방 재정지원 사업의 설계와 관련하여 몇 가지 교훈을 주었다. 합법적 신분을 얻은 이민자에 대한 지원에 필요한 엄격한 서류작업은 지극히 번거로운 것임이 드러났고 이것이 주의 변제 과정을 심각하게 지체시켰으며, 연방정부의 계속적인 사업기한 연기에도 불구하고 결국 일부 예산이 미사용되는 결과를 낳았다.

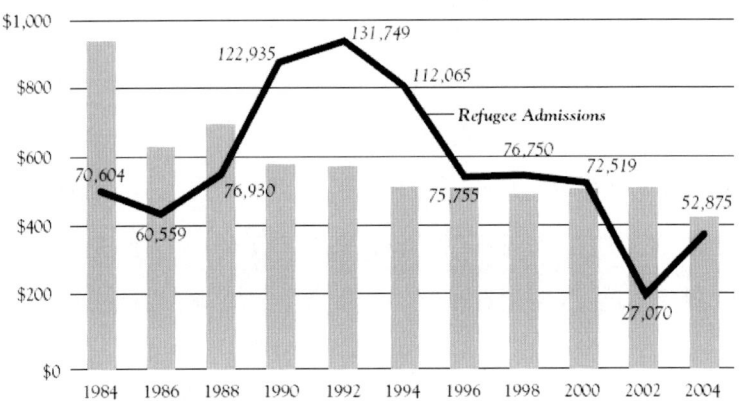

그림 1. 난민정착 사업 관련 연방 지출 및 난민 허가(회계연도 1984 - 2004)

(단위: 2005 회계연도 백만 달러)

주: 망명자, 쿠바나 아이티 출신 입국자, 일부 미국인, 인신매매 피해자들도 난민정착 사업의 원조를 받을
   자격이 되지만, 보건 후생성은 난민들이 이 사업의 주요 수혜자라고 밝혔다. 따라서 이 그림에는 난민
   데이터만 포함시켰다.
출처: US Federal Budget, Appendix, Department of Health and Human Services, 1984 - 2006;
   Office of Refugee Resettlement, Annual Report to Congress, 2002.

셋째, 일반적 규모 면에서도 작기도 하지만 한편 증가 추세를
보면 1990년대 후반에 증가를 보여 준 이후 2000년 이래로 대개
의 사업들이 그 지출 규모에서 아주 완만한 증가나 오히려 정체를
보이고 있다. 마지막으로, 다른 집단에 비해 난민과 이민근로자 집
단이라는 비교적 작은 이민자 집단에 대해서는 상당한 규모의 지
출이 이루어지고 있다는 점이다.

:: 난민 지원

연방 이민통합 사업 중에 유일하게 포괄적인 사업은 박해를 피
해 온 난민과 망명자를 겨냥한 사업이다. 이들의 미국 적응을 돕고

새로운 공동체에서의 재정착을 지원하는 사업이다. 난민재정착사업
은 난민과 미국 망명을 허용받은 사람들에게 단기 자금과 의료보
조, 취업 및 기타 기술훈련, 직업 배치, 언어 교육, 고문 피해자에
대한 지원 등을 제공한다. 이 사업 자체는 연방차원에서 운영되지
만 대부분의 서비스는 주와 민간 자원 재정착 기구에서 제공된다.

표 2. 이민자교육사업을 위한 연방자금 지원(**1990 - 2005**)

회계연도	연방지출(2005년 백만 달러)	참가학생 수	학생당 지출(2005년 달러)
1990	$426	411,700	$1,036
1991	428	437,363	979
1992	434	531,841	816
1993	410	548,163	748
1994	403	609,916	660
1995	395	686,667	576
1996	384	565,048	681
1997	376	580,664	647
1998	370	621,464	695
1999	421	682,090	617
2000	407	685,536	594
2001	424	737,684	575
2002	435		
2003	424		
2004	390		
2005	390		

주: 참가자 수는 주 내에서는 중복되지 않았지만 국가 수준에서는 중복되었다. 각 주가 미국 내 여러 지역을 거쳐
　　이주한 사람들을 각 주가 각기 계산하여 보고했기 때문이다. 따라서 이 데이터는 전후견으로 MEP 서비스를 받
　　은 참가자 수보다 더 많이 계산된 값을 나타낼 수 있다.
출처: CRS Report for Congress, "The Federal Migrant Education Program: An Overview"; US
　　Department of Education budget documents(1999 - 2000); US Department of Education, FY
　　2001 Appropriations Table; US Department of Education, "Funding Status"; US Department of
　　Education, "Title I Migrant Education Program Trends Summary Report: 1998 - 2001", 2004.
　　http://www.ed.gov/rschstat/eval/disadv/migrant/final00.doc

자금 제공

• 2005년 기준으로 환산하여 보았을 때, 난민 정착에 소요된 자금은 시간이 지나면서 감소하여, FY(회계 연도) 1984에 943달러에서 FY 2004에 429달러로 줄었다. 그 반면에, 난민의 숫자는 시간에 따른 변동이 심하여 1984년에는 70,604명을 받아들였고 2004년에는 52,875명이었다(그림 1 참조).

• 1980년대 중반부터 1990년대 중반까지 인정 난민당 지출규모는 크게 줄어서 FY 1984에 13,361달러에서 FY 1994에 4,628달러로 65%가 떨어졌다.

1994년 이래로는 난민 일인당 정부 지출이 증가하였는데 이는 특히 2001년 9 · 11 테러 이후 난민 인정 수가 급감했기 때문이다. 난민 1인당 지출은 FY 1994의 4,628달러에서 FY 2004 8,111달러로 75% 증가했다.

Ⅱ. 이민 근로자와 그 가족에 대한 지원

이민근로자와 그 가족에 대한 건강, 교육, 노동인력훈련 등의 연방 사업들은 연방 이민통합 정책의 실체적인 요소로 볼 수 있다. 미국의 노동인구는 미국 토박이들이 주류를 이루던 상황에서 최근 몇십 년간 외국 출생자가 주류를 이루는 상황으로 바뀌었다. 최근의 전국 농업 근로자 조사(National Agricultural Worker's Survey, NAWS)에 따르면 전체 고용된 농업근로자 다섯 중 거의 넷은 외국 태생으로 나타났다.[4]

---

4) US Department of Labor, Office of the Assistant Secretary for Policy, Office of

::이민자 교육

이민자 교육사업은 이민 가정 자녀의 교육적 수요를 충족시켜 주기 위한 것이다.[5] 이 사업에는 교육과 사회복지 및 보건과 같은 지원 서비스가 모두 포함된다. 서비스는 학교, 학군, 공공 또는 민간 지역 조직에서 제공한다.

1989 – 1990, 2000 – 2001 학년도 사이에 이민자 교육 사업에 참가한 학생의 수는 411,700명에서 737,684명으로 79%가 증가하였다. 2000 – 2001년도 참가 학생의 절반 이상이 캘리포니아, 텍사스, 플로리다에서 교육을 받았다.

자금 지원

이민자 교육사업에 지원되는 자금은 1990년 이래로 대략 비슷한 수준에 머물러 왔다. 그러나 이민자 교육 자금지원 사업에 참가하는 학생의 수는 증가하였기 때문에, 오히려 학생당 지출은 FY 1990의 1,036달러에서 FY 2001 575달러로 떨어졌다(표 2 참조).

자금 지원이 비교적 꾸준했음에도 불구하고, 지출금은(2005년 달러로) FY 1990년에서 FY 1998년 사이에 426백만 달러에서 370백만 달러

Programmatic Policy, "Findings from the National Agricultural Workers Survey(NAWS) 2001 – 2002. "A Demographic and Employment Profile of UnitedStatesFarmWorkers." Research Report No.9, March 2005.
http://www.doleta.gov/agworker/report9/toc.cfm.

5) 이민자 자녀는 "지난 36개월 이내에 농업 또는 어업 분야 단기 또는 계절 일자리를 얻기 위해 학군 경계를 넘어서서 이주한 이민근로자의 자녀"로 정의한다. US Department of Education, *Policy and Program Studies Service Report Highlights, Title I Migrant Education Program*(2004), http://www.ed.gov/rschstat/eval/disadv/migrant /highlights01.doc 1980년대 후반 이래로 이 사업은 농업 분야에서 일하는 이직률이 높은 고용인들에게 관심을 집중해 왔다. 연간 이직률 60%로 18개월 이상 육류 가공업과 같은 업계에서 일한 이민자 자녀는 이민자 교육 사업 대상 자격이 된다.

로 서서히 감소하였고, 그 후 FY 1999 - 2004년 사이에 연간 400백만 달러 이상으로 매년 증가하였다. FY 2005 지출금은 390백만 달러였다.

::이민자 헤드스타트

이민자 헤드스타트는 전국 규모로 시행되는 일반 헤드스타트 사업의 특별사업이라고 할 수 있다. 헤드스타트는 임산부, 생후 5세까지의 아동 및 가족을 위한 사업으로, 교육, 보건 서비스, 사회적 서비스를 제공하는 아동개발 사업이다. 이 사업은 저소득층 자녀에게 학교에 들어갈 준비를 갖추도록 하는 것을 목표로 한다. 서비스는 공립 기관, 민간 기구, 학교 등에서 제공한다. 이민자 헤드스타트는 연수입의 절반 이상을 농업으로 벌어들이고 적어도 매 2년마다 한 번씩 일자리를 찾아 이동하는 가정을 대상으로 하는 반면에 헤드스타트 자격 대상은 연방 빈곤선 이하의 수입에 근거한다. 이민자 헤드스타트는 나이가 아주 어린 아이들에게 보살핌을 제공하여 그들이 함부로 논밭에 방기되어지거나 또는 그들의 형제자매가 돌보도록 만들지 않게 하는데 집중하고 있다.

자금 지원

• 이민자 헤드스타트에 대한 자금 지원은 1990년대 후반부터 2001년까지 꾸준히 증가해 왔다. 그러나 FY 2002 이후 지출금은 280백만 달러에서 FY 2005의 266백만 달러로 다소 감소하였다(표 3 참조).

::이민자 교육 이븐스타트

이븐스타트는 자녀와 부모 모두에게 읽기교육을 제공함으로써 아이들에게 효과적으로 읽기를 가르치는 것을 목표로 하는 규모는 작지만 전국적 차원에서 실시되는 사업이다. 이 사업은 흔히 주 및 지역의 예산규모에 상응하여 연방 예산을 제공함으로써 민간 자금을 보충하는 방식으로 진행된다. 또한 학교 또는 비영리기구에 의해 운영된다. 이민자 이븐스타트는 이민자 교육에서 규정했던 이민 근로자의 정의에 해당되는 가정에 제공된다. 법안은 총 이븐스타트 사업에서(토박이 시민 이븐스타트와 더불어) 이민자 교육 이븐스타트를 위해 일정 비율의 자금을 할당하도록 하고 있다. 이민자 교육 이븐스타트는 1990년 이래로 매년 총 자금의 3 - 3.5%를 받아 왔다.

전체적으로 이븐스타트 사업은 부시 대통령이 그다지 성공적이지 못한 연방 사업의 하나로 지목했던 사업이다. 2003년도에 이 사업을 검토한 결과 이븐스타트 사업의 지원을 받은 부모와 아이들은 비교그룹과 비교해 향상되었다는 증거를 전혀 보이지 못했다. 그러나 이븐스타트의 옹호자들은 이 사업이 성인이 실업상태에 머무르는 것을 예방하고 아이들이 학교를 중퇴하는 것을 방지하는데 성공적이었으며, 2000년 사업 개정 이후 이븐스타트가 훨씬 더 성공적으로 운영되었다고 주장한다. 이러한 주장에도 불구하고, 이븐스타트에 대한 자금 지원 및 결과적으로 이민자 이븐스타트에 대한 자금 지원은, FY 2005와 2006 사이에 절반으로 줄었다.[6]

자금 지원

• 이민자 이븐스타트 사업에 대한 자금 지원은 1990년대 후반 내내 서서히 증가하여 FY 1994 - 2000까지 360만 달러에서 510만

---

6) D. Nather, "The Perils of a Low Profile", *Congressional Quarterly*, 2005.

달러가 되었다(표 4 참조).

▪ 지출금은 FY 2001에 9백만 달러로 껑충 뛰었지만, FY 2004에
는 820만 달러로 떨어졌고 FY 2005에는 360만 달러로 삭감되었다.

표 3. 이민자 및 계절별 헤드스타트를 위한 연방자금 지원(1995 - 2005)

회계 연도	연방 지출(백만 달러)	연방 지출(2005년 백만 달러)	전년대비 %변화(2005년 달러로 환산)
1995	$139	$178	″
1996	139	173	-3%
1997	154	187	8%
1998	162	194	4%
1999	178	209	8%
2000	207	235	13%
2001	247	272	16%
2002	258	280	3%
2003	260	276	-1%
2004	265	274	-1%
2005	266	266	-3%

출처: 보건후생성 예산국

표 4: 이민자 교육 이븐스타트에 대한 연방자금 지원(1990 - 2004)

회계 연도	연방 지출(2005년 백만 달러)	전년대비 % 변화
1994	3.6	
1995	3.8	6.9%
1996	3.8	0.0%
1997	3.8	-2.2%
1998	4.3	15.7%
1999	4.7	8.4%
2000	5.1	7.6%
2001	9.0	78.2%
2002	9.5	4.8%
2003	9.2	-3.0%
2004	8.2	-10.9%
2005	7.9	-3.7%
2006	3.6	-61.9%

주: 숫자를 보면 총 이븐스타트 지출금 중에서 이민자 교육에 따로 책정된 기금을 알 수 있다. 이민자 교육 이븐스타트
는 이븐스타트 지출금에서 FY 1990 - 2000, FY 2006에는 3%, FY 2001 - 2005에는 3.5%를 받았다.
출처: 미국 연방예산. 부록. 교육부. 1996 - 2007

::이민자 보건

보건후생서비스부(Department of Health and Human Services)는 이민자건강사업을 통하여 문화적으로 적절한 의료 및 여타 관련 서비스를 이민근로자와 그 가족에게 제공하기 위한 자금을 지역 단체들에게 제공하고 있다. 이민자건강사업은 이민자 체류자격과 상관없이 의료 서비스를 제공한다.

자금 지원

· 이민자보건사업에 대한 자금 지원은 1990년대 후반과 2000년 대 초반에 증가하였다. 지출금은 FY 1998 – 2005에 71% 늘었다. (표 5 참조)

· 이민자보건사업 혜택을 받은 이민자나 부양가족당 지출은 1998 년에서 2004년까지 145달러에서 191달러로 증가한 한편, 혜택을 받은 이주자와 부양가족 수는 25% 증가하였다.

표 5. 이민자 보건사업에 대한 연방자금 지원(1998 – 2005)

회계 연도	연방 지출 (백만달러)	연방 지출 (2005 백만달러)	전년대비%변화	혜택을 받은 이민자/부양 가족	혜택을 받은 이민자/부양가족당 자금 지원
1998	$70	$84	〃	580,423	$145
1999	79	92	10%	582,599	158
2000	87	98	7%	653,269	150
2001	100	110	12%	686,166	160
2002	114	123	12%	708,611	174
2003	125	133	8%	694,040	191
2004	134	139	4%	726,813	191
2005	144	144	4%	〃	

주: 혜택을 받은 이민자와 부양가족에 대한 데이터는 회계 연도보다는 달력 연도를 보여 준다.
출처: Budget Office of the Department of Health and Human Services; US Department of Health and Human Services, Uniform Data System reports submitted by grantees of the Health Resources and Services Administration's Bureau of Primary Health Care, 1998 – 2004

Ⅲ. 기타 이민자 교육 사업

::비상 이민자 교육법

2001년 이전 연방 정부에서는 두 가지 사업 — EIEP(Emergency Immigrant Education Program) 및 이중언어교육 사업 — 을 통해 이민자 및 LEP(Limited English Proficiency) 학생에 대해 예산을 지원하였다.

EIEP는 주와 지자체가 많은 수의 신입 이민자 학생을 받아들인 학교를 지원함에 따라 발생한 비용을 충당하는 데 도움을 주고자 하는 사업이다. 이 사업은 3년 이하의 기간 동안 미국 학교에 출석한 3세부터 21세까지의 외국 태생 학생들의 숫자를 근거로 하여 해당 학군에 자금을 지원한다. 이 프로그램은 이민 학생을 위해 훈련된 인력과 아동교육에 부모의 참여를 높이기 위한 활동에 대한 지원뿐 아니라 이민자 학생들을 위한 기본교육 강좌, 교습, 멘토링 / 카운셀링 등도 지원한다.

자금 지원

• EIEP에 대한 자금 지원은 1980년대와 1990년대 초반 동안에 감소되었다. 그러나 의회는 FY 1997에 이 사업에 대한 제공 자금을 61백만 달러에서 120백만 달러까지 거의 두 배로 늘렸다(표 6 참조).

• EIEP 사업에 참여한 학생당 지출 비용은 FY 1994의 학생당 47달러의 낮은 수준에서 FY 2000의 학생당 210달러로 증가하였다.

:: 이중언어교육법

1968년 이중언어교육법(Bilingual Education Act, BEA)은 경쟁적
인 보조금 지급을 통해 지역 학군이 LEP 학생에게 이중언어 교육
과 영어지원 사업을 제공하는 것을 도왔다. 그러나 이 사업은 논
란의 대상이 되었는데 오랜 기간 계속된 논쟁의 주제는 영어가 아
닌 언어로 교과를 가르치는 것이 적절하냐는 것이었다. 이 사업의
범위는 비교적 좁은 편이다. FY 2001에는 LEP 어린이의 겨우
12%만이 BEA 자금제공 프로젝트의 혜택을 받았다.[7]

표 6. 비상 이민자 교육 사업을 위한 연방자금 지원 사업(EIEP)(1985 - 2001)

학년도	연방 지출 (백만달러)	연방 지출 (2005년 백만달러)	EIEP 학생 *	학생당 지출
1984–1985	$30.0	$54.5	348,287	$156
1985–1986	30.0	53.5	422,549	127
1986–1987	28.7	49.3	436,612	113
1986–1987	30.0	49.5	428,688	116
1986–1987	28.7	45.2	427,870	106
1986–1990	29.6	44.2	478,172	92
1991–1992	30.1	43.2	616,604	70
1991–1992	29.3	40.8	687,334	59
1991–1992	30.0	40.5	778,508	52
1991–1992	29.4	38.7	825,968	47
1991–1992	38.9	49.9	773,976	64
1991–1992	50.0	62.2	823,149	76
1991–1992	50.0	60.8	834,876	73
1991–1992	100.0	119.8	886,196	135
1991–1992	150.0	175.8	796,254	221
1991–2000	150.0	170.1	811,154	210
2000–2001	150.0	165.4		
1984 - 1985에서 1999 - 2000% 변화		212.4%	132.9%	34.1%
1991 - 1992에서 1999 - 2000% 변화		317.1%	18.0%	253.4%

* EIEP 학생은 미국 학교에 3년 이하의 기간 동안 다닌 외국 태생 학생을 말한다.
출처: US Department of Education, Biennial Report to Congress on the Emergency Immigrant Education Program, June
1999 and June 2002; US Department of Education, FY 2001 Appropriations Table.

자금 지원

· 이중언어 교육의 지출금은 1990년대에 걸쳐 다소 감소했지만, FY 1996 - 2001 사이에는 매년 증가하였다. 하지만, LEP 학생의 수가 매년 상당히 증가하였기 때문에, 학생당 가용자금은 1990년 대 초반보다 한참 낮은 수준을 유지했다(표 7 참조).

표 7. 연방 이중언어 교육을 위한 연방 자금 지원(1991 - 2001)

회계 연도	연방 지출(백만달러)	연방 지출(2005년 백만달러)	총 LEP 학생	LEP 학생당 지출
1991	$169	$245	2,198,778	$112
1992	195	275	2,430,712	113
1993	197	269	2,735,752	98
1994	201	268	3,037,922	88
1995	157	204	3,184,696	64
1996	128	161	3,228,799	50
1997	162	199	3,452,073	58
1998	204	247	3,470,268	71
1999	230	273	3,540,673	77
2000	256	294	4,416,580	67
2001	310*	346	4,584,946	75
* 추산				

출처: US Federal Budget, Appendix, Department of Education, 1992 - 2002; US Department of Education, "The Growing Numbers of Limited English Proficient Students", 2002 - 2005.

::낙오아동방지법(No Child Left Behind Act)

2001년에 낙오아동방지(NCLB)법의 시행으로 이중언어 교육과 긴급 이민자교육을 위한 자금을 통합하여, Title Ⅲ에 따라 영어습

---

7) P. Osorio - O'Dea, "Bilingual Education: An Overview", Congressional Research Service Report for Congress(June 7, 2001).

득 및 언어능력향상을 위해 주에 지급하는 단일의 지원금 사업을 만들었다. 이 지원금은 LEP 인구와 그 주의 최근 이민자 학생의 숫자에 근거하여 집행된다. 모든 주는 LEP 아동이 반드시 영어에 능숙해지고, 높은 학문적 성취도를 올리며, 다른 모든 어린이들에게 설정된 것과 동일한 기준을 충족시키도록 만들기 위해 최소한 500,000달러를 지원 받게 되어 있다.[8] 이 기금은 영어 교육, 강습 및 기타 LEP 및 이민자 학생, 가족의 문자 습득과 부모교육, 멘토링, 카운셀링, 교사와 스태프의 전문성 개발에 사용된다.

자금 지원

• FY 2002에 언어습득을 위한 연방의 각 주에 대한 보조금 지출은 FY 2001에 BEA와 EIEP를 결합하여 지출된 511 백만 달러보다 낮은 수준이었다. 그러나 NCLB법 제정과 함께 FY 2003에는 지출금이 727백만 달러로 상당히 증가하였다가, FY 2006에 678백만 달러로 떨어졌다(표 8 참조).

• 2002 - 2003 학년도와 2003 - 2004 학년도 사이에, 타이틀Ⅲ 보조금을 받은 학생의 수는 12.6% 증가하였다. 학생당 지출은 13.5% 감소하였다.

---

8) J. Murray, M. Fix, and W. Zimmerman, "New Directions for Newcomers: A Roadmap to No Child Left Behind and Children of Immigrants"(Washington, DC: The Migration Policy Institute, publication forthcoming).

표 8. 아동낙오방지: 언어습득 주 보조금(구 EIEP와 이중언어 교육 결합)

연도	연방 지출 (백만 달러)	연방 지출 (2005년 백만 달러)	LEP 수혜학생	이민자 수혜 학생	LEP 학생 당 지원금 * *
2001/02	$403	$437			
2002/03	685	727	3,649,255	753,085	%199
2003/04	685	708	4,017,504	827,638	172
2004/05	673	673			
2005/06	678*	678			
% change 2002 to 2006		55%			

* 추산
* * 여기서는 LEP 학생에게만 초점을 맞추겠다. '이민자'와 LEP 학생 간에 상당히 많이 겹치기 때문이다.
출처: CRS report to Congress, "Education of Limited English Proficient and Recent Immigrant Students: Provisions in the No Child Left Behind Act of 2001," April 26, 2004; US Federal Budget, Appendix, Department of Education, 2004-2007; US Department of Education, "Biennial Report to Congress on the Implementation of the State Formula Grant Program," March 15, 2005.

:: 성인 ESL

성인 ESL(제2언어로서의 영어, English as a Second Language) 교육을 위한 연방 자금지원은 연방 성인교육 사업의 일환으로, 읽고 쓰기(성인기본교육), GED 준비(성인중등교육), 영어 교육에 대한 자금을 지원한다. 일반적으로, 주정부는 지급받은 연방 보조금을 이 세 가지 사업 간에 적절하다고 생각되는 대로 배분할 수 있다. 그러나 이 프로그램의 등록 숫자는 1990년대 초반 이래로 성인 교육 학생의 30-50%가 ESL 학생이었음을 보여 준다(그림 2 참조). FY 1997 이래로 ESL 사업 등록률은 성인기본교육이나 성인중등교육 등록률을 초과해 왔다. 1993/1994년과 2003/2004년 사이에 성인 기본교육(1.4에서 1.2백만으로)과 성인 중등교육(1.1에서 0.4

백만으로) 등록은 오히려 감소한 반면, ESL 등록 숫자는 꾸준하게 1.1백만을 유지했다. 한편, 전체 LEP 성인의 수는 1990 - 2000년 사이에 12백만에서 18백만으로 54%가 급속히 증가했다.

그림 2. 성인 교육 사업 등록 수(백만 명)(FY 1994 - 2004)

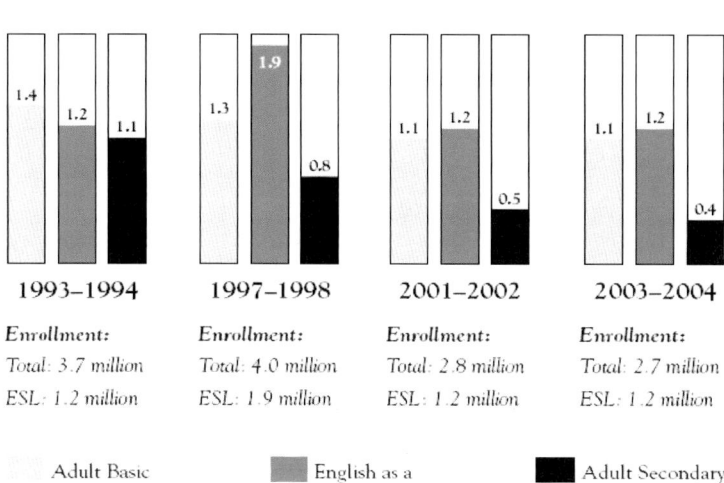

Sources: US Department of Education, Office of Vocational and Adult Education, "Enrollment and Participation in the State-Administered Adult Education Program."

1998년에 의회는 성인교육 및 가족 문해력 법안(Adult Education and Family Literacy Act, AEFLA)을 재시행하는 법안을 통과시켰는데, 이 법에 따라 2000년부터 직업 / 성인교육청(Office of Vocational and Adult Education)이 각 주에 이민자 및 여타 LEP 인구 집단을 위해 영어문해력(English Literacy, EL)과 시민교육을 위한 보조금을 지급하도록 의무화되었다. 이 시민교육 사업은 시민의 권리와 책임, 그리고 시민 참여에 대한 교육을 제공한다. 2000년부터 매년 세출 법령에 따라 총 성인교육기금의 일정 비율을 EL시민 교육에 배정해 왔다. 2000년에는 이 세출 규모가 전체 성인교육 기금의 대략 5.7%였으며, 이후 연간 12% 정도로 유지되어 왔다. 이 기금이 각 주에 배당되는 비율은 해당 주의 미국 시민권 및 이민서비스 데이터의 영주권 허가 비율과 이민자 인구 성장률('새로이 늘어난' 주에 기금 지급)에 근거한다. 모든 주는 적어도 60,000달러는 받게 되어 있다.[9] 이 기금은 기본적으로 이민자 및 LEP 사업에 쓰여야 하지만, 성인교육 기금의 잉여분이 생기면 각 지역의 필요에 따라 분배할 재량권이 주정부에 주어진다.

표 9. 성인교육 사업, 주 보조금에 대한 연방자금 지원(1992 - 2005)

회계 연도	연방 지출(백만 달러)	연방 지출(2005년 백만 달러)	전년대비 % 변화
1992	$236	$332	"
1993	255	349	5%
1994	255	340	−2%
1995	252	327	−4%
1996	246	30	−5%
1997	342	421	36%
1998	345	418	−1%
1999	364	432	3%
2001	538	600	18%
2002	571	627	4%
2003	554	595	−5%
2004	602	630	6%
2005	569*	569	−10%

* 추산
Sources: US Federal Budget, Appendix, Dpartmen of Education, 1994-2007; US Department of Education Office of Vocational and Adult Education Division of Adult Education and Literacy,October

9) US Department of Education, "Funds for State Formula - Allocated and Selected Student Aid Programs, by Program", August 2006, http://www.ed.gov/about/overview/budget/statetables/index.html.

자금 지원

• 성인교육에 대한 재정 지원은 1990년대에는 비교적 낮은 수준에 머물렀지만, 2000년 이후에는 증가하였다. 그러나 2004년과 2005년 사이에는 기금이 10% 감소하였다 – 1992년 이후 가장 감소세가 컸던 해임(표 9 참조).

• 1994 – 2004년까지 십 년간의 급속한 이민 증가에도 불구하고, ESL을 받는 성인기본교육 등록자의 수는 변하지 않았다.

• 등록된 학생당 성인교육 지출은 FY 1994의 92달러에서 FY 2004의 233달러로 늘었는데, 이는 등록자 수의 감소와 사업 재정 지출 증가를 모두 반영하는 것이다.

• 부시 대통령의 FY 2007 예산안은 성인교육 기금으로 FY 2004 수준에서 10% 감소한 570백만 달러를 제안할 것으로 보인다.

:: 불법체류 이민자에 소요된 병원비 지원

주와 지역 정부가 이민자와 관련하여 지출한 비용을 충당해주기 위해 마련된 보조금과 유사한 효과를 발휘하는 사업은 기본적으로 세 가지가 있다. 하나는 비상이민자교육 사업이고, 다른 하나는 주외국인범죄자지원사업(State Criminal Alien Assistance Program)이다. 후자는 중죄 판결을 받은 불법체류 이민자를 수감하는 데 지출된 지역정부의 비용을 지원해 준다('이민통합' 정책의 일환으로 볼 수는 없는 사업임). 세 번째는 불법체류자에게 제공한 응급의료서비스에 대한 주의 비용을 지원해 줌으로써 이민자에 대한 의료 서비스 기금 지원을 모색하는 비교적 새로운 지향점을 갖는 연방 사업이다.

메디케어 건강보험에 참여하는 병원은 지불 능력이나 이민자 체류 자격에 상관없이 모든 사람에게 응급의료서비스를 제공하여야 한다. 「2003년 메디케어 처방약, 개선, 현대화 법률」은 보상받지 못한 응급의료서비스에 대해 FY 2005 - 2008까지 연간 250백만 달러(총 십억 달러)를 주에 지원하기로 되어 있다.10) 불법체류자 인구 추산에 근거하여 이 기금의 3분의 2는 50개 주와 콜롬비아 특별구에 분배된다. 그리고 나머지 3분의 1은 불법체류자 인구가 가장 많은 여섯 개 주―캘리포니아, 텍사스, 애리조나, 뉴욕, 플로리다, 뉴멕시코―에 분배된다.

이 법률에 앞서, 불법이민자에게 치료 서비스를 제공한 병원에 그 비용을 지원해주는 일부 연방 기금이 있었지만, 불법이민자의 진료를 직접적인 목표로 하는 유일한 기금은 「1997 균형예산법 (Balanced Budget Act, BBA)」하에서 지급되었던 기금이다. 그러나 FY 1998 - 2001까지 연간 25백만 달러로 그 수준은 미약했다. 미국회계감사원(US General Accounting Office, GAO)에 따르면, FY 2001에 가장 많은 BBA 배분을 받은 주와 가장 적게 받은 주나 모두 BBA 지원금을 가지고 응급 메디케이드 지출 비용의 고작 2% 만을 충당할 수밖에 없었다고 한다.11)

---

10) 이 금액은 이민자 가족을 위한 서비스에 지출된 것이 아니라 법에 의거 비용에 무관하게 모든 주민에게 의무적으로 제공해야 하는 서비스에 대해 주 정부에 변제해 주는 비용이므로 이를 이민통합에 지출된 총 비용에 포함시키지 않았다.

11) US General Accounting Office(GAO), "Undocumented Aliens: Questions Persist about Their Impact on Hospitals' Uncompensated Care Costs", GAO - 04 - 472, May 2004, http://www.gao.gov/new.items/d04472.pdf. 1997 BBA 기금은 불법체류 이민자가 가장 많은 12개 주에 분배되었다.

::이민자를 위한 전체 연방 사회복지 지출

상당수 이민자 가정에 적용되는 연방 사업들이 많이 있지만, 대개가 이민자를 직접적 대상으로 하고 있지는 않다. 넓게 말해서, 다수의 토박이 시민들과 더불어 이민 가정에까지 교육과 훈련, 재정 및 의료 보조, 세금 환급을 제공하는 정부 사업이 몇 가지 있다. 그런데 이렇게 이민자를 겨냥하지 않은 사회사업에는 비교적 상당한 자금이 지원되는 반면에, 이민 가정이 미국에 통합되는 데 많은 영향을 미치는 이민자 대상 지출 사업은 전체 연방 지출에서 오직 작은 부분만을 차지하고 있을 뿐이다. 이민 가정의 통합에 영향을 미치는 모든 연방 사업에 대한 포괄적인 그림은 이 장의 범위를 넘어서지만 그 중에 몇 가지 중요한 사업과 이민 가정이 이들 사업에 접근하는 데 어떤 제약이 있는지에 초점을 맞추어 살펴보고자 한다.

이민자 가정에까지 적용이 되는 연방 교육 및 훈련 사업 중 중요한 것으로서 불우계층을 위한 Title Ⅰ 교육기금이 있다. 이 기금은 지금 낙오아동방지법에 편입되어 있다. 이민자 가정의 아이들은 다른 미국 어린이보다 저소득 가정에 속할 확률이 높으므로, Title Ⅰ 기금은 이민 가정을 대상으로 하는 대다수의 학교와 학군에 매우 중요하다. FY 2001에 이중언어 교육 기금이 겨우 400,000명의 LEP 학생에게 혜택을 준 반면에, Title Ⅰ 기금은 150만 명의 LEP 학생에게 적용되었다고 보고되었다.[12] Title Ⅰ 지출금은 FY 2004에 185억 달러였다.[13]

---

12) Osorio – O' Dea, "Bilingual Education" (see n. 7).
13) FY 2004의 이민자 교육을 위한 412백만 달러는 이 Ⅰ편 기금에서 나왔다.

'노동인력투자법(Workforce Investment Act, WIA)'의 Title Ⅰ은 직업훈련을 위한 미국 연방 기금 지원사업의 주 원천이라고 할 수 있다. 과거에는 훈련을 받는 사람들 중에 LEP 성인은 소수였으며 2003년에는 겨우 5.3%에 불과했다.[14] 현재 법안개정계류 중인 동 법안은 이 사업을 통해 더 많은 이민자에게 혜택을 주도록 하는 내용을 담고 있다. 2005년에 하원은 「2005 직업훈련개선법」을 승인하고 WIA와 「성인교육 및 문해력 법안」을 재승인했고, 상원은 이 법안을 2006년 6월에 승인했다.[15] 하원 안은 주에서 LEP 성인을 비롯한 특정 그룹에 대한 훈련 계획을 개발하고 영어 교습을 포함하는 훈련 사업을 시행하는 내용을 담고 있다. 이와 유사하게 상원 안은 LEP 성인을 비롯한 '지원이 어려운 그룹'에 대한 서비스를 증대시키고, LEP 근로자를 포함한 시범 프로젝트뿐만 아니라 기술과 영어 학습을 통합한 훈련 사업에 대한 내용을 포함하고 있다.

마지막으로, 저소득 근로 가정이 납부해야 하는 세금을 감면 또는 면제하는 제도인 근로소득보전세제(Earned Income Tax Credit, EITC)가 있다. 그러나 이민 가정은 토박이 시민가정보다 EITC에 대한 내용을 알고 있거나 그 혜택을 받을 확률이 낮다. 도시연구소에 따르면 2002년에 이민 가정의 26%에 비하여 토박이 시민가정은 79%가 EITC에 대해 들어 봤다고 답했고, 토박이 시민가정의

---

14) A. Frank and E. Minoff, "Declining Share of Adults Receiving Training under WIA are Low-Income or Disadvantaged" (Washington, DC: Center for Lawand Social Policy, December14, 2005),
http://www.clasp.org/publications/decline_in_wia_training.pdf.

15) United States House of Representatives, "Job Training Improvement Act of 2005", H.R. 27, 109th Cong. 2nd Sess.(2005); UnitedStatesSenate, "Workforce Investment Act Amendments of 2005", S. 1021, 109thCong.2ndSess.(2005).

57%에 비하여 이민 가정은 겨우 14%가 EITC를 실제 받은 것으로 보고됐다. 이민 가정이 사업이름을 모르고서도 EITC를 받을 수 있다거나 혹은 전국 규모의 조사에서는 이를 알아봤을 수도 있다는 사실로 이런 정보의 차이가 부풀려질 수 있다. 도시연구소는 EITC를 실제 받은 많은 이민 가정이 사실은 세무사의 도움을 받고서야 그 혜택을 받았다고 결론 내렸는데, 이는 세무사는 대개 높은 수수료를 받거나 상환액에 근거한 높은 이자를 매긴 대출을 알선하기 때문이다.[16)

Ⅳ. 결론

요약하자면, 미국 연방 이민통합 사업은 미국 사회 내의 이민가정 지원의 차원에서 볼 때, 파편화된 시스템에 불과하며, 이 중 난민과 망명 집단이 그런대로 포괄적인 지원을 받고 있는 것으로 나타났다. 지금 시행되는 사업 중 다수는 1990년대 후반과 2000년대 초반에 걸쳐 잠시 성장을 보인 이후에 최근 몇 년간은 오히려 감소세를 보여 왔다. 또한, 이민통합을 위한 연방 정부의 지출은 신규 이민자의 규모가 증가하는 최근의 흐름을 제대로 따라잡지 못하고, 특히 이민자녀의 변화에도 제대로 보조를 맞추지 못하고 있다. 이민자 숫자는 한 해에 백만에서 이백만 사이에서 계속 증가하는데, 이민통합을 위한 정책과 지원에 있어서의 이런 흠결은 이

---

16) R. Capps, M. Fix, E. Henderson, and J. Reardon-Anderson, "A Profile of Low-Income Working Immigrant Families" (Washington, DC: Urban Institute, June 2005).

미 다루기가 쉽지 않은 거대한 국가적 과제로 성장할 조짐마저 보여 주고 있다.

일부의 의료 보장 사업만이 이민 근로자 가정이나 난민인 소수의 이민자만을 대상으로 하는 반면에, 신규합법 이민자들은 연방 메디케이드 / SCHIP 사업에 5년간 편입이 제한되어 있다. 비시민권자 이민자의 44% 이상이 건강보험을 갖고 있지 못하고, 따라서 보건소와 같은 사회적 안전망 시스템에 의지해야 하는 상황으로 인해 각 지역사회에 비보장 보건 진료로 인한 고비용 현상이 발생하고 있다.[17] 따라서 앞으로 정책입안자들은 단순히 이러한 진료비용을 지원해 주기보다는, 보다 많은 이민자들이 건강 보험을 받을 수 있도록 하는 정책에 집중해야 할 것이다. 이는 이민자 사회의 보건을 향상시키고, 동시에 이민자들이 일차적이고 예방적인 진료를 받을 수 있게 하고 값비싼 응급실을 찾아야 하는 상황을 줄여 주므로써 오히려 사회 전체의 총체적인 보건비용을 줄일 수 있는 대안이 될것이다.

연방 차원의 정책에서 부족한 또 다른 점은 성인 ESL 클래스 대기 리스트가 적체되어 간다는 점이다. 성인 ESL 클래스 등록률이 지난 10년간 증가하지 않았다는 사실은 성인 ESL에 대한 연방 기금은 제자리 걸음을 한 반면에, 이들 수업에 대한 수요는 급속히 증가해 왔다는 사실을 말해준다. 뉴욕이민자연맹이 2001년 연구한 바에 따르면 뉴욕에서 영어 수업을 필요로 하는 수요 중 단 5%만이 그 수요를 충족할 수 있었다고 한다.[18] 전국적으로 여기저기서

---

17) 이 책의 7장 참조.

18) T. Robbins, "Language Lockout: For Immigrants, Hard Work Yields Few Benefits",

이민자들이 이 나라의 언어를 배우는 데 실패했다고 비웃는 목소리가 점증하고 있는 동안에, 입법자들은 이민자에게 영어를 배울 수단을 제공하기 위해 필요한 투자 방안을 만드는 데 실패한 것이다.

미국의 이민 정책개혁 논의가 확대됨에 따라 이민 가정의 통합 지원을 위한 연방정부의 책임 범위와 정도에 대한 전국 및 주, 지역 차원의 논의를 더 이상 외면하기 어렵게 되었다. 「1986년 이민 개혁법」이나 다른 영역의 교훈을 거울삼아 이러한 우려들이 이민자 통합에 대한 강력한 지원 사업을 전개하기 위한 구체적 계획으로 나타나도록 해야 할 것이다(일반적인 것은 제10장 참조).

데이터 출처에 대하여

이 장에서 인용한 기금 관련 데이터는 다양한 출처에서 얻은 것으로, 시간에 따른 기금 지원의 변화를 살펴보기 위해 얻을 수 있는 가장 정확한 숫자를 사용하였다. 일부 경우에는 기금을 각 주와 이민자 및 LEP 가정에 봉사하는 지역 기구에 분배하는 정부 부처보고 데이터를 사용하였고, 또 다른 경우에는 미국 연방 예산 부록에서 예산 데이터를 인용했다. 부서로부터의 예산 데이터는 가용한 금액을 반영한 것이며, 반드시 실제 지출한 금액인 것은 아니다. 연방 예산에서 가져온 데이터는 실질적인 의무 금액을 반영하거나, 이민통합 서비스에 해당 기구가 지출하도록 되어 있는 금액을 반영한 것이다. 대부분의 경우에, 예산 배정과 실 세출금액은 각 회계 연도 내에서 대개 동일하다. 기금의 어느 쪽 수치를 사용

The Village Voice (September 10-16, 2003),
http://www.villagevoice.com/news/0337,robbins,46891,5.html

하든 이민통합 활동을 위해 사용 가능한 연방정부 재정의 일반적 규모에 대한 윤곽을 볼 수 있다.

Part **3**

핵심 정책 이슈 ——————————

제7장 의료 진료와 건강보험에의 접근성: 이민자와 이민개혁

-레이튼 쿠, 드미트리오스 G. 파파드미트리오

(Leighton Ku and Demetrios G. Papademetriou)

I. 서론[1]

고비용 의료 진료와 건강보험 보장 수준의 계속적인 축소는 모든 미국인이 직면하고 있는 오래된 과제이다. 하지만 이는 미국으로 들어온 이민자에게는 특히 더 심각한 문제이다. 이들은 건강보험 보장 비율도 지극히 낮고 의료 서비스에의 접근성도 대단히 취약한 상황에 있다.(이 장에서는 귀화하지 않은 이민자에게 초점을 맞출 것이며, 달리 기술하지 않는 한 '이민자'는 비시민권 이민자를 뜻하는 것으로 한다.) 그 이유는 미국시민에 비교하여 이민자 — 특히 아직 미국 시민이 되지 못한 이민자 — 는 공공 또는 민간 건강보험에 가입하거나 또는 적절한 의료 진료를 받음에 있어 이들의 접근을 훨씬 더 어렵게 만드는 장애물을 만나게 되기 때문이다.

이러한 장애물 때문에 모든 이민자의 거의 절반이 무보험상태 이

---

1) 여기 실린 의견은 저자의 의견이며 반드시 예산과 정책우선순위 연구센터의 입장을 반영하지는 않는다. 저자들은 조언과 건설적인 비판을 해 준 다수의 동료에게 감사를 전한다.

며, 이들의 무보험률은 대부분의 주류 미국인에 비하면 한참 뒤쳐지는 수준이다. 의료 서비스에의 접근성 취약으로 인해 건강 및 인도적 차원의 우려에 더하여, 경제적 사회적으로도 우려할 만한 여러 문제가 제기되고 있다. 이민자들의 해결되지 않은 건강 문제는 이들이 생산적인 노동을 유지할 능력을 제한할 수 있으며, 많은 일자리가 신체적으로 격렬한 노동을 요하거나 산재 발생률이 높은 일자리라는 점을 고려하면 더욱 그렇다. 너무나 많은 이민자가 건강보험의 보호를 받지 못하는 상황에서 단 하루만 입원해도 그 비용으로 많은 이민자가 과도한 빚이나 채무 상태로 떨어질 수 있는 상황에 놓여있다. 미국 의학연구소는 미국에서 무보험으로 인한 사회적 비용이 상당하다고 추산했다. 한 해 650억에서 1,300억 달러 사이라는 것인데, 이는 건강상 장애와 몇 년에 걸친 생산적인 삶의 소실로 인한 것이다.(이 추산은 이민자만 아니라 보험에 들지 못한 모든 사람을 포함한 수치이다.)[2]

미국 이민자의 거의 절반이 무보험이기 때문에, 이들은 어쩔 수 없이 무료 또는 저가 의료진료를 받기 위해서 자선단체나 종교단체 관련 의료시설뿐 아니라 종종 주 및 시 운영 시설을 비롯하여 사회 안전망 클리닉이나 국공립병원과 같은 이런저런 프로그램에 의존하게 된다. 이민자가 이러한 시스템에 의존함으로써 많은 주나 지역 사회들 또한 보험 보장이 되지 않는 이민자에 대한 무보험 의료비용과 그로 인한 재정 부담에 대해 염려하게 되었다.

이제 우리에게 남은 선택은 이민개혁으로 이민자의 의료 진료 접근성을 개선하거나 아니면 미국에 살고 있는 여타 대부분의 시

2) Committee on the Consequences of Uninsurance, Institute of Medicine, Insuring America's Health: Principles and Recommendations(Washington, DC: National Academy Press, 2004).

민보다 한참 떨어지는 수준으로 이들을 그냥 방치해 놓거나 둘 중 하나일 것이다. 그나마 다행으로, 이민개혁에 대한 논의와 논쟁은 이러한 이슈를 다시 검토하고 어떻게 개선할 수 있을 것인가를 생각하는 기회를 제공한다. 이 장에서는 이와 관련한 핵심 이슈를 요약하고 이민자의 의료 진료에 대한 접근성에 관해 조사하며, 문제 해결을 더욱 어렵게 만드는 일반의 잘못된 인식을 살펴보고, 이민개혁안에 영향을 받을 사람들의 의료 접근성과 의료 보장에 관한 건설적인 해결책과 아이디어를 제안하고자 한다.

Ⅱ. 이민자의 건강보험 및 의료 진료 접근성

인구 조사 데이터를 보면 이민자는 토박이 시민보다 무보험일 확률이 높다(표 1). 전체적으로, 비시민권자 이민자가 무보험일 확률(44%)은 토박이 시민(13%)보다 세 배나 높다. 무보험 귀화 시민의 비율은(17%) 비시민권자와 토박이 시민의 가운데에 있다. 이민자의 보험 보장 수준은 최근 이민 온 사람일 경우에 가장 저조하며 미국에 오래 거주할수록 그만큼 개선되는 모습을 보인다.(이와 유사하게, 수입도 미국에서의 체류기간과 더불어 늘어난다. 이는 부분적으로는 이민자의 일자리가 시간에 따라 개선되는 경향을 보이기 때문이며 또 부분적으로는 시민과 이민자의 소득 모두가 나이 및 직업 경력의 증가에 따라 늘어나기 때문이다.) 토박이 시민보다 이민자의 무보험 확률이 더 높은 주된 이유는, 취업률이 높은데도 불구하고 고용주가 제공하는 건강보험을 보유한 이민자가 적기 때문이다.

이민자와 토박이 시민 간에 존재하는 이런 불균형은 빈곤선 200% 이하 소득층(2006년에 3인 가족 연간 소득 약 33,000달러)의 사람들에게도 지속적으로 나타나고 있는데, 이 그룹에는 주로 비시민권자인 이민자가 대다수를 차지하지만 토박이 시민도 소수 포함된다. 저소득 카테고리 중에서, 토박이 시민 23%에 비해 비시민권자 이민자의 56%가 보험이 없는 것으로 나타났다(표 1 및 그림 1). 그러나 저소득 인구 집단에 초점을 맞추면 이러한 보험 보장률의 차이에 대한 이유가 달라진다. 저소득 이민자와 시민간 보장률 차이의 일차적인 이유는 메디케이드(저소득층 대상)와 메디케어(노령자 대상)를 포함한 공공 보험의 보장을 받는 이민자 수가 훨씬 더 적기 때문이다. 물론 저소득 이민자는 고용주가 부담하는 보험이나 다른 민간 보험에 가입하는 확률도 낮지만, 그 차이는 그리 크지 않다.

표 1. 이민자 지위와 소득에 따른 미국 인구의 건강보험 보장률(2004)

	무보험	고용주 후원 보험	메디케이드 SCHIP	비그룹 & 기타 민간보험	메디케어 & 기타 공공보험c
모든 소득					
미국 출생 시민	13.3%	59.1%	13.0%	5.5%	9.1%
귀화 시민	17.2%	54.9%	10.3%	5.4%	12.3%
비시민권자 이민자	44.1%	36.5%	12.6%	4.0%	2.9%
저소득(빈곤선의 200% 이하)					
미국 출생 시민	22.6%	24.9%	32.5%	6.4%	13.5%
귀화 시민	26.2%	26.4%	23.2%	5.6%	18.7%
비시민권자 이민자	56.1%	18.1%	19.3%	3.6%	2.9%

Source: Authors' analyses of March 2005 CPS

인구조사 데이터에서는 이민자가 합법인지 아닌지까지 알수는 없지만, 이러한 프로필이 미국에서 살고 일하는 이민자의 유형에 영향을 받는다는 사실을 인식하는 것이 중요하다. 분석을 살펴보면 법적으로 노동허가를 받은 집단의 숫자는 감소한 반면에 불법 신규 이민자의 비율은 최근의 몇 년간에 증가했음이 나타난다.[3] 불법체류 이민자는(응급 상황에서 받는 제한적인 메디케이드 보장을 제외하고는) 사회복지 혜택을 받을 자격이 안 되며 민간 보험을 드는 것은 더욱 어렵다.

그림 1. 빈곤선 **200%** 이하인 이민자와 토박이 시민의 건강보험 분포도

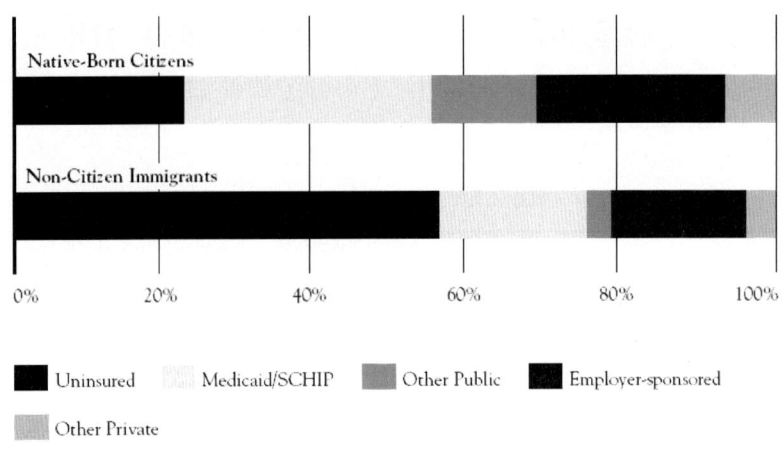

Source: Authors' analyses of March 2005 CPS

---

3) J. Passel and R. Suro, "Rise, Peak and Decline: Trends in U.S.Immigration1992 – 2004"(Washington, DC: Pew Hispanic Center, September 2005).

Ⅲ. 민간 의료보험

고용주부담보험은 대부분의 미국인에게 건강보험 보장을 위한 주된 수단이지만, 이 또한 이민자에게는 그렇지 못하다. 위에서 살펴보았듯이, 이민자의 취업률은 매우 높은 수준인데도 불구하고, 이민자는 일반 미국 시민보다 민간보험을 가지고 있을 확률도 훨씬 낮다. 인구조사 데이터를 분석해 보면 보험이 없는 핵심적인 이유는 이민 근로자들, 특히 라틴계 이민자들이 시민 근로자보다 직장에서 보험을 제공받을 확률이 낮기 때문이다.[4] 백인 시민 근로자의 87%가 일자리에 기반한 건강보험을 제공받았지만, 라틴계 이민 근로자들은 겨우 50%에 불과하다. 그러나 건강보험 제공을 제의받았을 때에는 백인 시민과 라틴계 이민자가 비슷한 비율로 고용주의 제의를 받아들이고 고용주 부담 보험에 가입하였다(백인 시민 근로자의 87%와 라틴계 이민 근로자 81%). 대부분의 경우에, 보험 제의를 받아들인다는 것은 이민 고용주 또한 고용주 프리미엄이나 다른 비용 분담 기제의 형태로 보험 비용 일부분을 부담하려 한다는 것을 의미한다. 이런 제안과 수용 비율이 라틴계 시민 근로자나 백인 시민의 경우 거의 비슷했다.

이민자가 보험을 제공받는 비율이 낮은 부분적 이유는 농업, 건설, 식품 가공, 식당, 호텔, 다른 서비스직 등 보험 보장을 제공할 확률이 낮은 종류의 업계에서 일하는 경우가 많기 때문이다. 하지

---

4) C. Schur and J. Feldman, "Running in Place: How Job Characteristics, Immigrant Status, and Family Structure Keep Hispanics Uninsured"(NewYorkCity: Commonwe althFund, May 2001).

만 좀 더 상세히 분석해 보면 직업 형태, 급여 수준과 같은 차이를 통계적으로 통제한다 해도 이민자가 여전히 보험을 제공받을 확률이 낮다는 것을 알 수 있다.[5]

일부 경우에는, 고용주가 이민자를 — 심지어 합법적 이민자까지도 — 계약직, 임시직 또는 파트타임 근로자로 분류함으로써 사실상 달리 취급하기도 한다. 이렇게 되면 복리후생 제공을 요구할 수 없게 된다. 더구나, 일부 회사는 직접적으로 근로자를 고용하기보다는(농장 근로자, 경비 인력 등) 도급계약자가 고용인에게 복지 혜택을 제공하지 않음으로써 비용을 절감하려는 것을 알고 고용 도급 계약을 맺기도 한다. 최근의 한 보고서는 시민권 유무와 상관없이, 계약직, 임시직, 파트타임 근로자는 고용주 기반 보험을 가질 확률이 훨씬 낮다고 밝혔다. 풀타임 정규직 근로자의 74%에 비하여, 이러한 근로자는 21%가 보험에 들은 것으로 나왔다.[6]

동일한 회사에서도 시민 근로자는 보장을 제공받는 반면에 이민자는 건강보험을 제공받지 못하는지, 아니면 이민자가 유사한 종류의 일자리에서 시민 근로자에 비하여 보험을 제공하지 않는 회사에서 일하는 경향이 있는 것인지 여부는 불분명하다.(즉 회사 내에서 어떤 형태의 차별을 받는지 아니면 같은 종류의 다른 회사들이 주로 시민을 고용하는 반면에 어떤 회사는 주로 이민자를 고용하는 종류의 노동 시장에서 일하기 때문에 덜 보장을 받는 것인지 불분명하다.) 연방법 하에서는 고용주는 모든 근로자에게 동등한 조건에

---

5) Ibid. Also see T. Buechmiller et al., "Immigrants and Employer-Provided Health Insurance", ERIU Working Paper #38(AnnArbor, MI: UniversityofMichigan, August 2005).

6) E. Ditsler et al., "On the Fringe: The Substandard Benefits of Workers in Part-Time, Temporary, and Contract Jobs"(NewYork: CommonwealthFund, December 2005).

서 건강보험을 제공하도록 되어 있지만, 이민자, 특히 불법체류 근로자나 단기 비자 보유자가 다른 근로자와 동등한 조건에서 건강복지 혜택을 제공받지 못하는 일이 많다고 보는 것이 옳은 것 같다.

:: 공공 건강보험에의 접근성

대부분의 저소득자에게는 메디케이드가 건강보험 보장의 주된 수단이다. 하지만 이민자에게는 메디케이드 수혜 자격과 주 아동건강보험프로그램(State Children's Health Insurance program, SCHIP)의 수혜 자격에 엄격한 법적 제한이 있다. 불법체류 이민자와 단기비자 보유자(학생 또는 단기근로비자)는 응급실 서비스 보장을 제외하고는 메디케이드 자격이 안 된다. 메디케이드는 일반적으로 부양자녀가 없는 비노령 성인에게는 보장을 제공하지 않으며, 따라서 미국에 주로 일하러 오는 많은 성인 이민자들은 일반 및 응급 메디케이드 자격이 되지 않는다. 노령 이민자들은 사회보장이나 메디케어에 충분한 연수만큼 미국에서 일하지 않았을 경우에는 메디케어자격이 안 되는 경우가 많지만 기준에 들 만큼 가난하고 다른 자격조건을 충족시키는 경우에는 메디케이드 자격이 될 수도 있다.

1996년 복지개혁법은 이 법 제정 이후에 대부분의 영주권자들이 미국에 온 지 첫 5년 동안 연방 메디케이드 또는 SCHIP 보장을 받는 것을 금지하였다.(유사한 금지 조치로 인해 푸드스탬프 배급, 복지, 소득보조금과 같은 다른 복지 혜택 자격도 제한되어 있다.)[7]

---

7) S. Fremstad and L. Cox, "Covering New Americans: A Review of Federal and State Policies Related to Immigrants' Eligibility and Access to Publicly Funded Insurance"(Washington, DC: Kaiser Commission on Medicaid and the Uninsured,

이제는 1996년 이래로 미국의 합법 이민자들의 40% 정도가 이러한 제한 조치에 해당된다.[8] 그럼에도 불구하고, 많은 주에서 주 기금을 사용하여 이들 이민자 일부, 특히 어린이나 임산부를 보장해 주는 조치를 취하고 있다.[9] 그런데 1990년대 후반부터 시작된 연방 수혜 자격 금지 조치로 인해 메디케이드나 SCHIP를 받으면 영주권을 받거나, 미국에 체류하거나, 또는 귀화할 기회를 상실해 버릴지도 모른다는 이민자 사회의 두려움과 결합하여, 오히려 사회 복지 혜택의 자격이 있는 사람들조차도 참가하기를 꺼리는 결과를 초래하였다.[10] (연방 정부는 이에 메디케이드나 SCHIP 혜택을 받는다고 해서 영주권 자격에 문제가 생기지는 않을 것이라고 발표하기도 하였다.) 그럼에도 불구하고, 1996년 입법 이래로 저소득 이민자가 메디케이드 보장을 제한 당하고 의료 비보장이 될 확률이 훨씬 높아졌다.

그림 2. 보험이 없는 저소득층(빈곤선 **200%** 이하) 아동의 퍼센티지 변화(**1995 - 2004**)

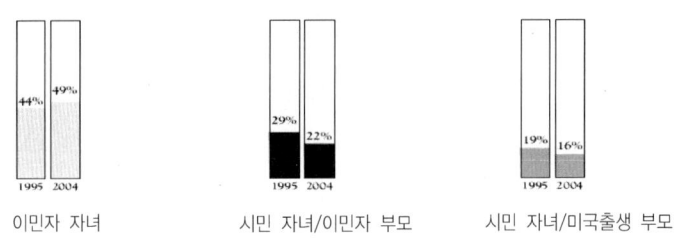

Source: Authors' analyses of March 1996 and 2005 CPS

November 2004).

8) Pew Hispanic Center의 J. Passel가 2006년 2월 최근 인구통계경향분석에 근거하여 추정한 통계임. 1996년 이후 입국한 비난민 합법영주권자 수를 미국 체류 중인 합법 영주권자 수로 나눈 비율임.

9) Ibid.

10) 10 M. Fix and J. Passel, "The Scope and Impact of Welfare Reform's Immigrant Provisions"(Washington, DC: The Urban Institute, January 2002).

이민자 자녀와 시민권자 자녀간의 보험 보장률 차이는 지난 십여 년간 더욱 벌어졌다(그림 2).[11] 1996년 이민 제한 조치 이후에 더욱 많은 이민자 자녀들이 무보험자로 전락되었다. 이와 대조적으로, 1977년 SCHIP 제정 이후, SCHIP 및 메디케이드의 어린이 보장을 확대하려는 각 주의 후속적인 노력의 결과로, 오히려 시민권자 자녀들의 보장률은 더 높아졌다. 토박이 가정 저소득 자녀 중 비보장자 비율은 1995년 19%에서 2004년 16%로 떨어졌다. 그러나 이러한 보험 확대가 이민자 자녀들에게서도 동일하게 나타난 것은 아니다. 부분적으로는 이민자 제외 조치 때문인데, 비보장자인 저소득 이민 자녀는 44%에서 49%로 증가하였다.

애초부터 복지 개혁에 대한 이민자들의 우려로 인해 메디케이드나 SCHIP에서 부모가 이민자인 미국 출생 자녀('혼합 지위' 가정)의 참여율도 덩달아 감소하기 시작했다. 이 아이들은 시민이기 때문에 자격이 되는데도 불구하고 나온 결과였다. 그럼에도 불구하고 그림 2가 보여 주듯이, 이 문제는 상당 부분, 주 및 지방 정부, 지역사회 기반 조직들의 활발한 복지 활동과 교육 덕분에 완화되었다. 아직 혼합 지위 가정 자녀의 비보장률이 여전히 토박이 부모를 둔 아이들에 비해 높기는 하지만, 그래도 개선된 모습을 보였다.(주: 시민 자녀의 순 보험보장률은 메디케이드나 SCHIP 보장이 1995 - 2004년 사이에 증가했기 때문에 개선되었고 그러한 개선은 민간 보험 보장이 감소했음에도 불구하고 나타난 현상이다. 이민

---

11) 2000년에 인구조사국은 보험 보장을 조회하기 위해서 질문을 추가했다. 그 결과 비보장자로 보고되었던 사람의 숫자가 줄었다. 2000년 전후의 데이터를 공정하게 비교하기 위해서, 본 글의 분석에서는 1995년과 2004년에 동일했던 보험 관련 질문의 '사전 검증' 버전을 사용하였다.

자녀에 대해서는, 메디케이드 / SCHIP 보장과 민간보험보장 모두가
감소했으며, 이 때문에 전체 보험 보장 비율도 낮아졌다.)

:: 이민 후견자의 역할

메디케이드와 SCHIP 보장에 대한 1996년 제한조치는 이민 후견
자가 이민자의 건강보험 보장을 책임져야 한다고 믿는 몇몇 의원
들의 생각에 비롯된 것이었다. 1997년 이래로, 이민자를 후견하는
사람은 해당 이민자에 대해 책임지겠다는 동의를 해야 했고 본인
이 후견한 이민자가 복지 혜택을 받을 경우 메디케이드나 SCHIP
와 같은 공적 지원 비용도 부담할 수 있음을 고지받았다. 그런데
최근에 와서야 비로소 이민자들이 고용주로부터 민간보험을 받을
수 있다거나 또는 후견자가 다른 민간보험보장을 받도록 나서 줄
수 있을 것이라는 애초의 기대는 비현실적이었음이 드러났다. 저소
득층 이민 자녀에 대한 인구조사 데이터를 보면 민간보험의 비율
은(고용주 후원 또는 비그룹) 1995년(1996년의 변화 이전) 19%에
서 2004년이 되면 17%로 떨어졌다. 물론 전체 저소득층 부모의 민
간보험 보장비율도 1995년 28%에서 2004년 25%로 떨어졌다. 그
러나 1995년에도 그랬던 것처럼, 이민자가 토박이 시민보다 민간 보
험에 가입된 비율은 훨씬 낮았다. 이민자들이 이 시기에 메디케이
드 보장을 상실한 것과 더불어, 결과적으로 저소득 이민자 중에 보
험 보장을 받지 못하는 비율이 상당하게 증가하게 된 것이다.

분야에 따라서 후견자가 재정적인 지원을 제공할 수도 있겠지만
이것은 후견자가 자신이 후견하는 이민자의 건강보험 비용까지 감

당하는 문제와는 상당히 다른 문제가 된다. 2005년에, 한 가족당 고용주 부담 건강보험의 평균 비용은 10,000달러가 넘었다. 개인에 대해서는 그러한 보험의 비용이 4,000달러가 넘기도 했다. 후견자의 직계가족이 아닌 사람의 경우처럼 비그룹으로 보험을 구매하면 보험가격은 훨씬 더 높아질 수 있기 때문이다.[12] 다수의 미국인들 가운데는 자신도 비보장인 경우가 많으며, 저소득 내지 중산층인 후견자들은 대개 자신이 후견하는 사람의 건강보험료까지 감당할 수 없다. 합법적 이민자들이 미국에서의 첫 몇 년 동안 사실상 메디케이드 보장을 받지 못하도록 만듦으로써, 심지어 일을 하고 있고 심각한 건강상 요구가 있다 하더라도 대다수 이민자들이 비보장 상태에 처하게 되어버렸다.

2006년 2월 초에 통과된 연방법은 메디케이드를 요청하는 미국인에게 미국 여권이나 출생증명서와 같은 시민권 증명서류를 제출할 것을 요구하는 새로운 조건을 첨부하였다. 이 조항은 이미 자신의 법적 지위에 대한 서류를 제출할 의무가 있는 메디케이드 지원 이민자에게는 적용되지 않을 것으로 보인다. 그런데 최근의 한 연구는 삼백만에서 오백만의 시민에 대한 메디케이드 보장이 여권이나 출생 증명서가 없다는 이유로 취소될 위험에 처할 수 있다고 추산하고 있다.[13] 이 법안이 시민을 겨냥한 것이기는 하지만, 이민자 사회의 다수(및 일부 사회복지사들)가 자신들도 보장을 받으려

---

12) Kaiser Family Foundation and Health Research and Educational Trust, "Employer Health Benefits: 2005 Summary of Benefits"(MenloPark: Kaiser Family Foundation, 2005).

13) L. Ku et al., "Survey Indicates Budget Reconciliation Bill Jeopardizes Medicaid Coverage for 3 to 5 Million Citizens"(Washington, DC: Center on Budget and Policy Priorities, January 26, 2006).

면 시민권 증명을 해야 하고, 또 비시민권자 이민자는 메디케이드 자격이 안된다고 착오하게 만드는 결과를 낳는다면 이민자들에 대해서도 그 여파가 미칠 수 있을 것이다.

::의료 서비스에 대한 접근성

이민자는 비보장인 경우가 너무나 많기 때문에 자기 주머니에서 바로 지불하는 의료비도 보험자에 비해 높다. 한편 이들은 스스로 필요한 의료 서비스를 받을 수 있는 능력도 부족하다. 언어 장벽과 같은 다른 요인들이 이민자의 의료 서비스 접근성과 이민자가 받는 의료 서비스의 질을 침해하는 요인이다. 그리하여 인종 / 민족, 수입, 보험자격, 건강 상태 등의 효과를 통제한 후에 놓고 보아도 이민자는 일차적이고 예방적인 의료 서비스, 병원 서비스, 응급 의료 서비스, 치과 치료 등의 의료 서비스를 일반 시민보다 훨씬 덜 사용하게 되는 결과를 보이고 있다. 저소득층 성인 이민자는 저소득층 성인 일반 시민보다 정기적인 의료 서비스원이 없을 확률이 두 배나 되었다. 이와 마찬가지로 저소득층 이민 자녀도 토박이 일반 시민 부모를 둔 저소득층 자녀보다 통상적인 의료 서비스원이 결여되어 있을 확률이 네 배나 되었다.[14] 한 연방 보고서에 따르면 최근 의료 서비스에서 인종 / 민족 간 불균형이 흑인과 백인 간에는 점점 좁혀지고 있지만, 라틴계와 백인 간에는 점점 넓어지고 있는 것으로 나타났다.[15] 라틴계 이민자의 의료 서비스 접근성이 취약한 것

---

14) L. Ku and S. Matani, "Left Out: Immigrants' Access to Health Care and Insurance", *Health Affairs* 20, no.1(Jan/Feb 2001): 247–56.

15) Department of Health and Human Services, 2005 *National Healthcare Disparities*

이 의료 분야에서의 이러한 격차를 더욱 벌리는 주된 이유이다.

부족하나마 불법체류 이민자의 의료 서비스 접근성에 관해 알려진 사실은 그들의 상황이 특히 더 열악하다는 것이다. 캘리포니아 농장 근로자는 대개 불법체류자들인데, 이들에 대한 광범위한 조사에서는 단 6분의 1만이 고용주 부담 건강보험을 제공받고 있으며, 보장을 제공받는 근로자의 3분의 1도 보험료의 자기부담비용을 감당할 수 없었다고 답변했다. 많은 사람들이 직업상 질병을 가지고 있거나 고혈압, 빈혈 같은 만성적인 건강 문제를 가지고 있음에도 불구하고 남성의 절반과 여성의 3분의 1은 지난 2년간 의사를 본 적 조차도 없었다.16) 불법체류자가 대부분인 일용직 미숙련노동자에 대한 전국적 조사에서도 또한 이들이 직업상 상해 수준이 높다는 것을 보여 주었다.17) 일용직 노동자의 5분의 1은 직업 관련 상해를 입었지만 그 부상에 대해 의료 처치를 받은 사람은 절반에 못 미쳤다.

많은 이민자 — 법적 지위에 상관없이 — 들은 대부분의 미국인이 보는 것과는 달리 충격적일 정도의 의료 환경에 처해 있다. 이들은 보험이라는 재정적인 완충 장치가 없이 의사 진료에서부터 처방약, 입원에 이르기까지 고비용의 의료 서비스에 직접 노출되어 있다. 그 결과, 이민자가 개인 병원에서 진료를 받을 확률은 매우 낮고, 무료 또는 저렴한 비용의 의료 서비스를 제공하는 주립 또는 국립의료 시설이나 자선 단체 또는 종교 단체 관련 의료 시설

Report(Rockville, MD: Agency for Healthcare Research and Quality, 2006).

16) D. Villarejo et al., "Suffering in Silence: A Report on the Health of California's Agricultural Workers"(Woodland Hills, CA: California Endowment, 2000).

17) A. Valenzuela et al., "On the Corner: Day Labor in the United States"(University of California at Los Angeles and University of Illinoisat Chicago, January 2006).

과 같은 안전망 클리닉이나 병원에 더 많이 의지한다.[18]

게다가 이들 시설조차도 항상 '안전한' 것으로 인식되지는 않는다. 일부 공공시설에서는 이민자의 법적 지위에 대해 조회함으로써 이민자들 간에 항상 언제든지 정부에 신고될지 모른다는 걱정을 불러일으키고 있기 때문이다. 그래서 일부 이민자들은 면허가 없는 치료사 같은 의료 서비스의 '암시장'으로 발길을 돌리고,(예를 들어, 이민자 의사는 미국에서 의료 행위를 할 면허가 없다) 미국으로 밀수입되어 처방전 없이 팔리는 약을 구하곤 한다.[19]

너무나 많은 사람들이 보험이 없고, 그래서 안전망 클리닉과 공립병원에 의지하기 때문에, 이민자가 많이 집중되어 있는 지역은 불법체류자에게 소요된 의료비용으로 인해 큰 짐을 지고 있다. 한 연구에 따르면 남서부 접경 지역에서 불법체류 이민자에게 소요되는 보험 보장이 안 되는 병원 응급치료비 비용이 2000년 한 해에만 약 190백만 달러에 달한 것으로 추산되었다.[20] 전국에 걸쳐 병원, 클리닉, 기타 치료 기관에서 제공한 무보험 이민자에 대한 보장받을 수 없는 의료비 총액은— 합법 및 불법체류 — 실로 엄청나다. 이 비용의 상당 부분은 주와 지역 정부 또는 해당 시설을 운영하는 자선 단체나 종교 단체가 부담한다. 일부 비용은 또한 간접적으로 민간 보험에 전가되기도 한다. 병원이나 다른 시설이 무보험자에

---

18) Ku and Matani, "Left Out"(각주 14 참조).

19) L. Ku and A. Freilich, "Caring for Immigrants: Health Care Safety Nets in LosAngeles, NewYork, MiamiandHouston"(Washington, DC: Kaiser Commission on Medicaid and the Uninsured, February 2001).

20) US–Mexico Border Counties Coalition, "Medical Emergency: Who Pays the Price for Uncompensated Emergency Medical Care Along the Southwest Border?" 2002.

대한 보장받지 못한 진료비로부터 입은 손실을 충당하고자 할 때 민간 보험 가입자에게 더 많이 청구함으로써(비용 전가) 민간 보험 이 어떻게든 더 높은 의료비를 부담하게 되는 것이다.[21]

:: 개혁을 더욱 어렵게 만드는 잘못된 믿음들

이민자와 이민에 관련된 많은 이야기와 마찬가지로 이민자와 의료 보건에 관해서도 이러저러한 논란과 잘못된 믿음들이 너무나 많아서, 이 주제에 대해 올바른 정책을 선택하기가 쉽지 않다. 이 장에서는 가장 흔히들 믿고 있는 잘못된 믿음 세 가지를 다루고자 한다.

잘못된 믿음: 이민자들은 무보험자 증가의 주원인이다.

미국 인구조사국의 보고에 따르면 무보험자의 수가 2000 - 2004 년에 약 6백만 명이 증가하였다고 한다.[22] 흔히들 알고 있는 한 가지 잘못된 믿음은 이민이 이러한 무보험자 증가의 주원인이라는 것이다. 최근의 한 보고서를 예로 들면, 이민자와 그 자녀가 무보 험자 증가의 4분의 3을 차지한다고 기술하였다.[23]

그러나 보다 깊게 분석해 보면, 이민자의 역할이 상대적으로 광 범위한 경제적 여건에 달려 있기는 해도, 실제 이민자가 무보험자 증가에 미치는 역할은 훨씬 미약하다는 것이 드러났다.[24] 그림 3

---

21) A. Dobson et al., "The Cost-Shift Payment Hydraulic: Foundation, History and Implications", *Health Affairs* 25, no.1(Jan/Feb 2006): 22 - 33.

22) US Census Bureau, "Income, Poverty, and Health Insurance Coverage in the United States: 2004", August 30, 2005.

23) S. Camarota, "Immigrants at Mid-Decade: A Snapshot of America's Foreign-Born Population in 2005"(Washington, DC: Center for Immigration Studies, December 2005).

에 요약된 분석에서는 1994 - 2003년의 10년 기간에 무보험자 증감변화를 세 시기로 구분하였다. 1994 - 1998, 1998 - 2000, 2000 - 2003년의 각 시기를 살펴보면 보험에 가입하지 않은 비시민권자 이민자와 귀화 시민의 숫자는 약간씩만 증가한 것을 볼 수 있다. 그러나 1994 - 1998년, 그리고 2000 - 2003년 기간에는 무보험자 숫자가 광범위하게 증가하였는데, 이러한 압도적인 증가세는 토박이 시민 집단에서 발생하였다는 것을 알 수 있다. 단지 1998 - 2000년 기간에는 보험에 가입하지 않은 토박이 시민의 숫자가 감소하였는데, 그 기간의 증가는 이민자 사이에서 일어났다.

그러나 이민자, 특히 최근 입국한 이민자가 토박이 시민보다 보험에 가입하지 않는 일이 빈번하기는 하다. 그래서 미국에서 이민자 수의 증가에 따라 전체 무보험자 숫자의 점진적인 증가도 함께 이루어졌다. 그러나 대부분의 보건 분야 분석가들은 최근의 무보험자 증가는 일차적으로 고용주 후원 건강보험이 줄어든 사실, 그래서 의료비가 증가한 데 따른 것이라는 데 견해가 일치한다. 이러한 요인은 이민자와 비이민자에게 똑같이 영향을 미치지만, 미국에는 이민자보다 훨씬 많은 수의 토박이 시민이 있으므로, 토박이 시민의 지위 변화가 나라의 전체 보험 프로필을 지배한다. 또한, 1998 - 2000년에 발생한 보험 가입자 변화에서 보이는 불균형은 보험 보장이 증가하는 상승세조차도 이민자의 보험 가입률을 끌어 올리기에는 역부족이었다는 사실을 시사하는데, 이는 이민자들이 민간 보험이나 공공 보험 어느 쪽이든 보험을 제공받을 확률이 그만큼 낮

---

24) J. Holahan and A. Cook, "Are Immigrants Responsible for Most of the Growth of the Uninsured?"(Washington, DC: Kaiser Commissiono Commissionn Medicaid and the Uninsured, October 2005).

앉기 때문이다.

그림 3. 시민권 지위에 따른 보험에 가입하지 않은 비노령자 숫자의 변화
(1994 - 2003) (단위: 백만 명)

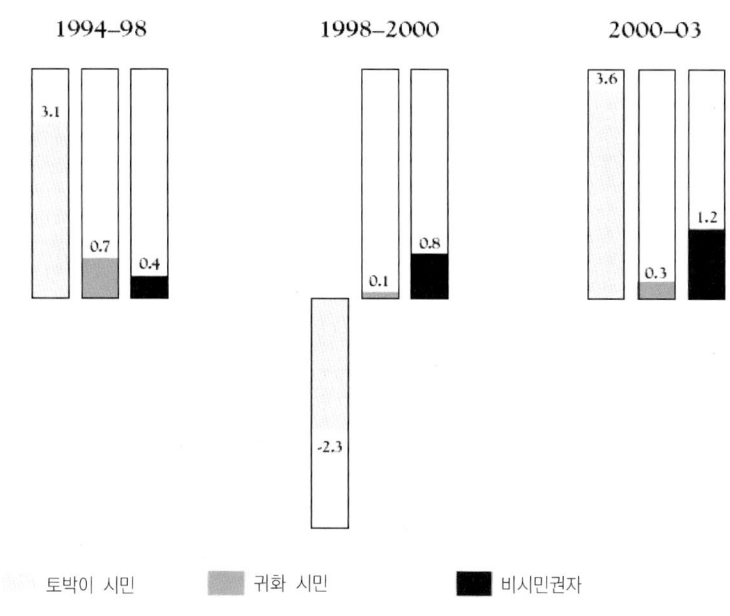

Source : Holahan and Cook, Analyses of Census data, 2005

**잘못된 믿음: 이민자에 대한 의료비용 부담이 미국의 의료시스
템을 파산시키고 있다.**

이민자들의 의료비용에 대한 지속적인 논쟁 중에 하나는 이민자
들이 응급실을 너무나 많이 이용하기 때문에 이민자의 의료비용이
매우 높다는 일반의 인식이다.

그러나 조사 결과에 의하면 이민자에 대한 의료비 지출은 토박
이 시민보다 훨씬 낮고, 토박이 시민보다 응급실 이용 비율도 훨

씬 낮은 것으로 나타났다. 그림 4는 최근의 한 전국적 연구를 요약한 것인데 이 연구에서 이민자 1인당 의료비 지출 — 보험 급여이든 자비이든 — 이 토박이 시민의 절반에도 못 미친다는 사실이 밝혀졌다.[25] 또 다른 연구에서는 비시민권자 이민자가 토박이 시민보다 응급실을 사용하는 확률도 훨씬 낮다는 것이 드러났다.[26]

두 연구 모두 보험 보장, 인종/민족, 소득, 연령, 성별, 교육, 건강 상태 등을 통계적으로 통제하더라도 여전히 이민자가 토박이 시민보다 의료 서비스를 덜 사용한다는 것을 보여 준다.[27] 보험 보장은 토박이 시민에 대해 그런 것과 마찬가지로, 이민자의 의료 서비스 접근성을 개선해 주지만, 언어 장벽과 미국 의료 시스템에 대한 비친숙성 등 또 다른 요소들이 이민자들의 용이한 의료 서비스 접근을 막고 있다. 귀화 시민이 의료 서비스를 이용하는 패턴은 토박이 시민과 유사하여, 이민자가 미국에 더 오랜 기간 거주할수록 이러한 불균형도 완화되고 있다는 것을 보여주고 있다.

이민자로 인한 높은 의료비용에 관한 인식과 한편, 실제 이민자에게 지출되는 비용은 낮다는 두 가지 결과 간의 불합치를 어떻게 해결할 수 있을까? 열쇠는, 이민자 1인당 의료비는 낮다고 해도, 이민자는 비보장일 경우가 많으며 따라서 이들에 대한 의료비용이 안전망 시설에서 제공하는 보험 급여가 되지 않는 의료 서비스에서 발생한다는 점에 있다. 고로, 이민자 집거지역에서는 지역 정부가

---

25) S. Mohanty et al., "Health Care Expenditures of Immigrants: A Nationally Representative Analysis", *American Journal of Public Health* 95, no.8(Aug 2005): 1431-1438.

26) Ku and Matani, "Left Out"(각주 14 참조).

27) Ibid.

비보장 의료비에 대해 추가적으로 비용을 부담하게 되고 이 비용의 상당 부분이 이민자에 의해서 발생할 수 있다. 이러한 지역에서는 보험 보장이 되지 않는 이민자에 대한 비보장 의료비 때문에 안전망 의료 서비스 제공자에게 추가적인 비용과 부담이 발생할 수 있다.

그림 4. 평균 연간 1인당 의료비 지출

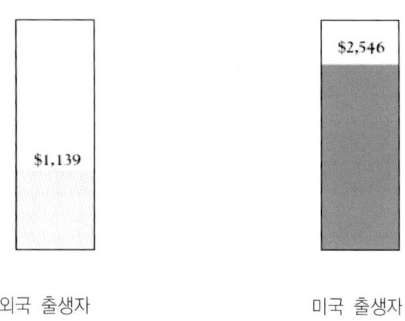

Source: Mohanty et al., 2005, based on Medical Expenditure Panel Survey. Estimates are adjusted for differences in race, insurance, income, etc.

그러나 비보장 이민자에 대한 의료비용은 주 정책에 의해 부분적인 영향을 받을 수 있다. 캘리포니아나, 뉴욕 등 일부 주는 합법적 이민자들에게 주에서 자금을 대는 메디케이드 보장을 제공함에 있어 애리조나나 텍사스 등의 다른 주보다 훨씬 관대하다. 이 때문에, 이와 같이 의료 보장이 너그러운 주에서 이민자들에게 제공하는 의료 서비스는 보험 보장을 받을 확률이 높은 반면에, 보다 제한적인 주에서는 이민자에게 제공되는 의료 서비스에서 무보험자인 이민자에 대해 부과되는 의료비 확률이 더 높게 나타난다.

잘못된 믿음: 보건 복지 혜택을 제공하면 이민자를 더 유인하게 된다.

일부 주에서 이민자에게 더 나은 보건 서비스를 제공하기를 꺼리는 이유 중 하나는 보다 관대한 복지 혜택이 오히려 더 가난하고 비보험인 이민자를 자기 주로 유인하게 되는 '자석'의 역할을 할 수 있다는 두려움 때문이다.

그러나 조사 결과를 보면 이러한 견해를 뒷받침하는 어떤 사실도 발견되지 않으며, 사람들은 보건 혜택이나 사회 복지 서비스가 더 유리한 곳을 찾아서가 아니라, 경제적 전망이 더 나은 곳(즉 더 좋은 일자리)을 찾아, 또는 가족들과 합치려고, 아니면 본국으로부터의 박해를 피하기 위해 이주해 간다는 것을 보여 줄 뿐이다.[28] 캘리포니아와 텍사스 불법체류 이민자들에 대한 조사를 예로 들면, 1%의 절반에도 못 미치는 사람들만이 사회 복지 혜택 때문에 미국에 왔다고 답했다. 대부분은 일자리나 가족과의 재결합을 위해 미국에 왔다고 응답했다.[29] 이민자의 거주 패턴에 관한 최근 경향 또한 이것이 잘못된 믿음이라는 것을 보여준다. 최근의 이민자의 수는 남부나 로키마운틴에 인접하는 주와 같은 메디케이드나 복지 혜택이 그다지 관대하지 않은 주들에서 가장 급속히 증가하였으며, 전통적으로 이민자의 근거지였던 캘리포니아나 뉴욕 주에서는 감소하고 있는데, 이들 주는 오히려 이민자에 대한 복지 혜택에서 보다 관대한 주들이다.[30] 이민자는 가금류업이나 식품 가공업의 일자

---

28) Fix and Passel, "The Scope and Impact of Welfare Reform"(see n. 10).

29) M. Berk et al., "Health Care Use Among Undocumented Latino Immigrants", *Health Affairs 19*, no.4(Jul/Aug 2000): 51-64.

30) R. Capps et al., "The Dispersal of Immigrants in the 1990s"(Washington, DC:

리와 같은 새로운 일자리 기회를 발견했기 때문에 이들 전통적으로 이민자들이 많이 가지 않았던 주로 옮겨 가고 있는 것이다.

::가능한 해결책은 무엇인가?

우리는 이민개혁을 통해 이민자에게 의료 서비스 접근성을 개선할 기회를 제공해야 한다. 왜냐하면 이들 통해 많은 이민자들의 법적 지위를 변화시킬 수 있기 때문이기도 하고, 의회, 지지단체, 정책분석가들로 하여금 이민자의 지위에 관해 다른 정책을 검토할 창을 열어 주기 때문이기도 하다.

최근의 일부 이민개혁안은 영주권자 대상 이민자의 수를 늘이고, 단기 근로자에 대한 새 카테고리를 만들어 보다 엄격한 이민 집행 체제를 개발하는 조항들을 포함하고 있다.[31] 그러나 이렇게 한다고 해도 미국에는 계속 많은 불법체류 이민자가 존재할 것이다. 이 장에서는 이민자의 건강 의료 보장과 접근성 개선에 필요한 정책 대안을 (1) 영주권자 (2) 이민개혁안으로 도입될 단기 근로자 (3) 나머지 불법체류 이민자 세 가지 범주별로 나누어 설명하겠다.

물론, 아직 우리는 향후 이민개혁이 어떤 방향을 취할지 알지 못한다. 최종적인 이민개혁 정책은, 예를 들면 이민자가 복지 혜택에 접근하거나 사회적 안전망을 이용하는 것을 더욱 어렵게 만들거나, 아니면 의료 또는 사회복지 서비스 제공자가 불법체류 이민

The Urban Institute, November 2002).

31) M. Rosenblum, "Comprehensive Legislation vs. Fundamental Reform: The Limits of Current Immigration Proposals", Task Force on Immigration and America's Future Policy Brief No.13(Washington, DC: Migration Policy Institute, January 2006).

자를 도와주는 것을 불법화함으로써, 많은 이민자들의 의료 서비스 접근을 더욱 어렵게 만들 수도 있을 것이다.

영주권자. 위에서 언급한 대로, 이민개혁으로 미국에서 매년 받아들이는 영주권자의 수가 늘어날 수 있다. 또한 이민의 범주나 자격 기준을 조정하고 다른 체류자격에서 변경하는 비율을 조절할 수도 있다. 영주권자에 대해서는 세 가지 개혁 분야를 고려할 수 있다.

민간 건강보험

더 많은 이민자들이 합법적으로 거주를 인정받게 되면 더 쉽게 보다 나은 일자리를 얻을 수 있을 것이다. 이렇게 하면 고용주 부담 건강보험을 제공받는 사례도 증가하고 민간 보험 보장도 늘어날 것이다.

그러나 위에서 논의한 바대로, 이민자들은 직장이 제공하는 보험을 받는 데 있어 어려움이 있다. 이민자들이 보험에 덜 가입하는 주된 이유는 주로 저임금에 복지 혜택도 낮은 일자리를 잡게 됨으로 해서 시민 근로자보다 고용주 부담 건강보험을 제공받는 경우가 적기 때문이다. 고용주 부담 보험에 가입에 있어서의 이러한 격차를 줄이기 위해서는 이민자의 직업 기술(예를 들어, 더 나은 교육과 훈련, 더 나은 영어 구사 능력)을 개선하거나 건강보험 비용을 줄이기 위한 다양한 노력이 요구된다. 그러나 이들 두 가지 모두 좋은 목표이기는 하나, 상대적으로 전면적인 개혁이 요구되는 분야이며, 이는 본 장의 범위를 넘어서는 주제이다.

보다 구체적으로는, 연방 정부와 고용주의 직장 건강보험 제공률이 이민 근로자 사이에 그렇게 낮은 이유를 면밀히 조사하여 이 문제에 대한 가능한 해결책을 파악할 수 있을 것이다. 해결책 개발을 위해서는 이민자들이 유사한 업무를 수행하는 일반시민 근로자와 동일한 조건에서 보험 제공을 받는지 뿐만 아니라, 고용주들이 이민자에게 건강 및 다른 복지 혜택을 주지 않기 위해 이들을 임의로 계약직, 임시직 또는 파트타임 근로자로 분류하는 경향이 있는 것인지 등을 엄밀하게 들여다 볼 필요가 있을 것이다. 이렇게 함으로써 현재의 고용 및 국적법을 더욱 잘 모니터링하고 시행할 수 있게 될 것이다.

공공 보험

1996년에, 의회는 최근에 이민 허가를 받은 이민자들에게 메디케이드와 SCHIP(및 다른 복지 혜택)를 제공하는 것을 금지하였다. 정부가 내세운 이러한 조치에 대한 근거는 정부가 신규 이민자들을 책임지는 주체가 될 수 없으며 이민자들의 요구는 그 후견자나 민간 고용에서 충족되어야 한다는 것이었다. 그런데 불행히도 정부의 1996년 정책은 합법적인 이민자들이 처음 미국에 입국한 후, 민간 보험 보장을 제공하는 일자리를 얻을 가능성도 거의 없고 그렇다고 개인적으로 보험을 들 여력도 없을 시기에 건강보험 보장을 제한받게 만드는 역효과를 발휘했다. 이민자의 후견자가 자신이 후견하는 이민자에게 의료 보장 제공 책임을 져 줄 것이라는 정부의 정책판단은 전혀 입증되지 못한 것이다. 위에서 보았듯이, 민간 보험을 가진 이민자의 비율은 ─ 고용주를 통해서든 후견자를 통해서든 ─ 1996년 이래로 계속 감소되었다. 이민자의 저조한 건강보험 보장은, 또한 그로 인한 의료 서비스 접근성은 더욱 악화되었으며, 이는 부분적으로는 합법적 이민자들이 메디케이드와 SCHIP

에 가입할 수 없었기 때문이다. 따라서 이제 결론은 명백해졌다. 이민자에 대한 연방 메디케이드 및 SCHIP 보장을 다시 회복시켜 준다면 미국에 온 초기의 몇 년간 어려운 상황에 있는 이민자들의 의료 서비스 확보능력을 크게 개선해 줄 수 있을 것이다.

의료 서비스 접근을 위한 언어 능력 개선

이민자는 언어 장벽 때문에 심지어 보험이 있다고 해도 실제 의료 서비스를 받기가 어렵고, 환자와 의사가 제대로 의사소통할 수 없기 때문에 오진의 위험도 크다. 언어 장벽은 영어에 능숙하지 않은 다양한 범위의 사람들에게 영향을 미친다. 여기에는 합법적 이민자와 귀화 시민 모두가 포함된다. 현재 연방 시민권 정책에 따라 연방 기금을 받는 의료 서비스 제공자(대다수 의료 서비스 제공자를 포함하여 사실상 모든 병원과 클리닉이 해당됨)는 영어 구사력이 부족한 환자에게 이중언어 서비스나 통역 서비스를 제공하도록 되어 있다.[32] 그러나 불행히도, 이러한 정책이 제대로 시행되고 있는지에 대한 모니터링이 이루어지지도 않고, 통역과 언어 서비스에 대한 재정적인 지원도 되지 않기 때문에 의료 서비스 제공자들이 이러한 서비스를 시행할 인센티브가 거의 없는 실정이다. 이러한 언어 장벽 문제는 흔하지만 심각한 문제로 남아 있다. 연방, 주, 민간 보험회사 등은 통역 비용을 지원함으로써 언어 장벽을 낮추고 언어상의 접근성을 개선하기 위해 필요한 조치를 밟아 나갈 수 있을 것이다.[33]

---

32) Presidential Executive Order 13166, "Improving Access to Services for Persons with Limited English Proficiency", *Federal Register* 65: 50121, 2000.

33) L. Ku and G. Flores, "Pay Now or Pay Later: Providing Interpreter Services in Health Care", *Health Affairs* 24, no.2(Mar/Apr 2005): 435 - 444.

대다수의 사람들은 이민자가 어떻게든 영어를 배워야 하고 영어 능력의 습득이 이민자 통합에 결정적인 부분이며 이를 통해 이민자의 경제적 사회적 기회가 근본적으로 개선될 수 있다고 믿는다. 대부분의 이민자들이 결국에는 영어를 배우지만, 많은 사람들은 여전히 제2외국어로서 영어 수업을 듣는 데 따르는 제약이나 문제에 부딪힌다. 그러나 의료 서비스에 있어서 언어 문제에 대한 도움을 제공한다고 해서 이민자들이 영어 습득을 단념할 것이라고 믿을 이유는 없다. 의학적 문제는 중요하고, 복잡하며, 민감하다. 따라서 사람들은 자신이 가장 익숙한 언어로 의사나 다른 의료 서비스 제공자와 의사소통할 수 있도록 해야 한다.

단기 근로자. 단기 근로자에게 건강보험을 보장하기 위한 방안을 논한다는 것은 참으로 곤혹스러운 일이다. 왜냐하면 이들에 대한 의료 서비스가 이민개혁의 중요한 요소인지에 대한 분명한 합의가 없기 때문이다. 비록 사람들이 그 중요성에는 동의한다 할지라도, 단기 근로자를 위한 의료 서비스 제공에 필요한 재정을 부담하는 고용주, 피고용인, 정부 등의 책임에 대한 합의가 존재하지 않는다.

따라서 영주권자보다는 법적 권리가 적고 불법체류자보다는 많은, 합법적 단기 근로자라는 새로운 카테고리를 만들 수도 있다. 일부 이민개혁안이 영주권자의 지위를 업그레이드할 방안을 제안하고 있는 반면에, 그렇지 않은 안도 있다. 이 장에서는 향후 최종적인 법적 지위에 대해서는 가정하지 않겠다. 이민개혁으로 이민자가 합법적인 일자리를 얻을 새로운 길이 생길수도 있으며, 이로써 일자리에 기반한 건강보험을 가질 기회가 제고될 수 있을 것이다. 그러나 그러한 기회는 다음의 두 가지 가정을 전제로 가능하다. 먼저 (1) 합법적 지위가 단기 근로자에게 더 나은 일자리를 확보하는 데 도움이 되어야 한다. (2) 고용주가 보건 복지 혜택을 제공해야 한다. 고용주가 건강보험을 제공하지 않거나, 이들을 건강보험 자격이 안 되는 직군(예를 들어 임시직이나 계약직 근로자)으로 고용한다면, 이민자들은 오히려 민간 의료 보장도 얻지 못할 것이다.

이민개혁에 대한 초기 제안은 건강보험에 대한 어떤 정부 보조금이 불가피할지라도 단기 근로자들은 메디케이드나 SCHIP 같은 공공 보험 자격자에서 제외하자는 안이었다. 그러나 이들을 공공 보험 보장에서 제외시키고 민간 보험을 확보할 처지도 못되게 만든다면, 단기 근로자 대다수와 그 가족들은 보험에 들지도 못하고, 의료 서비스를 받는 데 심각한 문제를 겪게 될 것이다. 이럴 경우 이들에 대한 의료 서비스 비용의 많은 부분은 불가피하게 주, 지역 정부, 자선 단체가 부담하는 무보험급여 비용으로 돌아가게 될 것이다.

단기 근로자를 일반시민 근로자와 동등하게 취급하고 시민 근로자와 유사한 민간 건강보험을 제공받도록 정책 목표를 세울 수도 있다. 그에 따르는 비용은 일차적으로 고용주와 근로자가 지게 될 것이다. 그런데 그러한 정책을 만드는 데 있어서, 중요한 것은 고용주가 단기 근로자를 보장 자격이 안 되는 직군으로 넣지 않도록 하는 것이다.

그러면 고용주와 피고용인이 과연 그러한 비용을 짊어질 것인가? 이는 상당 부분 그들이 어떤 조건에서 얼마나 부담할 수 있을 것인가에 달려 있다. 다행히도 이민자에 대한 의료비용은 토박이 시민보다 훨씬 낮기 때문에, 이민자에 대한 보험은 시민 근로자의 보험보다 저렴하게 할 수 있다.

조사 결과를 보면 대부분의 이민자들은 고용주가 일부 부담하는 보험이 제공될 경우 이를 적극 이용하는 것으로 나타났다. 즉 보험이 제공된다면 대부분이 보장을 받는 쪽으로 자신도 어느 정도 부담을 지려한다는 사실을 보여준다. 또한, 일부 이민개혁안에서는 이민근로자들이 합법적인 체류자격을 부여받는데 비용을 지불하도록 하고 이러한 수입의 일부를 이들의 보험 비용에 충당하도록 제안하고 있다.

이렇게 된다면 고용주들은, 특히 노동 시장이 베이비붐 세대의 고령화와 퇴직으로 인해 경직되어 있는 상황에서 합법적 근로자 공급이 월할하게 이루어져 도움을 보게 될 것이 때문에 적법한 노동력 공급을 위해 필요한 비용 부담을 수용하고자 할 수 있다. 그러나 고용주가 건강보험을 제공하고 피고용인이 자발적으로 그것을 이를 받아들이도록 하면 가입률이 매우 낮아질 것으로 보인다. 따라서 의미 있는 개선이 이루어지기 위해서는 고용주가 건강보험을 제공하고 피고용인이 이를 받아들이도록 의무화하는 좀 더 강력한 방안이 필요할 수도 있다.

건강 보험가입을 의무화하는 것에는 여러 장단점이 있을 수 있다. 장점으로는 이민자의 의료 서비스 접근성을 개선하고, 안전망 의료 서비스 제공자에 대한 의존도를 줄이며, 현재 주와 지역 정부가 부담하고 있는 무보험 의료 서비스 비용을 절약해 줄 것이다. 이를 통해 이민자에게는 보건 복지를 제공해야 할 필요가 없다고 생각하는 고용주로 하여금 내국인보다 이민자를 고용하려는 인센티브를 감소시키게 될 것이다. 그러나 단점으로는, 그러한 정책으로 오히려 이들 단기 근로자 고용비용을 증가시키게 될 것이고, 이로 인해 고용주가 이들을 고용하는 것을 꺼리게 만들 수 있다. 또한, 연방차원에서 균형 있는 보험정책 시행 여부를 모니터하는 것도 그리 쉬운 일이 아닐 것이다.

물론 이 비용을 정부 보조금으로 일부 경감할 수도 있다. 이민자의 건강보험 보장을 위해서는 어느 정도의 정부 보조금이 불가피하다. 어떤 고용주든 건강보험을 제공할 때 — 시민이든 이민자이든 — 그 비용은 고용주의 연방 및 주 소득세에서 공제되어야 하며 이는 민간 건강보험에 대한 정부 보조금에서 상당 부분을 차지한다. 한 연구에서는 2004년 연방 건강보험 세금 공제의 총 금액이 1890억 달러에 상당한다고 추산하였는데, 이는 사실 메디케이드 연방 비용보다 더 큰 금액이다.[34]

단기 근로자의 경우, 건강보험에 대한 추가적인 정부 보조금을 다른 재원으로부터 끌어올 수도 있다. 고용주와 피고용인은 사회보장과 퇴직자를 위한 메디케어 혜택을 지원하기 위한 사회보장세 (payroll taxes)를 납부하는데 이러한 사회보장세를 합산하면 급여의 15%로 상당한 금액이 된다.(사회보장세는 고용인 한 사람 급여의 12.4%에 달하는데, 매년마다 재산정되는 최고 금액의 절반은 고용주의 부담에서 나오고 절반은 피고용인이 부담한다. 메디케어 사회보장세도 급여의 2.9%로, 절반은 피고용인 급여에서 나오고 절반은 고용주가 부담하지만 기여액에 상한 제한은 없다.) 하지만 새 근로자가 임시직이거나 자격이 안 되어서 이러한 혜택을 받지 않는다면, 이 기금의 일부는 이들이 미국에 있는 동안 보건 복지 보조금

---

34) J. Sheils and R. Haught, "The Cost of Tax-Exempt Health Benefits in 2004", *Health Affairs web exclusive*, February 22, 2004.

으로 보충할 수 있다.(추후 이들이 영주권자가 되면 이후 금액은 체류자격이 변경될 때 사회 보장과 메디케어 신탁기금으로 돌릴 수 있다.) 연방 정부는 사회 보장과 메디케어 납부금 일부를 단기 근로자로부터 돌려 건강보험 보조금을 조성하도록 조정할 수 있을 것이다.

회사가 부담하는 건강보험 비용을 좀 경감시켜 줄 다른 한 가지 방법은 단기 근로자에게 제공할 수 있는 새 보험 출자나 상품을 개발하는 것이다. 일반적으로 작은 회사들은 일반적으로 큰 회사보다 높은 보험료를 부담하는데 이것은 건강보험과 운영비용이 많은 사람들에게 분배되지 않기 때문이다.(즉 효율적으로 위험을 공동 부담할 수 없다) 반면에 큰 회사들은 '자가 보험'을 시행하여 더 작은 회사들에 적용되는 특정 보험 비용을 피할 수 있다. 이 문제를 완화하기 위해서, 연방 정부가 회사의 위험을 공동 부담함으로써 보험 비용을 낮추기 쉽게 도울 수 있을 것이다. 예를 들어, 서부재배자협회(Western Growers Association)는 캘리포니아와 애리조나의 농장 근로자들을 위한 건강보험 상품을 제공하고 있다. 그런데 이들이 많은 수의 농장 근로자에게 보험을 제공하고 있지만 실제 농장 근로자 대다수는 그럼에도 불구하고 무보험 상태이다. 따라서 이 대신에 피고용인들이 주 건강보험이나 주 메디케이드 또는 SCHIP 보장을 '사서 들어가도록' 허용할 수 있을 것이다. 물론 신상품개발이나 정부출자 등으로 건강보험 비용을 약간 줄일 수 있겠지만, 고용주와 피고용인이 나머지 비용을 부담하려 하지 않는다면 그 자체로는 의료 서비스 접근성을 크게 개선하지는 못할 것이다.

멕시코 국경에 가까이 사는 이민자를 위해서는 이중국적 또는 국경을 넘어 적용이 되는 건강보험으로 비용을 낮출 수도 있을 것이다. 캘리포니아의 일부 보험사(예를 들면 블루 쉴드와 서부재배자협회)는 미국에 사는 보험 가입인이 국경을 넘어 멕시코에 있는 더 저렴한 비용의 시설에서 진료를 받을 수도 있지만, 응급 진료나 멕시코에서 이용할 수 없는 의료 서비스는 미국에서도 받을 수 있는 크로스보더 보험 상품을 제공하고 있다.[35] 멕시코 정부 또한 멕시코사회보장협회(Mexican Social Security Institute, MSSI)와 이주 가정을 위한 사회보장(Seguro Popular for Migrant Families) 정책을 통해 해외에 사는 멕시코 시민이나 그 부양가족이 멕시코 시설에서 의료 서비스를 받도록 하는 건강보험을 시행하고 있다.[36]

다음으로 단기 근로자에게 건강보험 보장을 제공하기보다는 안전망 일차진료 클리닉에서의 무료 또는 저렴한 일차 의료 서비스와 예방적 보건 서비스의 사용을 확대할 수 있을 것이다. 안전망 일차 진료 클리닉을 쉽게 사용할 수 있도록 확대하기 위한 다양한 방법이 있을 수 있다. 먼저 단기 근로자가 많이 집거하는 지역을 겨냥하여 현재 지역사회(및 이민자) 보건 센터 시스템을 확장하는 것이다. 최근까지 행정부와 의회는 지역사회 보건 센터 시스템 확장을 지원해 왔으며 이에 따라 보건 센터와 환자의 숫자도 계속 늘어났다. 물론, 지역사회 보건 센터는 광범위한 환자들에게 봉사하며 대부분 지역의 신규 환자들 중 매우 소수만이 이민자들이다.

또한 이민자를 보내는 나라(예: 멕시코)들과 이중언어 협정을 맺

---

35) S. Skidmore, "Cross-border Health Insurance Is a Hit with Employers and Workers", *San Diego Union-Tribune*, October 16, 2005.

36) California Healthcare Foundation and California-Mexico Health Initiative, "Guide to Health Programs", Fall 2005.

어 직접 직원을 파견하든 기금을 대든, 그들 나라 사람이 거주하는 지역의 클리닉을 지원하도록 하는 것이다. 그러나 외국 의료 전문가는 미국에서 의료 행위를 할 수 있는 면허가 없고 면허 요건도 주마다 다르기 때문에 직접적인 직원 파견을 허용하는 것은 매우 어려운 과제일 것이다. 면허 발급이 되지 않는 한, 미국에서 의료 행위를 하는 것은 불법이 되기 때문이다. 따라서 이민 송출 국가가 기금을 제공할 의사가 있다면 해당 국가로부터 클리닉에 대한 기금을 받는 것이 보다 현실성이 있다. 새로운 클리닉 시스템이 수립되면 연방 의약품할인가격 프로그램(Section 34B라고 부름)에 참여하게 함으로써 처방약을 싼 값에 구할 수 있도록 해줄 수도 있다. 위에서 논한 바와 같이, 국경 근처에 사는 근로자에게는 크로스보더 또는 국가간 건강 보장이 실현 가능한 프로그램이 될 수 있다.

안전망 클리닉의 수용 능력을 확장함으로써 이민자가 보다 쉽게 진료받을 수도 있지만 이민자들의 더 많은 요구를 충족시킬 수는 없을 것이다. 클리닉에서 제공되는 서비스의 범위는 다양하다. 일부는 정신의학적 진료나 치과 서비스를 제공하지만 많은 다른 클리닉은 그렇지 못하다. 어떤 서비스는 일차 진료 클리닉의 능력을 벗어날 수 있다. 예를 들어, 클리닉이 태아 관리 서비스를 제공할 수 있지만 진통과 분만 서비스는 보통 병원으로 가야만 한다. 클리닉이 심장 문제에 관한 일차적 진료를 할 수 있지만, 보다 정교한 진단적 테스트 또는 수술을 비롯한 치료까지 수행할 수 없을 것이다.

서비스 수요 대상을 정하는 것 또한 문제이다. 사실 많은 단기 근로자는 이러한 의료 시설이 위치한 지역의 바깥에 살고 있으며 건강보험도 없이 진료를 받기란 여간 어려운 일이 아닐 것이다. 실제 캘리포니아 농장 근로자들이 제공받은 의료 진료 중 겨우 7%만이 이민자 건강 클리닉으로부터 제공 받은 진료였다.[37] 그렇다고 새로운 시설이 이민자나 단기 근로자 진료만 하도록 제한할 수도 없을 것이다. 이들이 제공하는 서비스의 많은 부분은 다른 도움이 절실한 환자들에게도 제공되어야 한다. 연방 지역사회 보건센터가 이민자에게만 서비스를 제공하고 일반 시민에 대한 서비스를 거절할 수는 없다.

한편 단기 근로자가 미국에 합법적으로 체류하는 기간 동안만은 그들을 영주권자처럼 취급하는 것이 오히려 적절할 경우도 있다. 사실 일부 주는 메디케이드에 대해 독자적인 거주 요건을 부과하고 있다. 단기 비자를 가진 이민자가 수년 동안이나 해당 주에 합법적으로 거주하고 있음에도 불구하고 주민으로 분류되지 못하는 경우가 있다. 이렇게 되면 이들은 '주민'이 아니기 때문에, 응급 메디케이드 보장을 받을 자격조차 되지 않는다. 이 때문에, 단기 근로자들이 불법체류자에 비해서 오히려 불리할 수 있다. 따라서 간단한 해결책은 단기 근로자로 체류하는 기간 동안 차라리 영주권자로서 분류하는 일일 것이다.

마지막 이슈는 이민자들은 흔히 격하고 위험한 일에 종사하기 때문에 생기는 문제이다. 연방법에 따라 업무상 재해를 입은 근로자는— 팔 골절과 같은 급성 장애 부상 및 요통과 같은 장기적인 부상 또는 독성 화학물질 노출로 인한 질병 등 포함— 신체 검진

---

37) T. Hernandez, "The California Farm Labor Force: Findings from the National Agricultural Workers Survey, 2003 - 2004", report for California Program on Access to Care, University of California, November 2005.

과 치료비에 대해 산재보험 보장을 받게 되어 있다.(주에 따라 독립 하청업자나 임시 고용인은 산재보험 요건에서 제외될 수 있다.) 하지만 앞서 인용된 데이터를 보면 많은 이민자의 경우에 이러한 부상에 대해 치료를 받지 못하는 경우가 많다. 따라서 앞으로 최소한 허가받은 단기 근로자는 산재보험법의 보호를 받아야 한다.

불법체류자. 이민개혁이나 국경 안보상의 변화에도 불구하고, 앞으로도 여전히 많은 수의 불법적인 이민자들이 계속 존재하리라는 데 의심의 여지가 없다. 하지만 현재 이들의 보건의료 수요에 대응하는 시스템은 참으로 부실하기 짝이 없다. 많은 지역의 가난한 불법체류자들은 가난한 시민이나 합법적 이민자들이 무료 또는 저가 서비스를 받을 수 있는 것과 마찬가지로 특정 공립 또는 비영리 클리닉이나 병원에서 무료 또는 저가의 의료 서비스를 받을 수는 있다. 그리고 그 의료비 대부분은 주, 지역 정부, 그리고 사회적 안전망을 담당하는 자선적 성격의 병의원에서 부담한다. 연방 정부는 지역 보건소나 이주민 보건소에 대한 연방 기금을 통해서 이들 비용의 일부를 원조한다. 불법체류 이민자들이 다른 메디케이드 자격 기준을 만족시키는 경우에는 진통 분만을 포함한 응급 의료 처치에 대한 메디케이드 보장을 받을 수 있지만 태아에 대한 서비스는 해당이 안 된다. 또한 저소득층 자녀와 부모는 응급치료에 대한 메디케이드 보장을 받을 수 있는 반면에, 부양자녀가 없는 성인은 그렇지 못하다.

최근 만들어진 법안은 불법체류자나 다른 이민자에게 제공된 무보험 응급의료 비용인 경우, 그 일부에 대해 병원이나 의사에게 변제해 주기 위한 연방 기금을 제공하고 있다.[38] 이 법안은 이러한 의료비용으로 4년간 10억 달러를 할당하고 있지만, 실제 얼마가 쓰일지 그리고 이러한 정책 시도가 이민자나 의료서비스 제공자의 필요를 얼마나 효과적으로 충족시킬지는 아직 알 수 없다.

다음으로 생각해 볼 수 있는 방안으로는 연방 기금과 더불어 불법체류자의 고용 확률이 가장 높은 기업도 함께 비용을 부담하여 불법체류자에 대한 서비스 제공을 위한 안전망 병의원을 지원하는 재원을 확보하도록 하는 것이다. 그러나 불법체류자가 의료 서비스를 제공받는데 장애물이나 제한이 없도록 하면서도 자금 배분 및 보고 시스템을 설계하는 것은 어려운 과제일 것이다. 말하자면 어떤 응급 환자가 불법체류자인지 문서화하도록 요청하는 연방 기금을 10억 달러나 추가적으로 증액하려는 계획에 대해 많은 사람이 반대하였다. 이런 정책은 이민자들을 겁박해서 오히려 진료를 회피하도록 밀어낼 수 있기 때문이다.

마지막 이슈는 특정 그룹에 대해 보험 보장을 제공함에 있어 어린이 또는 임산부 등과 같은 환자의 특수한 환경도 중요한 결정 요인이 되어야 하는가이다. 이들에 대한 보건 진료를 개선시키기 위한 공중보건의 공익적 관점에서 일부 정책 입안자들, 분석자들, 옹호자들은 이민자든 시민이든 상관없이 모든 저소득 자녀 또는 임산부에게 보편적인 보장을 제공하는 쪽을 지지하고 있다. 임신한 이민자가 출산한 아이는 본토 출생인 이상 미국 시민권자가 될 것이며, 또한 불법체류 아이들은 일반적으로 미국에 자의로 들어오지 않았고 앞으로 사는 동안에도 미국에 계속 머무르게 될 것이기 때

---

38) Center on Medicare and Medicaid Services, "Services Furnished to Undocumented Aliens", at www.cms.hhs.gov/UndocAliens/.

문이다. 따라서 어린이와 임산부에게 미국 출생 시민과 동일한 조건에서 건강보험에 가입하고 의료 서비스를 받을 길을 터주는 것이 적절할 것이다. 일리노이와 캘리포니아 주의 많은 카운티에서는 이민자 지위에 상관없이 모든 저소득층 어린이를 위한 건강보험을 공적으로 부조하는 보편적인 어린이 건강보험 계획을 개발하여 시행하고 있다.

Ⅳ. 결론

오늘날 미국에서는, 전제 이민자의 절반 정도가 이러저러한 이유로 건강보험 보장을 받지 못하고 있고 많은 사람들이 의료 진료를 받는 데 큰 어려움을 겪고 있다. 너무나 많은 이민자가 무보험 상태이기 때문에 결국에는 주, 지역 정부, 자선 의료기관과 비용전가에 따른 민간 보험 가입자가 부담하게 되는 무보험급여 의료비용의 증가와 충족되지 못한 의료적 욕구와 건강상태의 부실 등 여러 가지 관련된 인적 비용으로 이어지고 있다. 이민개혁으로 이민자의 의료 접근성을 향상시켜야 할 필요성이 바로 여기에 있다. 무엇보다도 이민개혁으로 이민자가 고용주 후원 민간 건강보험을 제공받을 가능성을 높여 주어야 한다. 그렇게 하려면 향후의 이민개혁에서 이러한 노력이 이민자 통합의 주요 이슈가 되도록 만들어야 할 것이다. 그러나 아직 그러한 노력과 자세가 존재하는지 불분명하다. 단기 근로자에게 보건 복지 혜택을 제공하는 것은 고용주, 피고용인, 또는 정부에게 추가적인 비용을 발생시킬 것이다.

어떤 이들은 건강 복지 혜택에 관한 걱정거리를 보탬으로써 오히려 이민개혁에 있어서의 기존의 다른 수많은 논란거리에 관한 논의와 결정을 더욱 복잡하게 할 것이라고 생각할 것이다.

그러나 이러한 노력을 할 만한 가치가 있다는 합의가 형성된다면, 이민자의 건강 복지비용을 고용주, 피고용인, 정부 간에 분담하는 접근법을 설계하는 것이 가능하다. 이렇게 되면 단기 근로자들이 얻는 일자리가 건강보험 혜택을 제공하는 좋은 일자리가 되도록 만드는데 도움이 될 것이다.

이민개혁은 또한 정책 관료들이 영주권자와 불법체류자를 포함한 다른 이민자들의 보건의료 접근성을 재점검하는 좋은 기회를 제공할 것이다. 합법적 이민자들에게 메디케이드 및 SCHIP 보장자격을 회복시켜 주고 의료 서비스에 대한 언어 장벽을 낮춰 주는 것과 같은 온건한 변화만으로도 이미 미국에 살고 있는 사람들의 의료 서비스를 개선하는 데 도움이 될 것이다.

현 상태로는 미국의 이민자들이 건강보험 보장을 받고 의료 서비스에 접근할 수 있는 가능성이 개탄할 만한 지경에 있다. 오늘날 이민개혁에 대한 미국사회의 논쟁은 우리가 앞으로 얼마나 더 잘 해낼 수 있을 것인가를 묻는 기회가 될 것이다.

제8장 이민 근로자의 경제적 향상: 문헌 검토

-에이미 빌러, 줄리 머레이(Amy Beeler and Julie Murray)

I. 서론

오늘날 미국 경제는 불법이든 합법이든, 단기 체류이든 영구 거주이든, 다양한 형태의 이민자들에게 크게 의존하고 있다. 이민자는 1990년대 미국 노동인구 성장의 50% 이상을 차지했으며 현재도 미국 노동인구의 14% 이상을 구성하고 있다. 베이비붐 세대의 은퇴 물결이 처음 시작되는 2008년부터는 이들 이민자들이 미국 노동력 증가의 결정적인 동력이 될 것으로 예상된다. 이러한 이민자 노동력의 기여가 없었다면, 미국 재화와 서비스 산출은 오늘날보다 적어도 1조 달러는 더 감소했을 것이며, 국민 노동력은 1990 - 2001년에 겨우 5% 성장(11.5%에 비해)에 그쳤을 것이다.[1]

그럼에도 불구하고, 이민자들이 미국 노동 인구에 완전히 편입

---

1) National Immigration Law Center(NILC), "Facts about Immigrant Workers" (LosAngeles, CA: NILC, 2003). A.Sum, N.Fogg, I.Khatiwada, S.Palma, "Foreign Immigration and the Labor Force of the U.S.: The Contributions of New Foreign Immigration to the Growth of the Nation's Labor Force and Its Employed Population, 2000 to 2004", July 2004. Available online at immigrant_04.pdf#search= %22contribution%20of%20immigration%20to%20the%20labor%20force%22.

되기 위해서는 여전히 어려운 과제들을 봉착하게 된다. 먼저 많은 이민자가 부족한 기술과 학력을 가지고 도착하기 때문에 미국에서 추가적으로 기본 교육, 언어 훈련, 기술적 훈련 등이 필요한 형편이다. 고급 기술을 가지고 오는 이민자들도 자격증과 그 기술을 제대로 사용하기 위해서는 이에 따르는 훈련이 요구된다. 이처럼 새로운 공동체에서 사업을 시작할 길을 모색하는 이민자들은 그 목표를 이루기 위한 다양한 도움이 필요하다.

이 장에서는 미국 이민자들의 노동력 개발, 기술 이전, 기업 활동에 관한 기존의 문헌 자료를 검토한다. 이러한 이슈와 관련한 다양한 방안의 효율성을 검증하는 주요 문헌들에 초점을 맞출 것이다. 그리고 이 분야의 문헌들이 완벽하다고 볼 수 없기 때문에, 최근 제기되고 있는 여러 정책방안에 관한 정보도 살펴보도록 한다.

Ⅱ. 이민 노동 인구

2004년에 미국에서 고용된 외국 출생 근로자는 2140만 명에 달했다.[2] 이들 근로자들의 출신 지역 및 국가는 매우 다양하다. 그런데 그 중 4분의 1이 아시아 출신인 반면에 절반이 넘는 이민자가 라틴 아메리카와 카리브해 지역 출신이다. 유럽출신이 이민자 그룹에서 가장 큰 규모를 차지했던 지난 20세기 전환기 무렵의 대규모 이민 물결과는 달리 오늘날의 외국 출생 근로자 중 유럽 출생 근

---

2) US Department of Labor Bureau of Labor Statistics, "Labor Force Characteristics of Foreign Born Workers in 2004"(Washington, DC: BLS, 2004), http://www.bls.gov/cps

로자는 겨우 12%를 차지할 뿐이다.

한편, 이민자들이 차지하는 일자리 스펙트럼은 넓게 나타나는 반면에, 이 인구 집단의 20%가 저임금 근로자로서 지나치게 저임금 근로자 비중이 높다. 이민자의 시간당 급여는 토박이 내국인 근로자의 평균보다 낮다. 이민자들의 거의 절반— 토박이 내국인 근로자는 3분의 1인 데 비해— 이 최저 임금의 200%에도 못 미치는 임금을 받고 있다.[3]

한편, 이민자 노동 인구에서 불법체류자의 비중도 나날이 증가하고 있다. 특히 최근 몇 년간 급속히 증가한 결과, 2005년 미국불법체류자의 수는 대략 1,110만에 이르렀다. 물론 불법체류자도 미국 노동 인구의 일부분임은 사실이다. 불법체류 남성의 96%가 노동인구에 편입되어 고용되어 있는데 이는 합법 이민자와 미국 출생 근로자보다 높은 비율이다.[4]

저임금과 저학력은 불법체류자들 간에 흔한 일이다. 전체 근로자의 3분의 1에 비하여, 불법체류자의 3분의 2가 최저임금의 두 배에 미치지 못하는 급여를 받는다. 불법체류자의 15%는 적어도 대학 졸업장을 가지고 있고 또 다른 10%는 어느 정도의 대학 교육을 받았음에도 불구하고 전체적으로 볼 때 이들이 토박이 미국인에 비해 저학력일 확률이 상당히 높다.[5] 불법체류자는 또한 다

---

3) R. Capps, M. Fix, J. S. Passel, J. Ost, and D. Perez-Lopez, "A Profile of the Low-Wage Immigrant Workforce", Immigrant Families and Workers Facts and Perspectives, Brief No.4(Washington, DC: The Urban Institute, 2003).

4) University of Illinoisat Chicago, Center for Urban Economic Developmen tstudy, 2002. J. Passell, "Unauthorized Migrants: Numbers and Characteristics", Background Briefing Prepared for the Migration Policy Institute's Independent Task Force on Immigration and America's Future, Pew Hispanic Center, June 14, 2005. Available online at pewhispanic.org/files/reports/46.pdf.

른 이민자들보다 영어 구사력도 부족한 상황에 있다.[6]

Ⅲ. 이민자의 영어 및 직업 기술 함양

영어 구사력이 부족한 근로자들

미국은 이민 비중이 높기 때문에, 따라서 당연히 미국 노동인구
에서 영어구사력(LEP)에 제약을 보이는 사람의 비중도 크며 또 이
규모도 갈수록 증가하고 있다.[7] 2000년 인구조사에 따르면, 대략
1400만 명 정도 즉 미국의 모든 노동 가능 성인 인구의 9.5%가
영어를 전혀 못하거나 '매우 잘 하는' 수준에는 미치지 못하고 있
으며 이들 성인 LEP 인구의 89%는 외국 태생인 것으로 나왔다.[8]

LEP 성인 이민자는 상대적으로 최근에 이민 온 학력이 낮은 이
민자들이다. LEP 성인 이민자의 거의 60%가 지난 10년 동안에 미
국에 입국했다.[9] 이들의 50%는 9학년 이하의 학력을 지녔고, 64%

---

5) Passel, "Unauthorized Migrants", Background Briefing Prepared for the Migration
   Policy Institute's Independent Task Force on Immigration and America's Future
   (Washington, DC: Pew Hispanic Center, 2005).

6) R. Capps, L. Ku, M. Fix, et al., "How Are Immigrants Faring after Welfare Reform?
   Preliminary Evidence from Los Angeles and New York City"(Washington, DC: The
   Urban Institute, 2002).

7) 가정에서 영어가 아닌 다른 언어를 사용하고 영어를 매우 잘 구사(very well)하지 못하는 사
   람을 LEP(Limited English Proficient) R. Capps, M. Fix, J. S. Passel, J. Ost, and D.
   Perez-Lopez, "A Profile of the Low-Wage Immigrant Workforce", Immigrant
   Families and Workers Facts and Perspectives, Brief No.4(Washington, DC: The
   Urban Institute, 2003).

8) US Census Bureau, 2000 Supplementary Survey Summary Tables,
   http://factfinder.census.gov.

9) T. E. Martinez and T. Wang, "Supporting English Language Acquisition: Opportunities
   for Foundations to Strengthen the Social and Economic Well-Being of Immigrant

는 고교 졸업 미만이다. 겨우 18%만이 중등학교 이상의 교육을 받은 것으로 보고하였다.[10]

이 같은 영어 구사력의 한계는 이민자 가족에게도 영향을 미치는 많은 위험 요인과 연관이 된다. 뉴욕과 로스앤젤레스에서 시행된 조사에 따르면 제한적 영어 구사력을 가진 이민자 가족은 임금 수준에 있어서도 상당히 낮은 임금을 받을 가능성이 높고, 실업률도 그만큼 높으며, 급식상태도 완벽하다고 볼 수 없는데다, 영어가 유창한 이민자 가정보다 그만큼 더 가난하게 사는 것으로 나타났다.[11]

이 집단에 대한 조사 및 연구 결과는 LEP 이민자의 압도적 다수가 영어 학습에 대한 동기는 부여되어 있지만, 제한된 정부 재정 지원 때문에, 영어 수업에 대한 수요가 공급을 훨씬 초과하는 상황에 있음을 보여주고 있다.[12] 이민자의 수가 증가하고 있고 그들이 미국 경제에서 중추적인 역할을 담당하고 있다는 사실은 이들에게 영어 능력을 향상시킬 더 많은 기회를 제공해야 한다는 피할 수 없는 인구사회적 및 경제적 필요성을 명백히 보여주고 있다.

부족한 영어 구사력이 재정에 미치는 영향

영어 구사력은 이민자의 소득, 고용, 발전의 기회를 향상시키는데 중요한 역할을 한다. 교육 및 근로 경력을 포함한 다른 사회경

Families", The Annie E. Casey Foundation and Grantmakers Concerned with Immigrants and Refugees, 2005.

10) Ibid.

11) Capps, et al., "How Are Immigrants Faring after Welfare Reform? Preliminary Evidence from Los Angeles and New York City."(각주 6 참조).

12) Martinez and Wang, "Supporting English Language Acquisition"(각주 9 참조). See also http://www.education.umn.edu/nceo/OnlinePubs/MnReport8.html.

제학적 요인을 통제할 경우에, 영어를 할 줄 아는 이민자가 영어를 할 줄 모르는 이민자보다 소득이 17%나 많다는 연구 결과가 나왔다.[13] 또 다른 연구에서는 난민 및 이민자의 경우 회화 및 읽기·쓰기에 능숙한 사람이 영어 구사력이 떨어지는 사람에 비해 다른 자격에 상관없이 수입이 약 24% 더 많다는 결과가 나왔다.[14] 프램스태드가 지적했듯이, "이민자가 입국 후 20년 동안 겪는 상대적인 급여 증가에서 절반은 아마도 영어를 배우게 된 때문으로 돌려야 할 것이다."[15]

그러나 영어 능력의 향상이 보다 좋은 수입의 일자리로 이어지는 정도는 많은 부분 개인의 학력 수준에 달려 있다. 조사 결과를 보면 12학년 이상의 학력을 지닌 이민자는 영어를 유창하게 구사함으로써 소득의 76%가 증가했지만 8년 미만의 학력을 지닌 근로자들은 겨우 4%의 증가를 보였을 뿐이다.[16]

이러한 사실은 영어학습이 중요하긴 하지만 만약 이들에게 여전히 미국 취업전선에서 성공하기 위한 기본적인 문해력과 수학 능력이 결여되어 있다면, 영어능력만 향상시킨다고 해서 반드시 이것이 LEP 성인의 다수를 점하고 있는 저학력 이민자들의 수입증가를

13) B. Chiswick and P. W. Miller, "Language in the Immigrant Labor Market", in Immigration, Language and Ethnicity: Canada and the United States, ed. B. R. Chiswick(Washington, DC: American Enterprise Institute, 1992).

14) A. Gonzalez, "The Acquisition and Labor Market Value of Four English Skills: New Evidence from NALS", Contemporary Economic Policy 18, no.3(2000): 259 – 269.

15) S. Fremstad, "Immigrants, Persons with Limited Proficiency in English, and the TANF Program: What Do We Know?"(Washington, DC: Centeron Budget and Policy Priorities, 2003).

16) M. Mora, "An Overview of the Economics of Language in the U.S. Labor Market", Presentation Notes(Denver, CO: American Economic Association Summer Minority Program, 2003).

가져오지만은 않는다는 것을 보여 주고 있다.[17]

이민 근로자들을 위한 기본적인 직업 기술

이민자 노동인구의 일부분은 학력 수준이 높은 반면에, 대개의 이민 근로자들의 경우 토박이 근로자보다 학력이 낮을 확률이 더 높다. 외국 출생 근로자의 30%가 고교 미만의 학력을 보유하였으며, 18%는 9학년(중3) 미만의 학력을 가진 것으로 나타났다. 이에 비해 미국 출생 내국인 근로자들은 각각 8%와 1%의 비율을 보이고 있다.

영어 능력 습득과 직업 훈련에 대한 최선의 대안 모색

이민자의 노동력개발을 위해서는 새로운 기술이 필요한 이민 근로자를 위한 직업 훈련(하드스킬 및 소프트스킬 모두, 역자 주: 하드스킬: 전문지식이나 직무와 관련된 기술, 소프트스킬: 대인관계, 팀워크 등 행동 및 태도와 관련된 기술), 영어 습득, 문화적 오리엔테이션을 통합하는 포괄적인 개발 방안이 가장 효과적인 접근법이라는 데 대해 광범위한 동의가 이루어져 있다.[18] 그러나 영어와 직업 훈련 서비스에 대한 지식이 노동 시장에서의 성공에 도움이 된다고 해도, 영어 능력, 읽고 쓰기 능력, 직업 훈련 서비스를 이민자 집단에 전달하기 위한 가장 효과적인 방법에 대해 과학적인 조사가

---

17) Martinez and Wang, "Supporting English Language Acquisition"(각주 9 참조).

18) Fremstad, "Immigrants, Persons with Limited Proficiency in English, and the TANF Program"(see n. 15); H. S. Wrigley, E. Richer, K. Martinson, H. Kubo, and J. Straw, "The Language of Opportunity: Expanding Employment Prospects for Adults with Limited English Skills"(Washington, DC: Center for Law and Social Policy, 2003); J. Lewis and R. Paral, "Policy Implications of Immigrant Workers and Entrepreneurs:
Directions for State Policymakers"(Chicago, IL: Roosevelt University Institute for Metropolitan Affairs, 2001.

수행된 적이 거의 없다.[19]

1990년대 초의 한 평가 연구에서는 주로 히스패닉 근로자들─이들 중 다수가 LEP였다─을 대상으로 하는 어떤 프로그램의 효율성을 측정한 적이 있다. 고용 및 훈련 센터(Center for Employment and Training, CET)라는 이 프로그램은 6-7개월 기간이 소요되는 포괄적인 풀타임 직업 훈련 프로그램이었는데 이를 위해 해당 지역 노동 시장에 대해 잘 알고 있는 스태프가 투입되었다.[20] 각 참가자는 학력 수준에 관계없이 직업 훈련에 즉시 돌입했고 영어 교육 및 수학 수업도 특정 일자리에 대한 훈련과 함께 통합적으로 이루어졌다. 여기서 중요한 것은, CET 프로그램에 참가한 후에 이루어진 초기의 긍정적인 효과가 고등학교 졸업 미만의 사람들에 대해서는 교육후 5년이 경과한 후에는 희미해져서, 영어 수업과 읽고 쓰기 교육에 대한 계속적인 지원이 필요하다는 것을 보여주었다.[21]

또 다른 2001년 조사에서는 11개 직업 훈련 프로그램을 대상으로 하였는데, ─ 이 중 어느 것도 LEP나 이민자들을 대상으로 한 것은 없다 ─ 가장 성공적인 프로그램은 좋은 일자리를 강조한 구직 프로그램을 단기 교육 및 훈련과 조합한 접근법이었다. 따라서 이민자들을 위해서는 이러한 '혼합적 접근법'을 기본으로 영어 실력이 매우 낮은 사람을 위한 강화 ESL 코스, 여타 LEP 성인을 위해서는 고용과 연계한 ESL, 고급 과정에 대한 기회와 함께 이민자

---

19) Wrigley et al., "The Language of Opportunity"(각주 18 참조).
20) Ibid.
21) Ibid.

가 좋은 일자리를 찾도록 도와주는 직업 배치 서비스, 그리고 기술 수준을 높이기 위한 직업 훈련 등의 복합적인 방안이 강구되어야 한다.[22)]

시간 제약에 대한 고려

기술교육을 위한 커리큘럼을 만드는데 있어서 서비스 제공자는 이민 근로자들이 직면하고 있는 시간적 제약 문제도 고려해야만 한다. 일반적으로 학력이 낮은 LEP 성인은 직업 기술 향상을 위해 장기간의 단계적인 교육 과정을 거쳐야만 한다. 우선 이들이 ESL 코스에 등록하여 영어 능력을 충분히 향상시킨 다음에 고급 교육 과정인 GED나 직업 훈련 프로그램에 등록하도록 해야 한다. 그런데 이런 교육을 수행하면서 근로도 함께 병행해야 하는 이민자의 경제적인 필요도 고려할 때, 대부분의 LEP 성인은 이러한 긴 교육 과정을 제대로 마칠 시간적 여유가 없다.[23)] 따라서 루이스와 패랠은 영어와 직업 훈련이 노동과 함께 통합되거나, 적어도 동시에 획득되도록 만들어져야 한다고 주장한다.[24)]

모국어 읽고 쓰기 능력에 대한 고려

전통적인 영어 습득 프로그램이 영어 집중훈련을 강조하는 반면에, 최근에 관심이 집중된 한 연구 조사에서는 LEP 성인들이 모국어를 읽고 쓰는 능력과 기타 관련 기술을 함께 개발하도록 돕는 것이 오히려 영어 습득을 촉진할 수 있다고 제안하고 있다.[25)] ESL

---

22) Fremstad, "Immigrants, Persons with Limited Proficiency in English"(각주 15 참조).
23) Martinez and Wang, "Supporting English Language Acquisition"(각주 9 참조.)
24) Lewis and Paral, "Policy Implications of Immigrant Workers"(각주 18 참조).

프로그램에 등록한 성인의 약 32%가 자신들 모국어의 읽고 쓰기 능력도 부족한 것으로 추산되었으며, 한 연구 조사에 따르면 이들 성인은 모국어 읽고 쓰기에 능한 그룹에 비해 제2외국어를 배우는 것이 오히려 더디다고 한다.[26] 아이티 출신 이민자들에 대한 한 연구에서는 영어를 배우는 동안 모국어의 읽고 쓰기 강습도 함께 받은 참가자가 영어 수업만 받은 이들에 비해, 심지어 두 그룹의 총 학습 시간이 같았음에도 불구하고, 더욱 월등히 영어 읽고 쓰기 능력을 향상시킬 수 있었음을 보여주고 있다. 또 다른 조사에서는 흐몽어(역자주 – 흐몽: 베트남 소수 민족 중 하나)를 다만 조금이라도 읽고 쓰는 성인 이민자가 흐몽어를 전혀 읽고 쓰지 못하는 사람들보다 영어 읽기 능력을 빨리 습득하였다.[27]

제2외국어로서의 직업영어(Vocational English As A Second Language, VESL)

영어와 직업능력을 모두 가르치는 프로그램을 집합적으로 VESL 코스라고 한다. 이러한 프로그램은 영어를 거의 못하는 이민자에게 효과를 거두기 위해서 언어 강습을 특정 직업에 대한 훈련과 함께 통합하고, 훈련, 인증, CET 프로그램과 같은 테스트에 필요한 직업 전문적인 언어뿐 아니라 직장 커뮤니케이션 기술도 포함하도록 되어있다. 이 프로그램의 성공적인 시행을 위해서는 해당 분야 노동

---

25) Wrigley et al., "The Language of Opportunity"(각주 18 참조).

26) Martinez and Wang, "Supporting English Language Acquisition"(각주 9 참조).

27) M. Burtoff, "The Haitian Creole Literacy Evaluation Study Final Report"(New York: Ford Foundation, 1985); and B. Robson, "Hmong Literacy, Formal Education, and Their Effects on Performance in an ESL Class", in The Hmong in the West: Observations and Reports, ed. B. T. Downing and D. P. Olney, 201 – 225, 1982, as cited in Martinez and Wang, "Supporting English Language Acquisition"(see n. 23).

시장에 대한 광범위한 지식을 가진 스태프가 있어야 한다.[28]

많은 VESL 프로그램은 참가자에게 구직과 인터뷰 기술, 미국 직장의 관습과 규범, 동료들과의 효율적인 커뮤니케이션에 관해 가르친다. 이들 프로그램은 오리엔테이션과 훈련을 제공하는데, 일부는 기본적인 컴퓨터 소프트웨어 프로그램에 대한 강습도 제공한다.

최근 몇 년간, 직업 전문적인 VESL 코스를 제공하기 시작한 지역 대학, 조합, 지역사회 조직이 점차 늘어나고 있다. 교육의 목표는 건설 현장, 간호, 보모 등의 직업에 많이 쓰이는 영어 어휘를 가르치는 것부터 특정 직업 입사시험이나 자격증 취득 훈련에 이르기까지 다양하다.[29]

일부 고용주들은 교육을 위한 스케줄 및 비용 책정 등에 비해 실제 회사에 돌아오는 이익이 적다거나, 피고용인에게 영어를 가르치는 것이 자신들의 책임이 아니라는 일반적인 인식[30] 등을 이유로 이민 근로자에게 ESL 훈련을 제공하는 데 난색을 표하는 반면에, 다른 기업들은 이런 종류의 훈련이 피고용인들에게 무척 중요하다는 것을 분명히 인식하고 프로그램을 시행하게 되었다. 예를 들어, 제조업 피고용인들에 대한 최근의 한 조사에서는 조사 응답자 중의 다수가 자사의 이민 근로자들을 위해 업무 관련 훈련자료, ESL 수업, 이중언어 훈련, 직업 전문적인 영어 학습 등을 포함하여

---

28) Ibid.

29) AFL－CIO Working for America Institute, "Getting to Work: A Report on How Workers with Limited English Skills Can Prepare for Good Jobs"(Washington, DC: AFL－CIO, 2004).

30) M. Burt, "Issues with Outcomes in Workplace ESL Programs, National Center for ESL Literacy Education", Submitted to US Department of Education, Office of Adult and Vocational Education and The Institute for Work and the Economy, January 6, 2004.

전문화된 직장 내 학습 자원을 제공하고 있다고 응답하였다.[31]

사실 이런 프로그램을 통하여 고용주와 학습자 모두는 언어 능력의 향상으로 얻어지는 이익을 공유할 수 있었다. 전국 직장 읽고 쓰기 프로그램에 관한 교육부의 최근 보고서— 지금은 없어진 연방 프로그램으로 직업 훈련과 언어 습득을 통합한 프로그램임— 를 보면 피고용인들이 프로그램에 참가한 이후에 출근 문제도 덜 발생했고, 생산성도 향상되었으며, 일자리 유지 기간도 길어졌고, 품질 관리도 개선되었다고 보고되었다. 피고용인들에게는 고용 보장이 강화되었고 직업 환경 개선도 이루어졌다고 보고되었다.[32]

Ⅳ. 이민자 인력 개발에 관한 연방정책

인력투자법(Workforce Investment Act, WIA)

인력투자법(WIA)은 1988년 직업훈련 파트너십법(Job Training Partnership Act, JTPA)을 대체한 것으로, 전국적으로 ESL을 비롯한 인력 개발과 성인 교육에 대하여 연방 예산을 제공한다.

WIA의 직업 훈련 및 배치: 이민자에 대한 접근 가능성

정부는 이 법의 타이틀 Ⅰ에 따라 기술 수준도 낮고 가난하거나,

---

31) National Association of Manufacturers and the Center for Workforce Success, "Closing the Immigrant Skills Gap: A Report on Challenges and Opportunities Facing the Manufacturing Sector"(Washington, DC: Center for Work force Success, 2004). 그러나 이 서베이는 응답률이 저조하기 때문에 결과를 일반화하기에는 어려움이 있다는 점이 지적되어야 한다.

32) NILC, "Facts About Immigrant Workers"(각주 1 참조).

실직상태인 이민자를 위한 이력서 준비, 직업상담, 직업 준비도 훈련, 직업 배치 등과 같은 다양한 서비스를 제공하도록 되어 있다. 그런데 전체 저임금 근로자 중에서 LEP 근로자들이 굉장히 많이 있음에도 불구하고, 실제 타이틀 I 서비스 수령자들 중 LEP 근로자들의 비율은 2000년의 경우 겨우 7% 등으로 오히려 적게 포함되어 있는 것으로 나타났다.[33) 이런 저조한 참여 원인은 저임금 이민 근로자의 40%가 불법체류자들로서 WIA 직업 훈련 서비스 참가 자격이 되지 않기 때문이다.[34)

WIA 직업 훈련 서비스에 참가 자격이 되는 다른 많은 이민자나 개별 LEP들도 실제 훈련에 참가하는데 있어 장벽을 만나게 되는 일이 많다. 한 연구에 따르면 이들은 다수의 직업 훈련 및 배치 프로그램에 아예 접근조차 할 수도 없거나, 또는 이들 프로그램 자체가 이민자와 기타 영어구사력이 떨어지는 근로자들이 필요로 하는 특별한 수요를 충족시켜 주기에는 적합하지 못한 것으로 나타났다. 또한 구직 서비스와 직업 훈련 및 교육에 관한 정보 및 상담을 제공하는 원스톱 센터와 여타 공적 자금으로 제공되는 프로그램도 대개 기본적으로 언어적 접근성 떨어지며 또한 문화적으로 차별화된 서비스를 제공하는데도 어려움이 있는 것으로 나타났다.[35) LEP 성인 이민자들은 서비스센터에서의 충분한 통역 제공이 이루어지지 못해

---

33) WIA Title I 참여자 중 LEP 비율을 보기 위해서는 Wrigley et al., "The Language of Opportunity"(각주18 참조).

34) Capps et al., "A Profile of the Low-Wage Immigrant Workforce"(각주 3 참조).

35) T. Moran and D. Petsod, "Newcomers in the American Workplace: Improving Employment Outcomes for Low-Wage Immigrants and Refugees"(Sepastopol, CA: Grant makers Concerned with Immigrantsand Refugees and Neighborhood Funders Groups, 2004).

여러 가지 어려운 문제에 직면하고 있다.36) 또한 WIA 프로그램을 위해 직업 훈련과 언어 습득 통합 프로그램을 제공하는 훈련공급자도 인력개발시스템과 성인교육시스템 간의 상호조정 부족에 따른 장애에 직면하고 있는 상황이다.37)

어떤 경우에는 프로그램이 요구하는 최소 기준으로 인해 영어 구사력이 떨어지는 이민자들이 실제에는 배제되는 가능성도 있다. 예를 들어, 일부 원스톱센터는 취업 가능성이 높은 사람들에게만 훈련 서비스를 제공하고 실제 LEP 근로자들을 비롯한 서비스 취약 집단은 간과하는 사례가 발생하고 있다. 또한 일부 훈련공급자의 경우 LEP 근로자들에게는 버거운 최소 참가 요건(예를 들어 8학년 (중2) 읽기 수준)을 부과함으로써 LEP 개인들을 고의적으로 배제시키고 있다.38)

WIA 성인 기본교육 조항에 따라 예산이 제공되는 ESL 수업

WIA 타이틀Ⅱ에 따르면, 연방정부는 직업 훈련 서비스에 더하여, 성인 교육 및 영어 구사력을 비롯한 기본 기술이 부족한 성인을 위해 문해교육 서비스 등을 제공하도록 되어있다. 2000년에는 거의 110만 명의 성인, 즉 미국 LEP 성인의 약 13%가 이 타이틀Ⅱ편에 근거해 제공되는 ESL 수업을 받았다.39)

그러나 주에서 예산을 지원하는 수업과 더불어, WIA를 통해 제

---

36) AFL-CIO, "Getting to Work"(각주 29 참조).
37) NILC, "Facts about Immigrant Workers"(각주 1 참조).
38) Ibid.
39) Wrigley et al., "The Language of Opportunity"(각주 18 참조).

공되는 ESL 수업 신청자가 과도하게 많다는 문제점이 지적되고 있다. 주와 연방의 기금 규모가 충분하지 못하여서 수요가 공급을 초과하는 것이다.[40] 일례로 2005년에 매사추세츠 교육부는 ESL 수업 대기자가 18,000명이 넘는 것으로 보고했다. 평균 대기 기간도 6개월에서 2년에 달하고 있다.[41] 영어 습득 프로그램을 위한 연방 및 주 예산이 LEP 인구의 증가를 따라가지 못하고 있는 안타까운 실정이다. 더욱이 이들 프로그램 다수가 종종 참가자들을 노동인구 내로 편입되도록 착실하게 준비시킨다기보다는 가능하면 빨리 이들을 그 안으로 밀어 넣으려는 목표 아래, 계속해서 기본적인 기술이나 소위 '서바이벌 잉글리시' 정도만을 가르치고 있는 실정이다.

::국가 인증 기술 및 자격 인증 갖추기

기술과 자격 인증을 위한 사전 과제

일부 신규 이민 근로자들은 기본 영어 교습이나 직업 훈련이 필요하지 않은 경우가 있다. 이들은 이미 모국에서 떠나 올 때부터 상당한 기술 — 교육, 경험, 전문 자격 — 을 보유하고 미국에 들어오지만 단지 이들 기술을 미국에서 인증받은 노동력으로 이전하는데 어려움을 겪을 뿐이다. 실제 2001년의 데이터를 보면 현재 미국에 입국하는 이민자의 42%가 12년 이상의 정규 교육을 받은 사람들로 나타났다.[42]

---

40) Ibid.

41) Martinez and Wang, "Supporting English Language Acquisition"(주석 9 참조).

42) I. Light, "Immigrant Neighborhoods as Centers of Commerce", Illinois Immigration Policy Project에 보고된 자료(Chicago: Roosevelt University Institute for Metropolitan Affairs, 2001).

이민자들이 이민 후 자신의 기술을 제대로 인증받고 사용하지 못함으로 인해 불이익을 받는 것은 다수의 미국과 외국의 사례들을 통해 명백히 알 수 있다. 최근의 한 연구에서는 합법적인 이민자의 50%가 미국에 온 첫해에 본국에 비해 열등한 직업을 가지게 되며 이는 자신이 보유한 기술보다 낮은 수준의 기술만이 요구되는 일자리에 취업할 수밖에 없었음을 의미한다.[43]

여기에는 이민 후에 자신이 보유한 기술을 쉽사리 사용할 수 없는 다양한 이유들이 존재한다. 먼저 많은 사례가 증명하듯이 이민자들이 상당한 기술수준을 요하는 일자리에 대한 구인 정보를 구할 수 있는 네트워크가 부족할 수 있다. 미국에서의 구직을 위한 테크닉에 익숙하지 않기 때문이기도 할 것이다. 또는 지금 가지고 있는 기술이나 인증서를 갱신하거나, 면허 또는 자격 인증서를 다시 취득해야 하는 경우도 있다.[44] 실제 특정 주에서 자격 인정을 받는 것이 너무나 힘들어서 인접한 다른 주로 다시 이주하는 경우도 있다.[45]

캐나다에서 수행된 한 연구도 이와 비슷한 결론을 내리고 있는데, 이민자들이 취업이나 사업에 어떻게 접근해야 하는지, 면허 기준과 요건은 어떻게 맞추어야 할지, 그리고 외국의 학력이나 직업 경력은 어떻게 인증받을 지에 대한 정보가 부족한 것으로 나타났다.[46] 이민자 개인이 이전에 훈련받은 바를 정확하게 평가하기 위

---

43) I. R. Akresh, "Occupational Mobility among Legal Immigrants to the United States", *International Migration Review* 40, no.4, 출판 예정.

44) http://www.upwardlyglobal.org/about/faqs.php.

45) A. Morse, Program Director for the Immigrant Policy Project at the National Conference of State Legislatures, Institute for Work and the Economy conference, Chicago, April 17, 2006.

해서는 고용주와 자격인증기구가 국가간 비교교육에 상당한 지식을 가져야 하고 국제 교육 시스템에도 익숙해야 할 필요가 있다. 캐나다 자격인증 기구는 이민자들이 이민 전의 교육수준을 제대로 평가받지 못하는 이유로 바로 위의 두 가지 원인을 지적하고 있다.[47]

미국의 자격 인증 프로그램

미국에는 고용주나 교육 기관을 위해 이민자가 이미 보유하고 있는 학력이나 외국의 자격 등의 전환업무를 담당하는 공식적인 시스템이 없다. 그러나 이민자의 자격인증을 돕는 일부 민간 프로그램은 있다. 예를 들어, 세계교육서비스(World Education Service, WES) ― 비영리단체로 1974년에 설립 ― 는 세계 대학들에 대한 포괄적인 데이터베이스를 보유하고 있으며, 100 - 200달러의 수수료만 내면 세계 어느 나라의 학위든 평가하여 이에 상당한 미국 또는 캐나다 학위로 전환시켜 준다. 2004년에 WES는 150개가 넘는 나라로부터 50,000건이 넘는 평가를 진행하여 이 정보를 미국과 캐나다에 소재한 2,300개의 고등교육기관에 제공하였다고 보고했다.[48]

이처럼 일부 기관이 특정 분야에 집중하여 자격인증 문제를 다루는 경우는 있지만 이와 유사한 포괄적인 방식으로 접근하는 기관은 아직 없다. 예를 들어, 해외의과대학졸업자를 위한 교육위원회(Education Commission for Foreign Medical Graduates)가 해외에

---

46) A. Brouwer, "Immigrants Need Not Apply"(Ottawa: Caledon Institute of Social Policy, 1999).

47) Ibid.

48) http://www.wes.org.

서 훈련받은 의과대학 졸업생들이 미국의 의료 분야에 진입할 준비가 어느 정도로 되어 있는지를 평가하고 있는 정도이다.[49]

모범 사례로서의 캐나다 해외 자격인증 프로그램

이민자들이 자신의 기술이나 자격증명을 이민 후에도 계속하여 사용할 수 있도록 지원하는 국가시스템 개발을 위한 캐나다의 지속적인 노력은 미국의 정책 입안자들에게 하나의 귀중한 모델이 될 수 있다. 캐나다 정부는 향후 십여 년 후에는 사실상 이민이 국가 순노동력 성장의 중요한 원천이 될 것으로 전망하고, 국제적 수준으로 훈련된 근로자들의 국내 노동시장 참여를 위하여 준비하고 있다. 캐나다 정부는 주/지역 정부, 면허 및 규제 기구, 지구별 평의회, 고용주, 기타 다수의 단체들과 협력하여 국제적 수준으로 훈련받은 근로자의 노동인력 및 사회통합을 가속화하고 있다. 캐나다정부는 새로운 해외 자격인증(Foreign Credential Recognition, FCR) 프로그램을 설립하고 이를 시행하기 위해 6년간 6800만 달러의 예산을 제공하고 있다.[50]

::이민자 자영업 지원

이민 자영업자

전통적으로 그렇듯이 이민자들은 이민 후에 직장의 피고용인이 되는 길 외에도, 이민자가 스스로 자영업을 운영하는 비율도 상당히 높

---

49) http://www.ecfmg.org.
50) Human Resources and Skills Development Canada.
　　http://www.hrsdc.gc.ca/en/ws/programs/fcr/backgrounder_fcr.pdf.

다. 1880 - 1990 사이 미국 인구조사를 보면, 이민자들은 토박이 미국인보다 자영업에 종사한 확률이 높은 것으로 나타났다.[51] 자영업자로서의 이민자는 스스로 자급자족하는 개인경제 생활을 영위 할 수 있을 뿐만 아니라 국가 경제에도 중요한 기여를 할 수 있다. 일리노이 주는 전통적으로 이민자를 많이 받아들이는 주인데, 루이스와 패럴이 분석한 바에 따르면 자영업 활동은 이민자와 그들 지역의 경제 발전에 있어 핵심적인 요소로 분석되었다. 일리노이 주에서 아시아계가 소유한 사업체 수는 1982 - 1997년 사이에 353%나 증가했으며, 라틴계 소유의 사업체 수는 528%나 증가하였다. 1997년에는 대략 37,000개의 아시아계 소유 업체와 31,000개의 라틴계 소유 업체가 있는 것으로 집계되었다.[52]

그런데 이민자마다, 민족 그룹마다, 자영업 비율은 매우 다양하게 나타난다. 연구자들은 이러한 다양성의 이유를 각기 다르게 분석하고 있는데, 일부는 개별 이민자의 인적 재정적 자본의 결과라고 주장하고, 또 다른 이들은 이민자 사회가 그 자체로 기업 활동 에너지의 차별적인 원천이 되는 것이 아닐까 분석하기도 한다.[53] 그런데 어떤 소수 민족 그룹의 경우 비공식적인 영역에서 자신들의 사업을 시작하고 유지하는 경향이 더 강하기 때문에 이들의 기업 활동의 규모와 정도를 정확하게 제대로 측정하기는 어려운 경우도 있다.

이민자의 비즈니스 활동이 어떻게 통합을 촉진하는가?

---

51) D. Aronson, "Immigrant Entrepreneurs", *Research Perspectives on Migration* 1, no.2 (Washington, DC: Carnegie Endowment for International Peace, 1997).

52) Lewis and Paral, "Policy Implications of Immigrant Workers"(각주 18 참조).

53) Aronson, "Immigrant Entrepreneurs"(각주 54 참조).

이민자 소유의 비즈니스는 이민 자영업자 그 자신과 그 피고용인들에게 다양한 잠재적인 이익을 가져다 준다. 비즈니스 소유자에게는 자영업이 다른 형태의 근로보다 더 수익성이 좋은 노동이 될 수 있다. 1990년대를 예로 들면, 자영업 이민자의 소득수준이 다른 이민 근로자 그룹보다 월등히 높고 토박이 미국인 자영업자와는 동등한 수준이라는 연구가 있다[54].

숙련 이민자 고용의 장애요인: 업워들리 글로벌

업워들리 글로벌은 샌프란시스코에 근거지를 둔 비영리 조직이다. 이 조직은 구인자들에게 이력서 쓰기, 인터뷰 기술 갈고 닦기, 전문적 네트워크 개발하기 등을 돕는 서비스를 제공한다. 업워들리 글로벌은 또한 고용주와 숙련 기술 이민자의 일자리를 맺어 주고 외국 자격을 평가하고 있다.

업워들리 글로벌에 따르면, 고용주가 이민자를 고용할 자질이나 지식이 부족할 수 있으며 따라서 자격을 갖춘 이민자가 구직의 과정에서 만나는 장벽의 예에는 다음과 같은 것들이 있다.
- 영어의 중요성을 지나치게 강조하는 고용주(예를 들면, 회계직에 흠 없는 문법 실력을 요구)
- 외국 냄새가 나는 이름의 이력서를 지나쳐 버리는 서류심사
- 전화 심사(영어가 모국어가 아닌 사람에게는 핸디캡이 될 수 있음)를 고집하는 인터뷰
- 외국 대학이나 학위는 무효하다거나 열등하다고 생각하는 고용주
- 외국 자격을 검증할 능력이 없는 고용주
- 미국에서의 직업 경력이 없는 사람은 채용하지 않으려는 고용주
- 영주권자나 미국 시민만이 지원해야 한다고 광고하는 회사(근로 허가를 받았지만 영주권 자가 아닌 이민자나 난민이 많이 있다.)

출처: 업워들리 글로벌 웹사이트 www.upwardlglobal.org

또한, 이민 자영업자는 취약한 상황에 있는 이민 구직자들에게 고용 기회를 창출해 줄 수 있다. 라이트는 '소수민족 경제' — 소수민족 자영업자가 동료 소수민족을 고용하는 — 에서 비롯된 소득은

---

54) M. Fix and J. S. Passel, *Immigration and Immigrants: Setting the Record Straight* (Washington, DC: The Urban Institute, 1994).

"일반 노동 시장에서 저학력, 빈약한 건강상태, 영어능력 부족, 어린이 보육의 결핍, 주류 사회 네트워크로부터의 배제, 소수민족/종교적 차별, 인종차별주의 등에 의해 불이익을 당할 가능성이 많은 사람들에게 특히 가치있는 것"이라고 주장한다.[55]

소수민족 경제는 두 가지 면에서 이민자와 저소득 소수민족의 인적 자본을 강화한다. 첫째, 거래와 비즈니스를 어떻게 시작하고 운영해 나가는지를 가르침으로써 미래의 소수민족 자영업자를 교육시킬 수 있다[56] 둘째, 소수민족 경제는 일반 노동 시장에서 불이익을 받는 동료 소수민족들이 일자리 기술을 습득할 수 있게 만들어 준다. 일단 기술을 습득하게 되면 주류 경제에서 일자리를 찾을 수도 있고, 더 높은 급료를 받을 수 있을 것이다.

자영업자, 소수민족 경제, 그리고 통합 문제

일부 연구자들은 소수민족 경제의 존재 자체가 미국 노동시장의 기저에 깔린 차별을 반영하는 것일지 모른다고 말해 왔다. 노동 시장에서의 차별을 예상한 이민자가 이를 대체할 수 있는 근로의 형태로서 자신의 사업으로 방향을 전환하는 것일 수 있다는 얘기다.[57] 한 연구에서는 시카고에서 상당수의 한국인, 중앙아시아인, 남아시아인 자영업자가 적어도 부분적으로는 미국 노동시장에서 불이익을 당한다고 느꼈기 때문에 자신의 사업을 시작한 것으로 나타났다.[58]

---

55) Light, "Immigrant Neighborhoods"(각주 45 참조).

56) R. Raijman and M. Tienda, "Immigrants' Pathways to Business Ownership: A Comparative Ethnic Perspective", *International Migration Review* 34, no.3(2000): 682-706.

57) I. Light, *Ethnic Enterprise in America* (Berkeley, University of California Press, 1972).

그러나 소수민족 경제는 그들 내의 이민 근로자의 유동성에 부정적인 영향을 미칠 우려가 있다. 마르티네즈와 왕은 단순노무 일자리를 가지고 상호 경쟁하는 신규 이민자들이 끊임없이 몰려온다는 점 때문에 이민자 거주 지역에서 지급되는 임금 수준이 진입 단계에서부터 다른 분야에 비해 상대적으로 낮다고 한다. 미국의 멕시코계 자영업자에 대한 한 연구에서는 멕시코계 이민자의 자영업으로의 집중이 소규모 소수민족 노동 시장에서 멕시코계 이민자의 수입에 오히려 전반적으로 부정적인 영향을 미치는 것으로 나타났다.[59]

영어를 사용하지 않는 근로자를 상대하거나 저임금 노동에 의존하는 사업을 운영하는 고용주는 그만큼 영어 기술을 덜 필요로 한다.(예: 경비, 음식 서비스, 정원사, 주거용 공사) 이것은 그만큼 이민자로 하여금 영어를 배울 욕구를 감소시키고, 이로 인해 이민자의 경제적 유동성과 소수민족 거주지 밖에서의 사회적 통합에 부정적 영향을 미칠 수 있다. 어떤 시나리오 하에서는 이민자 기업 활동과 소수민족 집단 거주지가 이민자 통합에 긍정적이 아닌 부정적인 신호가 될 수도 있다.

이민 자영업자를 위한 재정 지원

균형 잡힌 자영업 활동이 이민자의 통합과 유동성을 촉진한다고 인정한다면, 어떤 공공 정책으로 이민자의 비즈니스 형성을 조장할 수 있을 것인가?

---

58) Raijman and Tienda, "Immigrants' Pathways to Business Ownership"(주석 59 참조).
59) D. Spencer and F. D. Bean, "Self-Employment Concentration and Earnings among Mexican Immigrants in the U.S.", *Social Forces* 77(1999): 1021-1047.

연방 차원에서의 기술적 지원, 중소자영업자 대출, 정부 사업의 도급 및 하청을 통해 많은 이민 자영업자에게 광범위한 혜택을 제공할 수 있다. 연방 정부의 거의 모든 부처 또는 기관이 소수자 또는 다른 역사적으로 불이익을 당해 온 자영업자에 대해 어떤 형태로든 원조를 제공하는데, 여기에 이민자 그룹이 포함되는 경우가 많다. 예를 들어, 소수민족기업개발국(Minority Business Development Agency)은 사회적, 경제적으로 불리한 소수 이민자 그룹에게 개별화된 원조 — 사업계획서 작성, 마케팅, 경영 및 기술적 문제, 재정 계획 등에서 — 를 제공한다.

그러나 비시민권자도 이러한 서비스 수혜 자격이 되는지의 기준은 연방 정부 전반에 걸쳐 일관적이지는 못한 것으로 나타났다. 예를 들어, 중소기업청(Small Business Administration, SBA)의 혜택을 받으려면 소수민족 소유기업으로 선정받아야 하는데, 합법적인 비시민권자 기업가는 이에 대한 자격이 되지 못한다.[60] 이와 대조적으로, 교통부의 경우 시민과 영주권자 모두 소수민족 기업 선정이 가능하다.[61]

정부 혜택 여부와는 별개로 이민자 사회 자체도 역사적으로 기업활동을 위한 중요한 자본 출처가 되어 왔다. 하나의 전략은 흔히 계(rotating savings and credit associations, ROSCA)라고 알려진 비공식 기제에 의존하는 것으로 이는 이민자들에게 비즈니스 착수를 위한 귀중한 자금을 제공한다. 소그룹의 투자자들이 재정적인

---

60) 소규모 자영업 운영 관련 사이트인 http://www.sba.gov/sdb/sbadot.html 참조.
61) 선정 관련 지원 정보는 교통부의
   http://osdbuweb.dot.gov/documents/doc/dbe/Final%20Application.DOC 참조.

자원을 공동화하기로 합의하고 이 자금을 그룹 구성원에게 대부하고, 이자를 붙여 대출금을 회수한 후, 또 다른 멤버에게 이를 제공하는 방식으로 해당 자본이 멤버들 간에 순서대로 돌아가면서 사용되도록 하는데, 이 기제에는 복잡한 문서 작업들이 필요없다.[62] 이러한 시스템은 소규모 비즈니스 프로젝트를 위한 자본 충당 수단으로 효과적일 수 있다. 그러나 공식적인 금융기관으로부터 더 규모가 크고 장기적인 대출을 받을 때 만들게 되는 신용기록 문서 등의 필요한 종류의 기록을 해 두지 않는 일이 흔하다.[63]

따라서 루이스와 패럴은 미국 은행법 내에 ROSCA에 대한 규정을 마련함으로써 법적 강제성은 있는지, 보험에 들 수 있는지, 면허 교부가 도움이 될 것인지, 세금을 부과해야 할 것인지, 부과한다면 방법은 어떻게 해야 할지 등을 정하도록 해야 한다고 제안한다. 또한, ROSCA 거래를 문서화할 방법을 개발하여 이 대출이 신용 기록을 수립하는 데 사용될 수 있도록 해야 한다고 주장한다.[64]

이민자 사업이 대개 비공식적인 성격을 띠기 때문에, 비즈니스를 어떻게 수립하는지, 필요한 자금은 어떻게 얻을 수 있는지, 법적인 처리는 어떻게 하는지에 관한 추가적인 정보를 제공하기 위해서는 보다 광범위한 정책적 고려가 필요할 것이다.[65] 예를 들어, 주정부차원에서 이민자 소유 기업에 지역 설정, 면허 취득, 마케팅, 자금 조달 등의 분야에 추가적인 기술 원조를 제공하기 위한 노력

62) Lewis and Paral, "Policy Implications of Immigrant Workers"(각주 18 참조).

63) Ibid.

64) Ibid.

65) M. Tienda, "Comparative Perspectives on Ethnic and Immigrant Entrepreneurship and Business Development in Chicago"(Chicago: Roosevelt University Institute for Metropolitan Affairs, 2001).

을 기울일 수 있을 것이다.[66]

V. 결론

미국의 이민정책결정자들은 앞으로 이민 근로자들을 위해 더 많은 투자를 할 필요가 있다. 지금 당장 WIA에 변화를 준다면 이민 근로자들에게 큰 영향을 미칠 수 있을 것이다. WIA 개정 법안은, LEP에게 봉사할 새로운 인센티브를 제공하고, 직업 기술과 영어 학습을 통합하는 훈련 프로그램을 포함하고 있다. 또 이 개정 법안은 향후 직업 및 언어 습득 통합 프로그램을 시행하기 위해 적어도 10개의 예산항목을 추가하는 내용을 담고 있다.

다음으로 정책 입안자들은 직업 기술 교육에 더하여, 기술 수준이 높은 근로자들의 자격인증 문제를 선택할 수 있을 것이다. 캐나다 정부와 미국 비정부 기구의 예에서 보듯이 앞으로 자격 인증의 기준이나 표준화에 있어 공공 부문이 더 큰 역할을 할 수 있을 것이라는 교훈을 얻을 수 있다.

기업 활동과 관련하여 광범위한 서비스를 제공하는 정부는 그 수혜 자격을 결정하는 절차에 있어서 관련기구마다 비합리적인 차별을 보이고 있다. 비시민권자의 적격성 여부에 대한 이와 같은 차별은 앞으로 합법적인 비시민권자 기업에 대해서도 연방 계약이나 원조 자격이 가능하도록 보다 더욱 확대되어야 한다는 점을 시사한다. 이렇게 된다면 많은 이민자 기업가들이 자본 및 기술적

---

66) Lewis and Paral, "Policy Implications of Immigrant Workers"(각주 18 참조).

원조 등을 받을 수 있는 길이 더욱 넓어질 수 있을 것이다.

이상의 문헌 검토를 통하여 분명하게 지적할 수 있는 사실은 이민 근로자를 훈련시키는 가장 좋은 방법이 무엇인지를 알기 위해서는 향후보다 고품질의 조사 연구가 필요하다는 것이다. 특히, 이민자의 기술을 함양하는 데 있어 고용주의 역할은 무엇인지, 왜 고용주들이 ESL이나 직무 훈련 서비스를 제공하는지 혹은 하지 않는지, 근로자 개발 프로그램을 제공하는 고용주에게 발생하는 비용과 이익은 무엇인지를 연구하기 위한 작업이 수행되어야 할 것이다. 또한 근로자들 간의 언어 습득을 촉진할 수 있는 방안에 관한 보다 체계적인 이해도 필요하다.

마지막으로 지적되어야 할 점은 이민자에 대한 인력 개발이 ─ 기본 영어 능력 또는 직업 기술, 자격 인증, 또는 자영업자에 대한 서비스를 포함하든 안 하든 간에 ─ 자동적으로 이민자 인력 통합으로 이어지지는 않는다는 점이다. 훈련이나 기술보다는 많은 요인들이 통합에 보다 크게 효과를 미칠 수 있다. 미국에는 이미 많은 불법체류자와 단기 근로자가 있다. 이러한 사실은 이들 근로자들이 앞으로 미국노동력의 영구적인 일부분이 되어야 하는지, 어떻게 그렇게 될 수 있는지에 관한 근본적인 질문을 제기하고 있다. 또한 새로운 대규모 단기 근로자 프로그램에 대한 최근의 제안은 이러한 질문을 더욱 중요하게 만들고 있다. 그리고 앞으로 미국 경제에서 저임금, 하급 기술 근로자가 과다하게 증가하리라는 전망은 현재 수준의 이민 근로자에 대한 영어 기술 및 직업 훈련이 과연 미래의 경제적 유동성을 진작시키기에 충분한 수준인 것인가라는 질문도 우리에게 함께 던져 주고 있다.

제9장 이민자 자녀의 교육

-줄리 머레이, 제니 바탈로바, 마이클 픽스 *

(Julie Murray, Jeanne Batalova, and Michael Fix)

I. 서론

기록적인 이민 증가의 결과로 미국의 초·중등학교는 인구학적 측면에서 급속한 변화를 보이고 있으며, 이와 함께 이민자의 출신국 및 언어별 다양성도 증가하고 지리적으로도 미국 전역에 걸쳐 이민자의 분포가 확산되고 있다. 그런데 미국이 이런 높은 이민율을 유지한다는 것은 바로 이민자 부모를 둔 아이들의 숫자도 아울러 급속히 증가한다는 것을 의미한다. 2000년 기준으로 볼 때, 전체 미국 주민 아홉 중에 하나가 이민자이지만, 18세 미만 아동을 기준으로 보면 다섯 명 중에 하나는 이민자 자녀이었다. 문제는 이 아이들 중 다수가 영어를 잘하지 못하며, 저학력 부모를 두었고, 가난한 가정에 산다는 것이다. 이제 이들의 언어적, 학문적 수요를 충족시키는 것은 미국 전체 교육자들에게 던져진 과제가 되었다.

---

* 저자들은 메리 헬렌 이버라 존슨이 본 프로젝트에 도움을 준 데 대해 감사를 전한다.

이 장에서는 먼저 이민자 자녀의 교육에 있어, 특히 영어를 잘 하지 못하는 아이들을 교육할 때 학교가 직면하는 인구학적인 측면의 과제에 대하여 살펴보도록 한다. 이러한 아이들은 소위 LEP (limited English proficient, 영어구사력 부족) 학생이라고 부른다. 그 다음에 이민자 자녀 및 LEP 학생의 학업 성과와 이민가정의 통합을 촉진하기 위해 개발된 교육 메커니즘의 간략한 역사에 대해 설명할 것이다. 마지막으로, 미국 학교 내 이민자 자녀와 관련되어 지속적으로 거론된 다섯가지 정책과 현장 이슈에 대하여 설명할 것인데, 특히 연방 교육법인 낙오아동방지(No Child Left Behind, MCLB)법과 이들 인구 집단에 큰 영향을 미칠 수 있는 기타 정책을 중심으로 살펴보고자 한다.

Ⅱ. 신 이민의 인구학적 과제

이민자 자녀의 절대적 및 상대적 증가

1990년대는 기록적인 이민증가가 이루어진 십 년이었다. 1,400만－1,600만 명 사이의 이민자가 미국에 들어왔으며, 이는 1980년대의 천만 명, 1970년대의 7백만 명보다 훨씬 증가한 숫자다. 이런 결과 2005년에는 외국 출생인구가 3,500만, 즉 미국 총 인구의 12.1%에 달하게 되었다.[1] 이같은 전반적인 이민증가 추세에 따라, 취학 연령 인구에서 이민자 자녀의 비율도 1970년대의 6%에서 200년의 19%로 급속히 증가하였다.[2]

---

1) Current Population Survey 2005 estimates.

박스 1. 이민자 자녀와 LEP 자녀의 정의

주제가 되는 인구 집단 정의하기

이민자의 자녀(*Children of immigrants*) 또는 이민 가정의 자녀(*children in immigrant families*)는 적어도 부모 한쪽이 미국 밖에서 태어난 가정의 자녀로 정의한다. 이 경우 해당 아이는 해외에서 태어났을 수도 있고(이 경우에는 1세대라고 부른다) 미국에서 태어났을 수도 있다(이런 경우는 2세대라는 용어를 사용한다). *

영어구사력 부족(LEP)

미국 인구조사국에서는 영어 이외의 다른 언어를 사용하는 모든 가구에 대해 가구 구성원이 영어를 '매우 잘하는지', '잘하는지', '그다지 잘하지 못하는지', 또는 '전혀 못하는지' 등을 조사하였다. 여기서는 영어 말하기 능력만을 측정하였다. 이 인구조사의 정의를 사용하여, '매우 잘하는' 수준 미만의 모든 사람을 LEP로 간주한다.

---

* 미국 인구조사국이 사용한 정의에 따라, 푸에르토리코나 다른 미국 영토에서 태어난 부모를 둔 자녀는 이민자 자녀로 간주하지 않는다.

그림 1. 유치원 전 - 12학년(고3)에서 이민자 자녀의 수가 100% 넘게 증가한 주 (1990 - 2000)

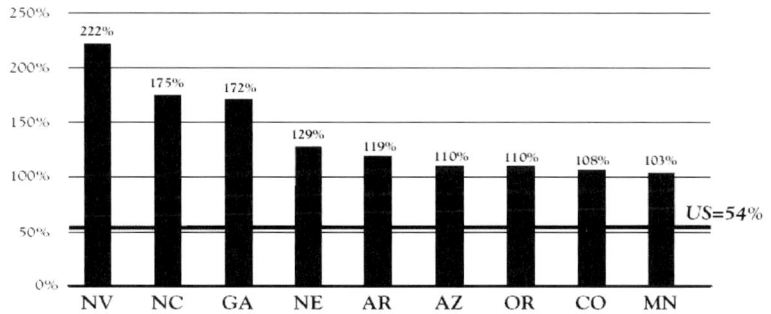

Source : Authors' calculations of Urban Institute data ; R. Capps, et al. *The New Demography of America's Schools : Immigration and the No Child Left Behind Act* (Washington, DC : The Urban Institute, 2005)

---

2) 본 장에서 사용된 이민자 자녀와 LEP 자녀의 인구학적 및 사회경제학적 특성에 관한 프로파일은 도시연구소(Urban Institute)의 분석을 기초로 하고 필자가 나름대로 수행한 계산에 근거하고 있다. 데이터는 2000년 미국 인구센서스와 PUMS(Public Use Microdata Samples)를 사용하였다. 샘플은 3세부터 21세까지(LEP 자녀인 경우에는 5세에서 21세까지)로 한정하였다. 센서스에서 가져온 학년이수 및 학교등록에 관한 통계정보는 유년기(유아부터 5학년까지)와 소년기(6학년부터 고3까지)로 재분류하였다.

지리적 분포의 확장

1990년대는 이민자의 지리적 분포도 더 널리 확장된 시기였다. 앞선 시기의 이민자들과는 달리, 1990년 이후 이민자들은 미국 이민의 전통적 관문 역할을 하던 주들을 경유하여 다른 목적지로 향했다. 예를 들어, 1990 – 2000년에 걸쳐 노스캐롤라이나, 조지아, 네바다에서의 외국 태생 인구는 200% 이상의 증가를 보였다. 물론 소위 신흥 성장주에 있어서 이민자 자녀와 이민자의 절대수는 전통적인 이민자 수용 주(캘리포니아, 텍사스, 뉴욕, 뉴저지, 플로리다, 일리노이) 비해 여전히 작은 것이 사실이지만, 그 성장세는 매우 가팔랐다.(그림 1 참조) 이러한 급속한 성장과 함께 과연 이들 주들이 이민자 자녀가 충분한 학문적 언어적 교육을 받을 수 있도록 수용할 만한 자원과 기간시설을 갖추었느냐 하는 중요한 문제가 제기되었다.

이민자의 외국 출생 자녀

전체적으로 보면 학령기에 있는 이민자 자녀의 75%는 미국에서 태어났다. 나머지 외국출생 자녀들의 세부 비율을 살펴보면 유치원 이전의 연령이 가장 낮고(여덟 중 하나), 6 – 12학년(고3)이 가장 높다(셋 중 하나). 이러한 패턴의 이유는 간단하다.

그림 2. 이민자 자녀의 출생 국가/지역별 %(1970, 1990, 2000년)

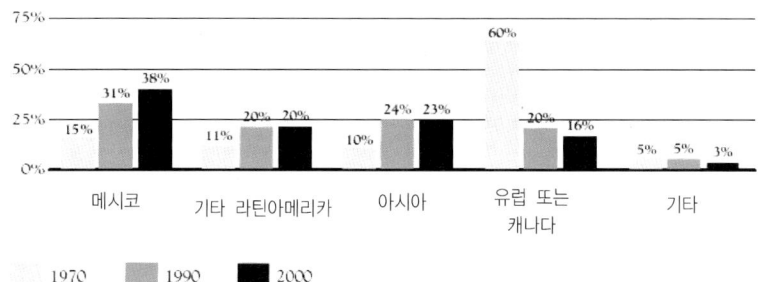

Source: 1 percent Immigration Public Use Microdata Series (1PUMS), 1970, 1990, and 2000. Urban Institute tabulations.

나이가 많은 아이들일수록 그 기간만큼 미국에 들어올 기회가 더 많았던 때문이다. 그런데 이런 중학교 연령층의 자녀들이 영어 구사력이 부족한 상태에서 미국에 입국하고, 모국에서도 정규 교육을 거의 받지 못하고 오기 때문에 미국의 중학교는 그만큼 이 연령층의 학생들에 대해 특별히 더 큰 어려움을 가질 수 있다. 또한, 이처럼 늦게 들어온 경우에는 미국 학교에서 영어를 배우게 되는 햇수가 보다 이른 나이에 들어오는 이민자 자녀보다 당연히 적다.

다양한 출신국의 이민자 자녀들

1965년 이후의 미국이민에서 가장 두드러지는 특징의 하나는 과거의 유럽에서 아시아 및 라틴아메리카로 신규 이민자의 출신지가 획기적으로 변화되었다는 점이다. 오늘날 이민자 자녀들이 1970년대에 비해 멕시코나 기타 라틴아메리카나 아시아 출신일 확률이 높다는 것은 전혀 놀라운 일이 아니다. 이와 대조적으로, 유럽과 캐나다 출신 아이들의 비율은 감소하였다(그림 2 참조).

불법체류자 자녀들

도시연구소가 2003년 데이터를 가지고 추산한 바에 따르면 오늘날 미국에서는 거의 460만 명의 아이들이 한 명 이상의 불법체류자 부모를 가지고 있는 것으로 나타났다. 이들은 모든 이민자 자녀의 약 27%를 차지하며, 전체 미국 아동의 5%나 된다. 또한 비록 상당수의 아동들이 불법체류자이기는 하지만, 여전히 이들 중 압도적인 다수(3백만)가 미국 시민이다. 도시연구소는 대략 65,000명의 불법체류 아동들이 매년 미국 고등학교를 졸업하는 것으로 추산하고 있다.[3]

Ⅲ. 영어구사력 부족(LEP) 자녀

::LEP 아동의 수, 증가율, 집중도

교육부에 따르면, 2003 - 2004 학년도에 유치원 - 12학년 재학 중인 학생은 모두 약 4960만 명이며 이 학생들의 10%가 LEP 학생인 것으로 파악되었다.[4]

캘리포니아에는 160만 명의 LEP 학생이 있는데, 이 수치는 이 나라 모든 LEP 학생의 거의 1/3을 차지한다. 다음으로 LEP 학생 인구가 많은 주들은 텍사스, 플로리다, 뉴욕, 일리노이와 같은 전통적인 이민자 수용 주들이다.

---

3) J. S. Passel, "Further Demographic Information Relating to the DREAM Act", Memorandum from the Urban Institute to the National Immigration Law Center, 2003. http://www.nilc.org/immlawpolicy/DREAM/DREAM_Demographics.pdf 참고.
4) 미국 교육부는 각 주 및 지역으로부터 수집한 LEP 데이터를 축적하고 있다. 많은 주 및 지역들은 읽기, 쓰기 및 말하기 시험 결과를 바탕으로 하여 자체적인 LEP 정의를 사용하고 있다.

그림 3은 1993-1994 학년도와 2003-2004 학년도 사이에 유치원-12학년에 재학 중인 학생 수는 완만하게 증가하였지만 이 반면에 LEP 재학생 수는 비약적으로 늘어난 사실을 보여 주고 있다. 유치원-12학년 재학생은 이 기간 동안 4,540만 명에서 4,960만 명으로 9%가 증가하였으나, LEP 재학생은 3백만에서 5백만 명으로 65%나 증가하였다.

그런데 LEP 인구가 가장 빠르게 느는 주라고 해서 LEP 학생의 절대 수가 많은 것은 아니다. 예를 들어, 1993-1994 학년도와 2003-2004 학년도 사이에, 사우스캐롤라이나, 노스캐롤라이나, 테네시, 인디애나 주의 LEP 재학생 수는 400% 이상 증가하였지만, 이들 주의 이민자 인구는 최근에야 증가세를 보였을 뿐이다(그림 4 참조). 이 반면에 전통적으로 이민자가 많았던 주는 오히려 LEP 인구의 증가세가 아주 더디거나(캘리포니아와 뉴저지) 혹은 감소(뉴욕 주)하였다.

그림 3. 총 유치원-12학년 재학생과 LEP 재학생 성장률
(미국. 1993-1994 학년도~2003-2004 학년도)

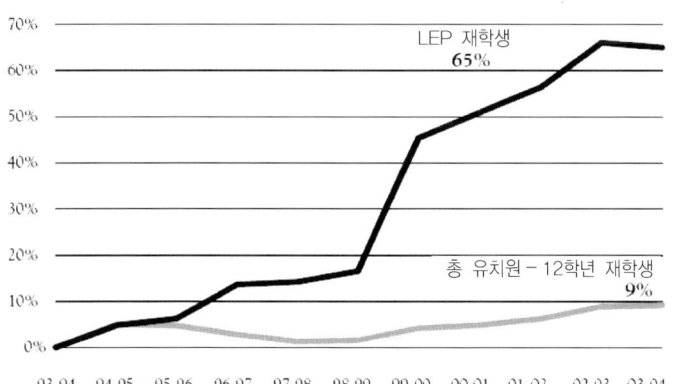

Source: US Department of Education, National Clearinghouse for English Language Acquisition & Language Instruction Educational Programs (NCELA), National and Regional Numbers and Statistics.

한편, LEP 학생은 비교적 소수의 학군에 고도로 집중되어 있는 것으로 나타났다. 2003 - 2004 학년도에 각각 적어도 10,000명의 LEP 학생이 있는 29개 학군이 미국 전체 LEP 인구의 25%를 차지 있으며 이들 학군 중 13개가 캘리포니아에 있는 것으로 나왔다. LEP 학생 수에서 상위 5개 학군은 로스앤젤레스, 뉴욕시, 시카고, 휴스턴, 마이애미 카운티였다.[5]

더구나 학군 내에서도 LEP 학생은 소수의 학교에 크게 집중되어 있는데 도시연구소의 연구에 따르면 초등학교 수준에서 거의 70%의 LEP 학생이 10%의 초등학교에 집중되어 있음이 드러났다.[6] 또한 LEP 학생이 전체 재학생의 1 / 4 이상을 차지하는 학교를 高LEP 학교라고 정의했을 때, 이런 학교는 등록학생 수가 많거나, 도시 지역에 위치하며, 교사를 구하기가 어려운 경향이 있는 학교들인 것으로 나타났다. 高LEP 학교의 학생은 소수이민자 출신이거나 경제적으로 열악한 가정에 있을 확률이 높았다.

---

5) 학군별 NCELA 데이타는 http://www.ncela.gwu.edu/expert/faq/02districts.htm 참조.

6) C. Cosentino de Cohen, B. Chu Clewell, and N. Deterding, *Who's Left Behind?: Immigrant Children in High and Low LEP Schools*(Washington, DC: The Urban Institute, 2005).

그림 4. 노스캐롤라이나와 캘리포니아의 총 유치원 – 12학년 및 **LEP** 재학생
성장률(1993 – 1994 학년도 ~ 2003 – 2004 학년도)

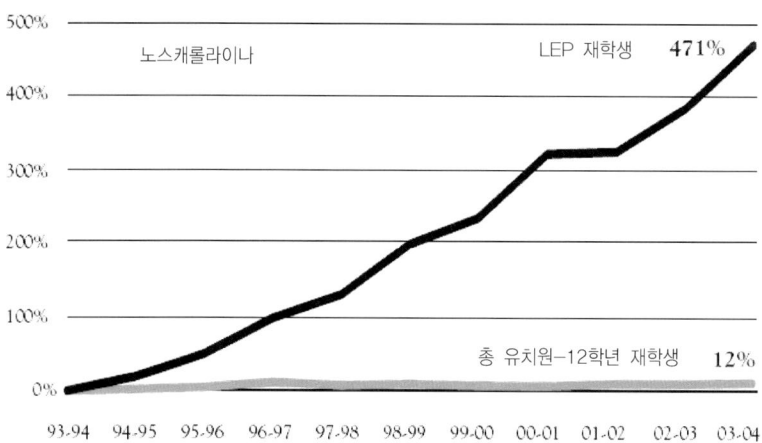

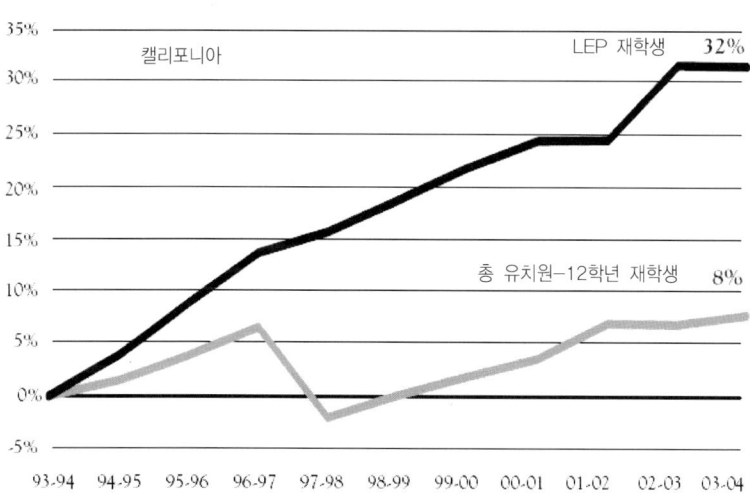

주: ELL이라는 용어는 영어학습자(English Language Learners)라는 뜻으로 많은 학자들로부터 LEP라는 용어
   대신에 선호되고 있다. 그러나 이 장에서는 NCLB에서 사용하는 용법에 따라 LEP를 사용한다.

Source: US Department of Education, National Clearinghouse for English Language Acquisition &
   Language Instruction Educational Programs (NCELA), National and Regional Numbers and
   Statistics.

이처럼 LEP 자녀가 주별, 학군별, 학교별로 높은 집중도와 분리의 경향을 동시에 보이는 것은 학생의 영어 및 학과목 학습에 긍정적인 동시에 부정적인 의미를 모두 내포하고 있다.

먼저, 긍정적인 면에서는 LEP 재학생이 집중되어 있기 때문에 보다 효율적이고 그리고 우선적으로 전문적인 서비스를 받을 수 있다는 점이다. 학생 집단의 크기가 클수록 혜택을 받는 특별 프로그램의 소요비용을 정당화하는 것은 더 쉽기 때문이다. 하지만 부정적인 면에서는 LEP 학생이 격리되어 있음으로써 더욱 교육의 주류에서 소외되고, 영어를 구사하는 급우들과의 상호작용을 통하여 얻을 수 있는 발전의 가능성을 상실하게 되는 결과를 낳을 수 있다는 것이다.[7]

LEP 학생의 모국어

조사에 따르면, 전체 LEP 학생들이 100가지도 넘는 자신들의 언어를 사용하는 것으로 나타났다. 그러나 가장 큰 비중을 차지하는 그룹 - 79% - 은 스페인어이다. 다음으로 가장 많이 보고된 언어는 베트남어와 흐몽어로, 각각 전체 LEP 학생의 겨우 2% 정도를 차지하고 있다.[8]

---

7) Ibid.

8) LEP 학생군에서 가장 많이 사용되는 언어에 대한 2001년 NCELA 데이터는 참조.

::LEP 학생의 인구학적, 사회경제학적 특성[9]

이민자 자녀와 LEP 자녀 인구는 서로 동일하지도 않으나, 그렇다고 상호 배타적으로 다르지도 않다(그림 5 참조). 미국의 총 5,400만 명 미성년자녀들 중에서 이민자 부모를 둔 LEP 아이들은 약 4.9%를 차지하는 반면에, LEP가 아닌 이민자 자녀는 약 13.8%를 차지하는 것으로 나왔다. 이에 비해 미국 출생 부모를 둔 LEP 아동은 1.5%에 불과했다.

세대

LEP 아동은 모든 어린이 인구의 약 6.4%를 차지하지만, 대부분의 LEP 학생들이 외국 출생은 아니다(그림 6 참조). 사실상, LEP 초등학생의 4분의 3과 LEP 중학생의 절반 이상은 미국에서 태어났고 또한 미국에서 자랐다. 다수가 미국 출생인 부모를 가졌다. 중학생 LEP 학생 중 미국 출생인 학생이 놀라울 정도의 비율을 차지하고 있다. 분명히 다수의 LEP 자녀가 미국 학교에서 7년 이상을 재학하고도 여전히 영어에 유창하지 못한 지경에 있다.

---

9) 미국 교육부 데이터는 이민자 자녀와 LEP 자녀의 구분이나 이들 집단의 특성에 대한 어떤 정보도 제공하고 있지 않기 때문에 우리는 LEP 학생의 인구학적 또는 사회경제학적 특성을 설명하기 위해 미국 인구센서스 데이터에 의존하였다. 데이터가 수집되고 보고된 연도 간에 차이 때문에 교육부와 미국 인구센서스의 LEP 자녀의 절대 수치에는 차이가 있음을 밝혀 둔다.

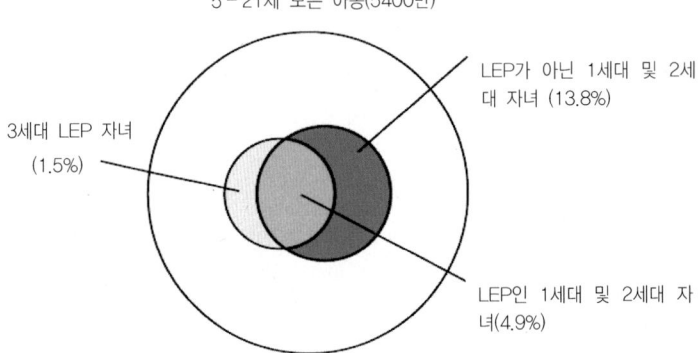

그림 5. 총 아동 숫자에서 이민자 자녀와 **LEP** 자녀 %(2000년)

5 - 21세 모든 아동(5400만)

LEP가 아닌 1세대 및 2세대 자녀 (13.8%)

3세대 LEP 자녀 (1.5%)

LEP인 1세대 및 2세대 자녀(4.9%)

Notes: 1st generation=children born abroad; 2nd generation=US-born children with at least one foreign-born parent; 3rd generation plus=US-born chidren with US-born parents

Source: Authors' calculations based on the 2000 Census data

그럼에도 불구하고, 유치원에서는 LEP 학생이 10%였던 것이 6학년-9학년 그룹으로 가면 6%로 줄어드는 것에서 볼 수 있듯이 시간이 지나면 결국 아이들은 점차 영어를 습득하게 된다(그림 7 참조).

가정에서의 언어적 소외

2000년에 LEP 초등학생 일곱 중 대략 여섯은 언어적으로 소외된 가구(14세 이상 가구 구성원 전원이 LEP)에 속해 있었다(그림 7 참조). 언어적으로 소외된 가정의 자녀 비율은 자녀의 영어 구사력 패턴과 같이 유치원(8%)에서는 높고 중학교(4%)에서는 낮은 것으로 나타났다. 영어 구사력이 부족한 가정에서 나타나는 높은 수준의 언어적 소외는 이민자 가정의 자녀 교육에 큰 도전이 되고 있다.

그림 6. 세대별 LEP 학생 비율(2000년): 유치원 이전 - 5학년 및 6 - 12학년

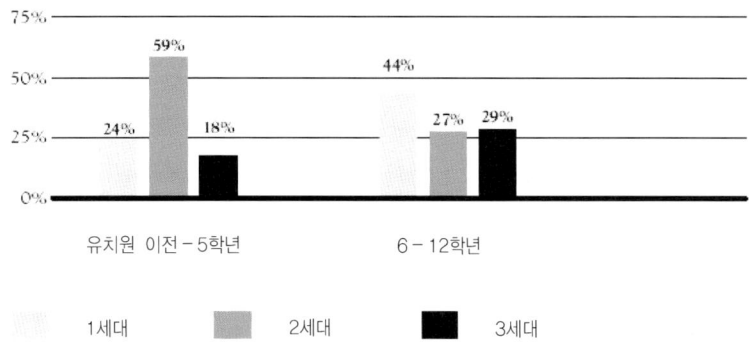

Source: Urban Institute tabulations, 2000

그림 7. 학년별로 LEP 및 언어적으로 소외된 자녀(2000년.%)

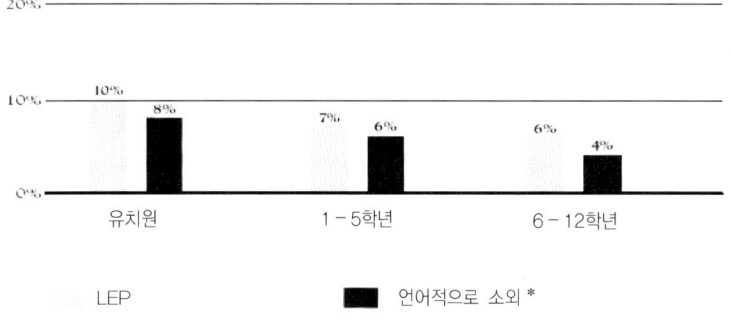

* 전 가족 구성원이 14세 이상이고 LEP인 세대에 사는 학생
Source: 1percent PUMS, 2000. R. Capps, et al. *The New Demography of America's Schools: Immigration and the No Child Left Behind Act* (Washington, DC: The Urban Institute, 2005)

부모 소득과 교육

저소득층 학생과 LEP 학생은 상당 정도 중첩되는 것으로 나타났다. 2000년의 경우 영어가 능숙한 자녀의 겨우 삼분의 일이 저소득층이었

던 것에 비해 LEP 학생은 3분의 2가 저소득층이었다. 이러한 결과는 LEP와 빈곤 간에 높은 상관관계가 있음을 보여준 과거의 다른 연구와도 일치한다.[10)

부모의 학력 측면에서 보면, 2000년의 경우 전체 LEP 초등학생의 거의 절반이 고교 졸업 미만의 학력을 가진 부모를 두었고, 4분의 1은 9학년 미만의 교육을 받은 부모를 둔 것으로 나타났다 (그림 8 참조). 이는 영어가 능숙한 자녀의 경우 11%만이 고교 졸업장이 없는 부모였고, 단 2%만이 9학년을 마치지 못한 부모라는 사실과 크게 대조된다. 중학교에서는 고교 졸업장이 없는 부모를 가진 LEP 학생의 비율이 다소 줄어들지만(35%), 그래도 여전히 토박이 자녀의 비율보다는 몇 배나 높게 나왔다.

이처럼 다수가 이민자 자녀들인 이들 LEP 학생들이 가난한 가정의 아이들이거나, 학력이 낮은 부모를 두었을 확률이 높다는 사실은 학생들의 학업 성취에 상당한 위험 요인인 것으로 알려져 있다.

---

10) R. Capps, L. Ku, M. Fix, C. Furgiuele, J. S. Passel, R. Ramchand, S. Mc Niven, and D. Perez-Lopez, *How Are Immigrants Faring after Welfare Reform? Preliminary Evidence from Los Angeles and New York City — Final Report*(Washington, DC: The Urban Institute, 2002).

그림 8. 비LEP 학생과 LEP 학생의 부모 학력별, 학년별 비율(2000년)

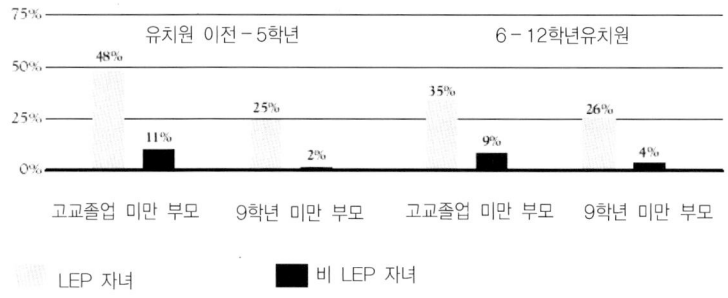

Source: 1percent PUMS, 2000. R. Capps, et al. *The New Demography of America's Schools: Immigration and the No Child Left Behind Act* (Washington, DC: The Urban Institute, 2005)

:: 이민자 자녀의 학업 성취

이민자 자녀, 특히 LEP인 자녀가 학교에서 성공적으로 학업을 수행하기에 많은 어려움을 겪게 되는 것은 분명하다. 이러한 장애에도 불구하고, 현재까지의 문헌을 살펴보면 이민자 자녀들이 대체로 미국 교육 시스템에 잘 적응하며, 오히려 미국 출생 부모를 둔 아이들을 능가하는 경우도 자주 본다.[11]

그런데 이민자 자녀의 학업적 성취—평점평균(grade point average, GPA), 시험 점수, 학교 등록률로 측정—는 미국에서 거주한 기간에 따라 다르다. 한 연구에서는 이민자의 미국 출생 자녀가 외국 출생의 자녀, 특히 미국에 산 지 9년 이하인 그룹보다 읽기와 수

---

11) A. Portes and R. Rumbaut, *Legacies: The Story of Immigrant Second Generation* (Berkeley, CA: University of California Press, 2001); Seealso C. Suarezand M. Suarez-Orozco, *Children of Immigrants*(Cambridge, MA: Harvard University Press, 2001); N. Foner, *From Ellis Island to JFK: New York's Two Great Waves of Immigration*, Chapter 7(New Haven: Yale University Press, 2000).

학 시험에서 월등히 높은 성적을 나타냈다. 그러나 외국 출생 학생의 GPA는 학생이 미국에서 보낸 기간이 증가할수록 오히려 떨어졌는데, 이는 문화변용(acculturation)과정이 학생의 성적을 하향시키는 요인으로 작용했을 수도 있음을 시사한다.[12] 또 다른 최근 연구에서는 이민자의 미국 출생 자녀의 고등학교와 대학의 등록률이 세대 간에 상당한 발전을 보이고 있다고 보고되었다.[13]

학생들이 학교에서의 과업 수행 측면에서 볼 때, 이민자 그룹 간에도 서로 큰 차이가 존재하는 것으로 나타났다. 연구에 의하면, 평균적으로, 아시아계와 유럽계 후손(특히 최근 이민 온)은 미국 출생 학생들만큼, 또는 종종 그보다 더 훌륭하게 학업을 수행해 나가는 것으로 나타났다. 이에 반해, 라틴아메리카와 캐리비안 출신 이민자 자녀는 GPA 점수도 낮고 중퇴율도 더 높은 것으로 나타났다.

이민자 그룹의 출신 국가별 다양성을 고려하여, 학생의 학업 성취도 차이를 보다 자세하게 살펴 볼 필요가 있다. 예를 들어, 마이애미와 샌디에이고에 거주하는 이민자의 미국 출생 및 외국 출생 자녀들에 대한 연구에서, 포티스와 럼바우트는 중국계 학생과 한국계 학생이 수학과 쓰기 시험에서 최상위권 그룹에 드는 것을 알아 냈다. 이와 대조적으로, 라오스계와 캄보디아계 학생은 멕시코계를

---

12) Portes and Rumbaut, *Legacies*.

13) R. Waldinger and R. Reichl, "Today's Second Generation: Getting Ahead or Falling Behind?" in *Securing the Future: US Immigrant Integration Policy*, ed. Michael Fix. 학교 등록률은 이 장에서 초점을 맞추고 있는 사안인데, 학업 성취도 측정에 일반적으로 사용되는 몇 가지 다른 요소들 중 하나일 뿐이다. 이 외 다른 것들로는 중퇴율, 학교를 마치는 비율 등이 있다. 중요한 것은, 젊은 이민자가 미국에 와서 일을 하고 학교에 등록하지 않는다면, 이들은 전통적인 중퇴율에서는 표시되지 않는다는 점이다.

제외한 모든 다른 이민자 자녀 그룹보다 뒤쳐지는 것으로 보고되고 있다. 이상을 통해 우리는 부모의 사회적 경제적 자본이 이들 집단의 성적 부진에도 상당한 역할을 한다는 사실을 밝혀냈다.

::고질적인 LEP 학생의 학업 성취도

여러 가지 난관이 있음에도 불구하고 이민자 자녀들은 대체적으로 학업수행을 잘 해 나가고 있는 반면에, LEP 학생들은 LEP가 아닌 학생들에 비해 지속적으로 뒤쳐지는 것으로 나타났다. LEP 학생의 학업 성취도를 나타내는 지표 중의 하나가 그들이 시간이 지남에 따라 비LEP 학생에 비해 읽기와 수학에 얼마만큼의 진전을 보이는가 하는 것이다. 아래의 결과는 LEP 학생의 학업 성취에 대한 가장 최근 데이터인 2005년 국가학력평가(National Assessment of Educational Progress, NAEP)에서 나온 것이다. 종종 '국가 성적표'라고도 불리는 NAEP는 미국 학교에 재학하는 학생들이 알아야 할 다양한 과목별 학생들의 학업수준을 지속적으로 평가하는 전국 규모의 데이터라고 할 수 있다.[14]

NAEP 데이터의 학업 성취도 결과

그림 9와 10은 4학년과 8학년 LEP 학생이 2005년 수학시험에서 그 이전 어느 해보다도 높은 평균 점수를 거두기는 했지만, LEP

---

14) NCLB는 Ⅰ편 기금을 받는 주는 NAEP에 참가할 것을 요구한다.(Ⅰ편은 모든 주가 저소득층 자녀와 이 학생들이 다니는 학교에 쓰도록 되어 있는 연방 제공 기금이다.) 각 주는 4학년과 8학년이 NAEP 수학과 쓰기 평가에 참여해야 한다. 동일한 영어 구사력 기준이 설정된 동일한 테스트를 표준적으로 운영하고 긴밀하게 모니터함으로써 주 간 LEP 학생을 비교할 수 있다.

학생과 비LEP 학생 간에 지속적으로 존재했던 격차가 아직도 여전하다는 것을 보여 준다. 2005년 NAEP를 통해서 처음으로 이전 LEP 학생(언어학습 프로그램 수료)과 현재 LEP 학생을 구분하여 비교하여 봄으로써 이전 LEP 학생이 동년배 LEP 학생보다 훨씬 성적이 좋고, 또 일부 경우에는 비LEP 학생과 비교해도 동등한 점수를 받아 냈다(4학년)는 것을 발견하였다. 또한 NAEP 데이터는 8학년 LEP 학생의 단지 6%만이 수학에서 우수(proficient) 이상의 등급을 받은 반면에, 이전 LEP 학생들은 24%(비LEP 학생의 경우에는 31%)가 이 같은 성적을 거두었다는 것을 보여 주고 있다. 이전 LEP 학생이 전국적 수준에서(NAEP) 이러한 주목할 만한 성적 향상을 보여 준 것은 캘리포니아와 콜로라도에서 주 단위 성취도 시험을 치른 학생들의 점수에 대한 과거의 연구 결과와 일치하는 것이다.[15] 두 주 모두에서, 언어개발 지원을 받은 후에 영어가 능숙한 수준에 이른 8학년 학생들은 다른 LEP 학생에 비해 주 단위 수학 시험에서 더 좋은 성적을 거둔 것으로 나타났다. 더구나, 캘리포니아에서는 이전 LEP 학생과 비LEP 학생 간의 격차도 매우 근소하게 나왔다.

NAEP 데이터는 읽기 평가에 대해서도 이상과 유사한 평가 결과가 나온 것을 보여준다. 물론 LEP 학생과 비LEP 학생 간의 읽기 시험에서의 점수 차이가 존재한다는 것을 보여 주기는 하지만, 이것이 순전히 학업 성취도를 비교해 주는 것이라고 볼 수 없는 이유는 정의에 따라 LEP 학생은 단지 영어를 잘하지 못하는 학생

---

15) J. Batalova, M. Fix, and J. Murray, *Adolescent English Language Learners: Their Demographic Profile and Literacy Achievements*, A Report to the Carnegie Corporation of New York(Washington, DC: Migration Policy Institute, forthcoming).

으로 규정되기 때문이다.

그림 9. 영어 능숙 정도에 따른 4학년생의 수학 평균점수: NAEP, 1996 - 2005년

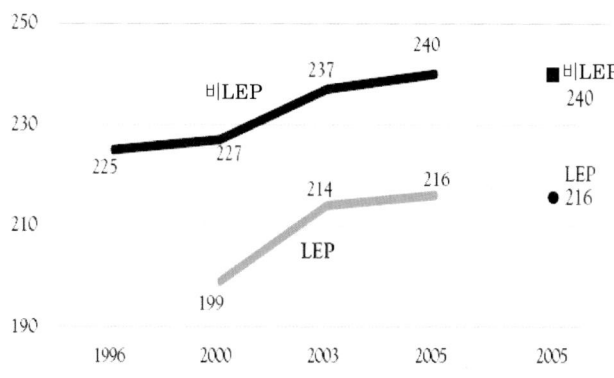

주: 비LEP 및 LEP 하위그룹의 2005년의 평균 점수는 1996년, 2000년 및 2003년 보다 월등히 상승하였음
Source: US Department of Education, Institute of Education Sciences, National Center for Education
    Statistics, National Assessment of Educational Progress (NAEP), 2005 Mathematics Assessment,
    4th grade.

그림 10. 영어 능숙도별로 8학년의 수학 평균 점수: NAEP, 1996 - 2005년

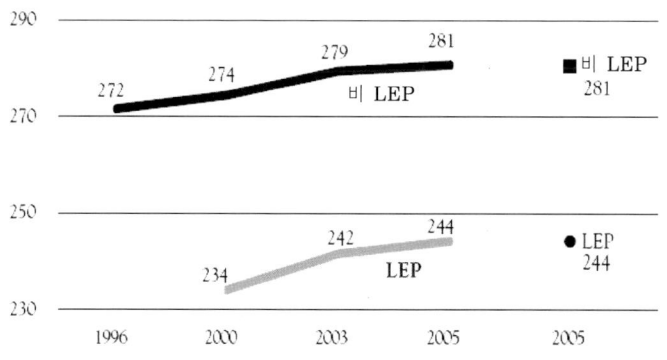

주: 비LEP 및 LEP 하위그룹의 2005년의 평균 점수는 1996년, 2000년 및 2003년 보다 월등히 상승하였음
Source: US Department of Education, Institute of Education Sciences, National Center for Education
    Statistics, National Assessment of Educational Progress (NAEP), 2005 Mathematics Assessment,
    8th grade.

::이민자 자녀 교육의 진화

미국에서의 교육은 이민자 통합을 위한 메커니즘일 뿐 아니라, 이민자 통합의 지표이다.[16] 지난 100년간, 미국은 두 번의 거대한 이민 물결을 흡수하였다. 하나는 20세기로 들어설 무렵, 주로 유럽계 중심으로 이루어졌고, 다른 하나는 1965년 이래로 아시아계와 라틴아메리카계의 증가로 이루어 졌다.

그런데 오늘날의 이민자 자녀와 20세기 초 이민자 자녀가 미국 교육 시스템에서 직면하는 상황간에는 서로 놀랄 정도의 유사성이 존재한다. 오늘날도 그런 것처럼 20세기 전환기에 있어서도 교육은 모두 사회적 경제적 유동성과 연결되어 있었다. 미국에 도착하는 이민자의 상당 부분이 영어를 못했다. 그리고 많은 학교, 특히 도시 지역 학교들은 학생 수도 너무 많았고, 자원과 숙달된 교직원도 부족하였다.

그럼에도 불구하고 이 두 시기 간에는 중요한 차이가 있다. 이민자 자녀의 사회적 경제적 유동성과 관련하여 학교 교육의 결정적 중요성에 대한 강조에 있어서 두 시기 간에는 아주 실질적인 차이가 존재한다.

교육은 더 이상 사치가 아니고. 필수이다.

한 가지 중요한 차이점이 있다면 먼저 오늘날 미국 경제는 근로자들에게 더 높은 수준의 교육을 요구한다는 점이다. 20세기 초에는 고등학교 졸업장조차도 하나의 사치였다. 어린 아이들이 돈을 벌어

---

16) B. Weiss, *American Education and the European Immigrant, 1840–1940*, Introduction(Chicago, IL: University of Illinois Press, 1982).

가족의 생계에 기여하는 것이 너무나 당연하였고 또한 그래야만 했었다. 또한 1970년대에는 이민자에게 좋은 수입을 보장하는 제조업 일자리가 있었고 그래서 일정한 정규 교육이 없어도 중산층 라이프 스타일을 성취하는 블루컬러 노동계층의 대열에 합류할 수 있었다.

그러나 오늘날 지식기반의 미국 경제는 숙련되고 교육받은 인력을 필요로 하는 일자리를 만들어 내고 있다.[17] 수많은 연구가 보여주듯이, 노동 시장이 고학력에 지불하는 프리미엄은 놀랄 만큼 증가하였다. 성별에 관계없이, 학사 이상 학력의 풀타임 근로자는 고졸 근로자보다 거의 두 배의 급여를 받는다.[18] 그리고 물론, 이러한 임금 프리미엄의 당연한 결과로서 고등학교도 마치지 못한 사람들은 그만큼 불이익을 받는다는 것이다.

:: 이민자 자녀 교육에 있어 연방 정부의 역할 변화

과거의 이민자 유입 시기에는 이민자 자녀의 교육 받을 '권리'에 대한 법적 인식이 제대로 없었다. 그런데 1960년대 이래로, 이민자 자녀도 미국 학교에서 교육을 받고 대접받는 방식에서 극적인 변화가 있었다. 1960년대까지 가장 일반적인 언어 교육 방식은 주입식 영어집중훈련, 즉 "잘 따라오지 못해 물속에 가라앉거나, 아니면 헤엄쳐서 따라오거나" 식의 접근이었다. 또한, 학생들은 학과목에서 진도를 따라갈 만큼 영어가 충분할 때까지 다음 학년으로 진급도 허락

---

17) Bureau of Labor Statistics, "Table 3b. The 10 fastest growing occupations, 2002–12," US Department of Labor, 2004, http://www.bls.gov/news.release/ecopro.toc.htm.

18) M. W. Horrigan, "Employment Projections to 2012: Concepts and Context", *Monthly Labor Review* 127, no.2(Feb 2004): 80–105.

되지 않았다. 그런데 1968년 이중언어 교육법이 통과되면서 의회는 경제적으로 취약한 처지에 있는 LEP 학생에게 이중언어 교육을 실시하는 연방 정책을 수립하고, 혁신적인 프로그램을 위해 예산을 배정하며, 비영어권 학생들이 직면하는 특수한 교육적 불이익에 대해 인정하게 되었다. 1974년에 미국 대법원은 "각 학군은 비영어 구사자가 직면하는 교육적 장벽을 극복하기 위한 적극적인 조치를 취해야한다"고 판결하였다[19]. 의회는 결국 이중언어 프로그램의 대상 자격을 "영어 말하기 능력 부족(limited English speaking ability)"에서 "영어 구사력 부족(limited English proficiency)" 학생으로 확대하고(1978), 가족 영어 읽고 쓰기 프로그램을 지원할 것을 의결하였다.

이러한 정책과 기타 연방 및 주정부의 노력의 결과로 오늘날의 미국 교육 시스템은 이민자 자녀의 학업 준비와 영어 지식수준의 차이를 수용하는 광범위한 프로그램을 제공하게 되었다.[20]

:: 낙오아동방지법(No Child Left Behind): 기념비적인 교육 법안

2002년 초에 제정된 낙오아동방지법(NCLB)은 미국 교육 역사와 이민자 자녀에 대한 논의에 있어서 가장 최근에 이루어진 중요한 정책이다. 이 법에 따라서 저소득층 학생과 이들을 교육하는 학교에 대하여 지속적인 연방교육법의 적용과 이에 따른 예산배정(타이틀 I)이 이루어졌다. NCLB에 따라서 모든 주, 학군, 학교는 읽기와

---

19) 언어적 소수자 학생에 대한 연방정책 및 법률에 대한 간략한 소개를 위해서는 NCELA, FAQ#3; 역사에 대하여서는 http://www.ncela.gwu.edu/expert/faq/03history.htm참고. 또한 G. Stewner-Manzanares, *The Bilingual Education Act: Twenty Years Later*, NCBE, Number 6, 1988, http://www.ncela.gwu.edu/pubs/classics/focus/06bea.htm도 참고.
20) Ibid.

수학에서 정규 주 단위 표준 테스트를 통하여 학생의 학업성취도를 측정하고 이에 따라 학생들의 수준 향상에 대한 책임이 부과되었다. 가장 주목할 점은, 역사적 관점에서 취약한 하위 그룹 학생들에 대한 학업성취도 개선이 이루어져야 한다는 조치가 이루어진 점이다. 여기에는 주요 인종 및 소수민족그룹, 장애학생, LEP 학생으로 주로 많은 이민자 자녀 등이 포함된다. NCLB가 정한 기준을 만족시킬만한 성과를 보여 주지 못한 학교와 학군은 연방의 엄격한 제재를 받게 된다. 몇 년이 지나도록 기준을 만족시키지 못하면 직원을 감원하고, 커리큘럼을 재정비하며, 또는 심지어 학교문을 닫아야 할 수도 있다. NCLB는 2014년까지 미국의 모든 학생이 읽기와 수학 능력에서 능숙한 수준에 도달하는 것을 목표로 하고 있다. 또한 사상 처음으로 연례영어능숙도 테스트를 치러 해당 학군이 LEP 학생에게 제대로 영어를 교육하고 있다는 것을 증명할 것도 요구하고 있다.

이러한 NCLB의 시행으로 미국 연방 교육정책은 — 그러나 논란의 여지는 있지만 연방 이민통합정책 상에서 — 일대 전면적인 변화에 직면해 있다.

::현행 정책 및 이민자 자녀와 LEP 학생에 미치는 영향

NCLB는 이민자 자녀를 비롯한 역사적으로 미국사회에서 소외당해 온 그룹의 통합을 교육의 우선순위로 올려놓았다. 그러나 이민자 자녀와 LEP 학생을 위해서는 단지 NCLB 실행에서뿐 아니라 다른 교육정책 및 실행 분야에서도 많은 도전 과제가 남아 있다. 아래 다섯 가지 중요한 정책 이슈를 설명하고자 한다: 1) LEP 학생의 학업성취도 평가 2) 언어 능력의 격차를 좁히는 것 3) 이민자 부모의 참여 확대 4) 자격을 갖춘 이중언어 또는 ESL(외국어로서의 영어, English as a Second Language) 교사 확보 5) 이민자 청소년의 수요 충족 등이다. 다음에는 이민자 자녀 교육을 중심으로 한 국가의 정책적 배려에 상응하여 개발된 지역차원의 세 가지 대안들을 살펴보고자 한다.

LEP 학생의 학업 성취도 평가

NCLB 시행 이전, LEP 학생은 학교의 책무성(accountability)을 제고하기 위해 치르는 주 단위 표준 학업능력평가에서 배제되곤 했다.[21] 그러나 NCLB 도입 이후 쓰기와 수학 능력에서 LEP 학생의 발전을 평가하고 연례적으로 보고하도록 학교와 학군에게 의무를 부과함으로써 과거의 LEP 학생을 배제시키는 패턴이 바뀌어지게 되었다.[22] 모든 LEP 학생을 2014년까지 읽기와 수학에서 능숙한 수준에 이르도록 하겠다는 다소 논란의 여지가 있는 목표 아래 이제 이들은 매년 적절한 수준의 학업 성취를 이루어 내야만 한다.

그런데 이렇게 새로운 요건을 시행하는 일이란 결코 쉬운 일이 아니다. 첫째, 현재의 LEP 학생들이 영어를 습득함에 따라 그들은 LEP에서 벗어나게 되겠지만 다른 한편으로 새롭게 미국에 들어온

---

21) 예를 들어, Council of the Great City Schools(CGCS), "Educating English Language Learners in the Nation's Urban Schools", 2001 참고. NCLB 도입 이전에 수행된 이 연구에서 대부분의 LEP 학생들이 집중되어 있는 미국 도시의 최대 학군들의 겨우 절반만이 주 단위의 평가에 LEP 학생들을 포함시켰던 것으로 밝혀졌다.

22) NCLB의 모법인 1994년 미국학교개선법(Improving America's Schools Act of 1994) 또한 주에서 LEP 학생을 평가에 포함시켜 하위 그룹으로서 따로 성적을 보고하도록 요구하였다. 그러나 NCLB의 강력한 책무성 메커니즘을 갖추고 있지 못했고, 많은 주가 이 법을 지키지 않았다. Citizens Commission on Civil Rights, *Closing the Deal: A Preliminary Report on State Compliance with Final Assessment & Accountability Requirements Under the Improving America's Schools Act of 1994*(March 1, 2001).

LEP 학생들이 또 그 학교에 여전히 다니게 될 것이기 때문이다. 이렇게 되면 인종이나 신체장애 등에 따라 NCLB의 적용을 받는 다른 '보호' 그룹과는 달리, 해당학교 LEP 개별 개인은 교체되는 것이지만 전체로서의 LEP는 그대로 남아있게 되는 셈이다. 말하자면 학교에 LEP 학생그룹의 성취도 향상에 대하여 책임을 지울 경우 영어를 터득하여 성적 향상을 이룬 학생은 계속해서 배출되겠지만, 영어를 잘 못하는 새로운 구성원의 계속적인 편입으로 그룹 자체로 볼 때는 여전한 상태로 남아있는 것이다.

미국 교육부는 이러한 문제를 인식하고 이전 LEP 학생이 영어가 능숙하게 된 후에도 이들을 LEP 그룹으로 2년 동안 계속 포함시키는 것을 허용하고 있다.[23] 이론적으로 볼 때, 이전 LEP 학생을 포함하게 하면 이들이 표준 학업 평가에서 더 좋은 성적을 올리고, 따라서 전체로 LEP 하위 그룹의 성적도 올라가 해당 학교가 제재를 피할 수 있게 되는 것이다.

그러나 이러한 임시방편적 '개선'으로도 이들로 하여금 완전한 능력을 갖추게끔 만들어야 하는 정책상의 더 큰 과제까지 피할 수는 없다. 따라서 일부에서는 LEP 학생 전체 그룹으로서보다는 개별 학생의 장기적 발전을 평가하고 보상하는 것이 NCLB를 통한 발전 측정을 위해 더 좋은 방법이라고도 한다. 이러한 평가 방식은 개별 학생의 성적 향상에 근거하는 것이기 때문에 계속해서 그 구성원이 교체되는 LEP 하위그룹과 연관된 평가로 부터의 영향을 완화할 수 있을 것이다. 2005년에 교육부 장관 마거릿 스펠링은 개별 학생의 장기적 평가를 사용하는 시험적 프로그램을 승인하였다. 그

---

23) US Department of Education, Letters from Secretary Rod Paige(June 24, 2004).

럼에도 불구하고, 2014년까지 LEP 학생을 포함한 모든 학생이 100% 학업 성취도를 보이도록 만들겠다는 목표는 계속 유지되고 있다.[24)]

또한, 학업 평가 시험지가 영어로 쓰여 있기 때문에, LEP 학생의 학업 지식을 학생의 언어 능력과 분리해 내는 것도 어려운 일이다. NCLB는 각 주가 실행 가능한 최대한 개별 학생이 알고 있고 할 수 있는 것이 무엇인지, 가장 타당하고 믿을 수 있는 결과를 산출해 낼 수 있는 방식으로 LEP 학생을 테스트하라고 지시하고 있다. 그래서 LEP 학생은 동료 학생들과 동일한 영어로 된 테스트를 받을 수도 있고, 단순화된 영어나 다른 수단(시간을 더 주거나 사전 사용을 허용)을 사용한 테스트, 또는 심지어 학생의 모국어로 된 테스트를 받을 수도 있다. 현재 10개 주가 NCLB에 따라서 LEP 학생을 평가하기 위해 모국어 테스트를 채용하고 있다.[25)] 이렇게 LEP 학생이 사용할 수 있는 기타 평가 수단의 형태는 주마다 매우 다양하다.[26)]

그러나 아직까지는 LEP 학생들을 평가하고 비교하기에 적합한, 타당하고 신뢰할 수 있는 결과를 산출해 낼 수 있는 방법에 대한 연구 기반은 매우 빈약하다. 지금까지의 연구 결과는 아이들이 공부를 배울 때 사용한 언어를 이용한 시험에서 가장 좋은 성적을 올린다는 것을 알 수 있다.[27)] 그러나 전국적으로, 모든 LEP 학생

---

24) US Department of Education, *No Child Left Behind: A Road Map for State Implementation*, 2005.

25) M. A. Zehr, "Wary Districts Shift or Forgo Federal Funds", *Education Week* (September 14, 2004).

26) US Department of Education, *Biennial Evaluation Report to Congress on the Implementation of the State Formula Grant Program 2002-2004*, English Language Acquisition, Language Enhancement and Academic Achievement Act(ESEA, Title III, Pt. A) (Washington, DC, 2005).

의 절반을 훌쩍 넘는 수가 LEP 학생을 대상으로 한 서비스를 받지 않거나 거의 전부가 영어로 된 서비스를 받는다는 사실은 모국어로 된 테스트 치르기가 LEP 학생 대다수에게 별로 적당하지 않다는 것을 시사한다.[28] 그럼에도 LEP 학생의 학업 향상에 대한 책임을 개별 주가 지고 있는 지금, 영어 시험에 대한 기타 테스트 수단의 효율성과, LEP 학생을 영어 사용 학생들에 비해 부당하게 유리하게 만드는 것은 아닌지 여부를 각 주가 반드시 평가할 필요가 있다.[29]

언어능력의 격차 좁히기

영어만 사용하는 수업에서부터 자녀의 모국어와 영어 능력을 동시에 함양시키는 것을 강조하는 프로그램에 이르기까지 영어를 가르치기 위한 많은 접근법이 존재한다. 이러한 접근법은 연령 그룹에 따라서도 다를 수 있고 해당 학교에서 각기 다른 언어를 사용하는 학생의 비율에 따라 다를 수도 있다. 가령 스페인어를 하는 학생이 많은 초등학교에서는 이중언어 프로그램을 채택할 수 있는 반면에, LEP 학생이 상대적으로 적은 고등학교에서는 우르두어(* 역자주:

---

27) J. Abedi, C. Lord, and C. Hofstetter, "Impact of Selected Background Variables on Students' NAEP Math Performance", *Center for the Study of Evaluation Technical Report 478* (Los Angeles, CA: UCLA National Center for Research on Evaluation, Standards, and Student Testing, 1998) 참고.

28) LEP 학생에 대한 데이터는 A. M. Zehler, H. L. Fleishman, P. J. Hopstock, T. G. Stephenson, M. L. Pendzick, and S. Sapru, "Descriptive Study of Services to LEP Students and LEP Students with Disabilities", *Research Report Volume 1*(Arlington, VA: Development Associates, Inc., 2003) 참고.

29) J. Abedi and R. Dietel, "Challenges in the No Child Left Behind Act for English Language Learners", National Center for Research on Evaluation, Standards, and Student Testing(CRESST)/(UCLA, 2004).

파키스탄 공용어)나 포르투갈어와 같은 흔하지 않은 언어를 말하는 학생에게 전통적인 ESL 교습법을 사용할 수도 있다(박스 2 도심 학군의 LEP 학생을 위한 프로그램에 대한 검토 참조).[30] 이 글 앞부분에서 상세히 말했듯이 미국의 이민자 자녀가 사용하는 언어는 100가지가 넘기 때문에, 교습 방법에 있어 다양한 접근이 필요하다.

박스 2. 도심 학군 LEP 학생을 위한 교습 방안

프로그램명	교습 언어	내용을 가르치는 언어	예능 수업 언어
이중언어 프로그램 양방향 프로그램 이중언어 집중학습	영어와 모국어	영어와 모국어	영어와 모국어
발달 프로그램 대기만성 프로그램 (Late exit)	영어와 모국어	영어와 모국어; 학생의 영어 실력이 향상됨에 따라 영어를 통합 교습을 늘림	영어와 모국어
이행 프로그램 조기 탈출(Early exit) 프로그램	영어만 사용	영어와 모국어; 강의 전부 또는 대부분을 영어로 진행하도록 방식으로 빠르게 넘어감	영어, 영어로의 이행을 돕기 위해 모국어 사용
보호 프로그램 SDAIE 내용 기반 ESL	영어만 사용	학생의 영어 구사력수준에 맞춘 영어	영어가 모국어인 학생 및 ELL과 같은 교실에서 영어 사용
풀아웃 ESL 자기억제 ESL	영어만 사용	학생의 영어 구사력수준에 맞춘 영어	모두 ELL인 교실에서 영어 사용
잉글리쉬 온리 (언어적 지원 없음)	영어만 사용	영어	영어

주: ELL이란 영어 학습자, English Language Learner를 뜻하는 용어로 많은 연구자들이 LEP보다 이 용어를 선호한다. 이 보고서에서는 NCLB에서 사용하는 용어를 따라 LEP를 주로 사용한다.

초기유아교육(pre – kindergarten) 프로그램은 많은 주에서 최근에 와서 확대 시행하는 프로그램인데, 이민자의 어린 자녀들이 조기에 영어를 습득할 수 있는 확실한 방안으로 대두되고 있다. 조사 결

---

30) 중등학교 LEP 학생에 대한 데이터는 R. Capps, M. Fix, J. Murray, et al., The *New Demography of America's Schools: Immigration and the No Child Left Behind Act*(Washington, DC: The Urban Institute, 2005) 참고.

과에 의하면 LEP 아동을 겨냥한 이중언어 초기유아교육 프로그램을 포함한 효과적인 유치원 프로그램으로 아동의 학업 성취에 긍정적인 영향을 미칠 수 있다는 것을 알 수 있다.[31] 오클라호마에서 시행된 한 최근 연구에서는 오클라호마의 보편적인 초기유아프로그램에서 히스패닉 자녀가 다른 그룹보다 월등한 성취를 보였음이 밝혀졌다.[32] 그러나 아직 미국의 초기유아프로그램에서는 그 수에 비해 크게 고려가 되고 있는 편이 아니며, 따라서 앞으로 이들에 대한 배려의 필요성이 있다.[33]

영어 구사력이 부족한 학생들이 상급 학교에 들어가게 됨으로써 각급 학교는 이제 더 어려운 과제에 직면하게 되었다. NCLB는 각 주로 하여금 LEP 학생들의 성취도를 평가할 수 있는 영어 구사력의 기준, 평가 방법, 측정 가능한 목표를 개발할 것을 요구하고 있다.[34] 각 주는 영어 학습에 있어 발전을 보인 아동의 수 또는 비율이 얼마나 증가하였는지를 매년 보여 주어야 한다. 영어 말하기

---

31) 초기유아프로그램의 장기적인 영향에 관해서는 W. S. Barnett, "Long-Term Effects of Early Childhood Programs on Cognitive and School Outcomes", *The Future of Children* 5, no.3(1995); 이중언어 초기유아프로그램에 관한 소규모 평가에 관해서는 J. L. Rodríquez, R. M. Díaz, D. Duran, and L. Espinosa, "The Impact of Bilingual Preschool Education on the Language Development of Spanish-Speaking Children", *Early Childhood Research Quarterly* 10(1995): 475-490 and A. Winsler, R. M. Díaz, L. Espinosa, and J. L. Rodríguez, "When Learning a Second Language Does Not Mean Losing the First: Bilingual Language Development in Low-Income, Spanish-Speaking Children Attending Bilingual Preschool", *Child Development* 70, no.2(1999): 349-362. 참고.

32) W. Gormley and D. Phillips, "The Effects of Universal Pre-K in Oklahoma: Research Highlights and Policy Implications"(Washington, DC: Georgetown Public Policy Institute, 2003).

33) Capps et al., *The New Demography of America's Schools*(각주 30 참고).

34) US Department of Education, *Biennial Evaluation Report to Congress*, 2005(각주 26 참고).

에서 능숙한 수준이 되려면 평균 3 - 5년이 걸리는 반면에, 학업 영어 구사력 습득은 NCLB에 따른 학업 내용 테스트수행 정도에만 도달하기 위해서도 일반적으로 5 - 7년이 걸린다.[35]

지금까지 미국의 각 주는 이러한 NCLB의 목표를 성취함에 있어 많은 진전을 보여주고 있다. 최근 의회에 제출한 교육부 보고서에서 42개 주 중 33개 주가 영어 습득에 있어 목표를 달성했다고 보고되었으며, 보고한 45개 주 중 41개 주는 학생의 학습영어 구사력에서도 어느 정도의 목표를 달성했다고 보고했다.[36]

한편, NCLB의 영어능력에 대한 책무 조항은 쓰기와 수학의 학업내용 기준 충족 조항처럼 엄격하지는 않다. 각 학교는 쓰기와 수학에서도 2014년까지 학생 100%가 합격 판정을 만족시켜야 한다는, 논란가능성이 있는 국가 성취 목표 같은 것은 설정해 놓고 있지는 않다. 영어 구사력에 대한 책임 조항도 개별 일선학교 보다는 학군에 적용되며, 학교 구조조정, 학교선택, 또는 보충교육과 같은 부가적 개입을 요구하고 있지도 않다.[37]

---

35) K. Hakuta, Y. G. Butler, and D. Witt, *"How Long Does It Take English Learners to Attain Proficiency?"*, *Policy Report 2000-1*, The University of California Linguistic Minority Research Institute, 2000.

36) US Department of Education, *Biennial Evaluation Report to Congress on the Implementation of the State Formula Grant Program 2002-2004*, English Language Acquisition, Language Enhancement and Academic Achievement Act(ESEA, Title III, Pt. A) (Washington, DC, 2005).

37) Center on Education Policy, *From the Capital to the Classroom: Year 3 of the No Child Left Behind Act*, 2005. 학군으로 하여금 학생들의 영어습득에 대한 책무를 지우기 위한 메커니즘은 대개 Title III에 따른 예산지원에 의존하고 있다. Title I과 달리 Title III는 먼저 주에 배정된 후 각 학군 또는 학군 컨소시엄에 배정된다. 개별학교는 직접적으로 자금지원을 받지 못한다. 그러나 해당 학군의 한두 개 학교 때문에 학군의 영어습득 목표달성에 지장이 생길 경우, 학군은 해당 학교의 NCLB에 따른 개선계획에 기초하여 이를 변경할 수 있다.

이민자 부모 참여의 확대

가정이나 학교에서 부모가 교육에 관여했을 때 아이의 학업 성과에 긍정적인 영향을 미친다는 결론을 보여주는 연구 조사는 매우 많다.[38] 그럼에도 불구하고, 연구자들은 이민자와 LEP 부모의 학교 참여에 있어 언어 장벽과 미국 학교 시스템에 대한 이해 부족, 문화적 원인에 따른 학교 운영진에 대한 맹종을 비롯한 다양한 장벽이 있다고 보고 있다.[39]

NCLB하에서, LEP 학생의 부모는 자신들의 자녀들이 LEP라는 사실과, 이에 따른 학습 대안 및 학습 목표, LEP를 면하기 위한 요건, 요구되는 영어 습득률, 영어 교습을 거절할 권리등을 반드시 통보받도록 되어있다. NCLB는 또한 학교와 학군이 '실행 가능한 정도까지' 학부모가 이해할 수 있는 언어로 모든 부모와 의사소통하고 필요한 경우 이들을 학교 개선 계획에 참여시켜야 한다고 강조한다.

학부모와 상호작용한다는 것은 학교가 많은 학부모의 낮은 교육 수준, 언어적 소외, 불규칙하거나 긴 직장 시간 등과 싸워야 한다는 것을 의미한다. 부모를 위한 적절한 통역자를 찾는 일은 급속한 인구학적 변화를 겪고 있는 신흥 이민자 사회나 많은 다양한 이민 언어가 사용되는 학교에게는 특히 어려운 일일 수 있다. 이러한 어려

---

38) S. Carter, *The Impact of Parent/Family Involvement on Student Outcomes: An Annotated Bibliography of Research from the Past Decade*(Eugene, OR: Consortium for Appropriate Dispute Resolution in Special Education, 2002).

39) A. B. Bermúdez and J. A. Márquez, "An Examination of a Four-Way Collaborative to Increase Parental Involvement in the Schools", *The Journal of Educational Issues of Language Minority Students* 16(Summer 1996) for a short review of this literature 참고.

움에 대응하기 위해서 학군과 학교는 이민자 또는 다른 지역사회 기반 조직과 혁신적인 협력관계를 구축하여 학부모와의 접촉을 확장하고 자녀의 학습에 적극적인 역할을 맡도록 준비시켜야 한다.

박스 3. 의미 있는 학부모 참여에 대한 강조: 질 높은 교육을 위한 학부모 협회(캘리포니아)

질 높은 교육을 위한 학부모 협회(Parent Institute for Quality Education, PIQE)는 1,200개가 넘는 캘리포니아 학교들과 협력하여 이민자 부모들이 자녀 교육에 보다 많이 참여할 수 있도록 노력하였다. 이 협회는 저소득층 또는 이민자 부모에게 학부모의 학교 참여에 관한 9주에 걸친 훈련 코스를 제공한다. 이 코스는 14개 언어로 제공되며 학교 시스템에 대한 안내, 가정에서의 언어 지원, 대학 준비 등을 다루었다. 1987년 이래, 캘리포니아에서 335,000명이 넘는 학부모들이 PIQE 프로그램을 성공적으로 수료하였다. 산디에고 프로그램에 참여한 학부모의 자녀가 장기적으로 어떤 성과를 보이는지 분석한 한 연구는 PIQE 아동이 카운티 평균인 41%에 비하여 겨우 7%의 학교 중퇴율을 보였음을 밝혀냈다. 학부모가 이 프로그램에 참여한 학생은 또한 대학 진학률도 더 높았다. 전체적으로, 대학에 진학한 학생의 수가 카운티 평균(각각 79명 대 52명)을 넘었다. 이러한 사실이 편향된 선택에 영향을 받았을 수도 있는 한편 — 즉 이 프로그램에 등록한 학부모가 자녀를 대학에 보내거나 고교를 하지 않고 다니도록 할 확률이 높았을 수도 있다 — , 적어도 이 프로그램이 학생들에게 긍정적인 영향을 미친다는 점을 시사한다.

Sources: Garza and Osterling, "Strengthening Latino Parental Involvement, Forming Community based Organizations/Schools Partnership," *National Association of Bilingual Educators (NABE) Journal of Research and Practice* 2, no. 1 (Winter 2004): 270–284; Sahafi and Vidano, "Parent Institute for Quality Education," *Organization Special Report on PIQE's Performance Evaluation*, December 2004; PIQE Website: http://www.piqe.org.

자격을 갖춘 이중언어 또는 ESL 교사 확보

NCLB는 미국 학교의 교사들이 그들이 맡은 과목을 가르칠 준비가 충분히 되어 있지 않다는 일반의 우려에 대하여서도 적절한 대응 방안을 마련해야 한다. 특히 LEP 학생이 많은 학교는 공석인 교사 자리를 채우고, 임시교사 자격증이 있는 교사를 구하는 데 어려움을 겪을 가능성이 높다. 2001년의 한 연구 결과를 보면 미국 도시 학군에서 LEP 학생을 담당하는 교사 다섯 중에 하나는 임시 또는 비상 교사 자격증을 가지고 있었다.[40] 텍사스에서는 2000 - 2001 학년도에 고용된 이중언어/ESL 교사들 가운데 초등학교는 48%, 그리고 중학교는 40%가 완전한 교사 자격을 갖고 있지 못했다.[41]

박스 4. 교사 모집에 대한 강조: 덴버 콜로라도 대학 PAR2A 센터

PAR2A 센터는 1994년에 만들어져 교사가 되기를 희망하는 보조교사들의 훈련을 위한 자원 및 연구 조사 센터로서 기능해 왔다. 이 센터는 지역 대학 및 학군과 협력하여 이중언어 및 특수 교육을 전문으로 보조교사를 위한 효과적인 훈련 프로그램을 개발해 왔다. 현재 이 센터는 보조교사가 전문 교사직으로 전환하는 것을 돕는 커리어 래더(Career Ladders) 프로그램에서 몇 가지 프로젝트를 제공하고 있다. 예를 들어 합작 이중언어 교육 교사훈련 프로젝트(Collaborative Bilingual Education Teacher Training project, C-BETT II)는 학사 학위 취득과 초등 또는 중등 이중언어 교육 교사 자격증 취득을 원하는 32명의 참가자 그룹을 지원한다. 해당 분야에서 대학원 과정을 밟기를 원하는 참가자들은 덴버 소재 콜로라도 대학의 석사 프로그램에 등록할 수도 있다. 이 센터는 C-BETT II 프로그램에서 신임 교사로서의 첫 5년간 지속되는 멘토링 프로그램을 만들어 왔다.

Soruce: The PAR^{2}A Center Website: http://www.paracenter.org

---

NCLB 이전에도, 주요 이민자 집거지역에서 이중언어 및 ESL 교사가 부족하다는 조사 결과가 있었다. 최근의 새로운 증거를 보면 이 문제가 아직도 계속되고 있음을 알 수 있다.

미국 도시 학군은 대부분의 이민자 자녀가 거주하고 있는 곳인데, 2001년에 그 60% 이상이 LEP 교사 부족을 보고하였고, 이는

---

40) Council of the Great City Schools, *Educating English Language Learners in the Nation's Urban Schools*(Washington, DC: CGCS, 2001).

41) Institute for School-University Partnerships, "Teacher Demand Study 2000-2001", Texas A & M University System, 2001.

대략 NCLB 도입과 때를 같이한다.[42] 몇 년 후, NCLB 시행 3년차를 평가하는 한 연구에서도 학군들은 LEP 인구를 교육시키는 데 있어 가장 큰 어려움은 자격을 갖춘 교사를 찾는 일이라고 하였다.[43]

LEP 집단을 위한 교사에 대한 수요는 빠른 시일 내에 수그러들 것 같지 않다. 2015년이면 이민자 자녀는 미국 학교 모든 학생의 30%를 차지할 것으로 추산된다.[44] 학교, 학군, 주는 우수한 자격을 갖춘 이중언어 및 ESL 교사의 숫자를 늘릴 방법 — 예를 들어 유망한 이중언어 보조교사의 정교사 전환을 독려하는 등 — 을 찾아야만 한다.[45]

이민 청소년의 수요 충족

이민자의 청소년 자녀 중 대략 3분의 1이 해외에서 태어났고 따라서 이민자 청소년은 교육 시스템 자체에서 비롯된 특정적인 위험 부담을 안고 있다.[46] 이들의 많은 수가 중학교 이전에 미국에 들어오지 않았을 것이고, 중학교에서는 영어를 못하는 학생을 위한 교습 대안도 많지 못했다. 또 어떤 청소년들은 미국 중학교와 고등학교 수업에 대비할 정도로 충분한 학업 준비를 모국에서 받지 못했을 수 있다. 이런 이유로 이 장 앞부분에서 자세히 기술했듯이,

---

42) CGCS, *Educating English Language Learners*(각주 40 참고).

43) Center on Education Policy, *From the Capital to the Classroom: Year 3 of the No Child Left Behind Act*, 2005.

44) M. Fix and J. S. Passel, *US Immigration: Trends and Implications for Schools*, National Association of Bilingual Education(NABE) Presentation, 2003.

45) 조교사 또는 보조교사들 중에서 새롭게 소수인종 출신 교사를 채용하기 위한 프로그램 사례를 보기 위해서는 B. C. Clewell and A. M. Villegas, *Evaluation of the DeWitt Wallace-Reader's Digest Fund's Pathways to Teaching Careers Program*(Washington, DC: The Urban Institute, 2001)를 참고.

46) 외국출생 이민자 자녀의 비율에 대해서는 Capps et al., *The New Demography of America's Schools*(각주 30) 참고.

이민 청소년은 미국 출생 학생보다 고교 중퇴 가능성이 높다.[47]

이러한 위험에 대응하여, 학교, 학군, 주는 이민 청소년을 교육하고 참여시킬 새로운 방법을 실험해 왔다. 두 가지 형태의 선도적인 정책이 특히 관심의 대상이 되었다.

첫째, 일부 학군은 최근 입국한 이민자 학생만을 교육하는 '신입자 학교(newcomer school)'라고 부르는 학교를 만드는 방안을 선택했다. LEP 학생을 겨냥한 언어 교습과 학업 과정에 더하여, 신입자 학교는 학생들을 보호하여 미국 학교 시스템으로 이행시키기 위한 독창적인 장소의 역할을 한다. 대부분 청소년과 그 가족에게 미국 학교에 대해 교육시키며, 일단 학생이 정규 학교로 옮겨 간 후에도 후속 평가를 제공할 수 있도록 하고 있다.[48]

47) J. R. de Velasco, M. Fix, and B. C. Clewell, *Overlooked and Underserved: Immigrant Students in US Secondary Schools*(Washington, DC: The Urban Institute, 2000).

48) D. Short, *Secondary Newcomer Programs: Helping Recent Immigrants Prepare for School Success,* CAL Digest – March 1998(Washington, DC: Center for Applied Linguistics, 1998).

박스 5. 이민자 청소년에 대한 강조: 벨몬트 뉴커머 센터, 캘리포니아 로스앤젤레스

벨몬트 뉴커머 센터는 벨몬트 고교와 인근 로스앤젤레스 학교의 새로 미국에 들어 온 이민 학생들을 지원할 목적으로 1989년 문을 열었다. 이 센터는 이러한 이민 학생들이 주류고등학교에 들어갈 학업 준비를 하게 하는 한편 미국 문화로 무리 없이 이행해 들어가도록 하는 것을 목표로 한다. 이 센터에서 사용하는 모델은 두 가지가 있으며 학생들은 모국 언어를 기준으로 이 중 하나를 배당받는다. 하나는 9학년－11학년 코스를 영어에 더하여 스페인어 또는 만다린어로 가르치는 교체 이중언어 프로그램이고 다른 하나는(스페인어 또는 만다린어가 아닌 언어를 사용하는 학생들을 대상으로) 구조적인 영어집중학습 프로그램으로, 모두 LEP 학생으로 구성된 학급에 대해 고교 커리큘럼 전 과정을 가르친다. 한 번에 약 450명의 학생이 등록하며 매년 평균 180명이 졸업한다. 지역사회 조직과 협력함으로써 벨몬트 센터는 학생들에게 카운슬링과 같은 학생 및 가족 서비스의 혜택을 더 잘 받을 수 있게 해 왔다. 벨몬트는 이중언어 및 다언어 인력을 많이 보유하고 있고 이들 중 다수는 이전에 이 학교에 다녔던 학생들이다.

Source: Spaulding et al., Immigrant Student and Secondary School Reform: Compendium of Best Practices, Council of Chief State School Officers, January 2004; Center for Applied Linguistics, Newcomer Database, http://www.cal.org/newcomerdb

둘째, 최근 이민사회의 지도자는 불법체류 청소년이 학교를 그만두지 않고 계속해서 대학 진학도 추구할 수 있도록 격려하기 위해 고등교육 수업료를 변경하는 방안을 지지해 왔다. 불법체류자들에 대해, 대부분의 주는 대학 수업료를 정할 때 몇 년간 그 주에 거주해 왔다 해도 이들을 '타주 출신 주민'으로 간주해 왔다. 현재 10개 주가 불법체류 젊은이에게 자기주(in－state) 주민에게 적용되는 수업료율을 허용하고 있다.[49] 현재 제안된 연방 법안(DREAM 법이라고 부름)은 전국적으로 16세 이전에 미국에 입국하여 적어도 5년 이상 미국에 체류하고, 고등학교를 졸업했으며, 도덕적 문

---

49) National ImmigrationLawCenter, "Basic Facts about In–State Tuition for Undocumented Immigrant Students", 2006, www.nilc.org/immlawpolicy/DREAM/in–state_tuition_basicfacts _041706_ rev.pdf.

제가 없는 불법체류 젊은이에게 합법적인 주민 지위를 주는 것으로 되어 있다. 이 법안은 2001년부터 의회에 계류 중인데 매케인 – 케네디법으로 알려진 포괄적인 이민 개혁법으로 통합될 것이다. MPI는 이 법이 통과되면 2006년 현재 360,000명에 달하는 불법체류 학생이 합법적 지위를 얻게 될 것으로 추산한다.[50]

V. 결론

몇 가지 요인 — 미국 학교의 인구학적 변화, NCLB의 실행 정도, 지역 수준에서의 혁신적인 시행안 — 들로 인해 이민자 자녀의 통합을 위한 적절한 교육환경이 조성되고 있다. 이제 이민자 자녀의 단순한 수치만으로도 그러려니와, 새로운 성장점에 다다르고 있는 이들의 증가세를 보아도, 이들 인구집단이 미국의 주류 집단을 새롭게 형성해 가고 있음을 볼 수 있다.

그리고 일부 이민자 자녀는 미국 학교에서 매우 잘 해 나가고 있지만 다른 많은 아이들, 특히 영어를 잘하지 못하는 아이들이 힘겨운 노력을 하고 있다는 사실은 여러 연구 조사 결과를 보아도 알 수 있다. 낙오아동방지법은 비록 일부 문제와 논란의 여지가 있지만 그 근본에 있어서는 정부가 이민자 자녀의 교육에 개선의 여지가 있음을 인식하고 학교와 학군으로 하여금 LEP 및 소수민족 학생을 위한 더 많은 시책의 시행 필요성을 제기하고 또한 독려하

---

50) J. Batalova and M. Fix, "New Estimates of Unauthorized Youth Eligible for Legal Status under the DREAM Act," Backgrounder(Washington, DC: Migration Policy Institute, 2006), http://www.migrationpolicy.org/pubs/Backgrounder1_Dream_Act.pdf.

고 있다고 본다.

이 법은 2007년에 의회로부터 재승인 받아야 할 상황에 있는데 정책 입안자들은 이미 LEP 학생을 위한 주 단위 시험 및 책무 메커니즘 등을 비롯하여 여러 가지 새로운 변화를 제안하고 있다.[51] 그런데 이러한 제안은 현재 법의 실효성에 의문을 제기하거나 또는 이 법이 미국의 공립학교를 오히려 해치고 있다고 생각하는 사람들과, 한편 이 법에 어떤 변화를 가하게 되면 오히려 미국 역사에서 지난 시절 소홀히 다루어졌던 학생들에 대한 NCLB의 기대 수준을 약화시키게 될 것을 염려하는 옹호론자들 간에 심각한 의견 충돌을 가져올 가능성이 크다. 오히려 책임 조항을 완화하려는 어떤 시도가 저항에 직면하게 될 가능성도 크다. 몇몇 시민권 그룹은 최근 코네티컷 주가 연방 정부에 대해 제기한 소송에서 연방 정부의 입장을 지지하고 나섰다. 이 소송에서 코네티컷은 NCLB가 예산이 뒷받침되지 않은 채 의무만을 요구하는 법안이며 따라서 강제력이 없다고 주장한다.[52]

앞으로 다가올 NCLB에 대한 정책 결정에 더하여, 이민 정책에 대한 어떠한 포괄적인 개혁도 미국 학교에 미칠 영향 및 그 파장이 만만치 않을 것이다. 예를 들어, 새로운 단기 근로자 프로그램에 대한 입법안은 이민 근로자가 가족을 함께 데려올 수 있게 할 것이다. 그 결과로 신규 유입될 학생들 물결은 단기 근로자가 집중된 지역의 학교와 학군에 새로운 부담을 지울 수 있다. 미국 납

---

51) M. R. Davis, "Political Shifts Cloud Outlook for Renewal of Federal Education Law", *Education Week* 25, no.15(December 2005): S4–S5.

52) A. Salzman, "NAACP Challenges Education Lawsuit in Connecticut", *The New York Times, January* 31(2006, Section B3).

세자들이 자신들이 '단기' 거주자라고 생각하는 많은 아이들에게 교육을 제공하는 문제를 어떻게 생각할지는 아직 분명치 않다. 그 밖에 제안들은 영주권자의 초청 가족과 관련하여 오랫동안 해결되지 못하고 적체된 업무를 대거 일시에 해소하거나 또는 고용 관련 목적으로 발급되는 그린카드 숫자를 급격하게 늘리게 될 수 있을 것이다.

제10장 이민자 정착을 위한 재정보조 프로그램의 설계

-데보라 L. 가비53) * (Deborah L. Garvey)

Ⅰ. 서론

입법적 차원에서 이민 정책에 대한 논의를 진행함에 있어 두 가지 접근방법이 제기되었다. 첫째는 '규제위주'의 전략 ― 국경 및 취업규제의 확대를 포함하는 ― 이다. 그리고 둘째로는 일반에 잘 알려진 매케인 - 케네디 법(S2611)으로 구체화될 수 있는 규제의 확대와 더불어 시민권부여를 위한 합법화 프로그램, 제한적 초청근로자 프로그램 및 숙련 및 비숙련 노동자에 대한 영주권 부여의 확대 등 개방적·통합적 이민전략 방안이다.

지금까지의 이민개혁에 대한 논의에서 새로운 이민자들을 받아들이는 주정부나 지방정부의 단기 재정적 측면에서의 부정적인 영향에 대해서는 거의 주의를 기울이지 않았으며 따라서 이민자를 사회적 구조 안으로 잘 통합시키기 위한 프로그램에 대한 예산 지원도 지극히 미미한 수준에 불과했다.

* 이 장을 위한 배경 지식을 식별하고 수집하는 데 귀중한 도움을 준 줄리아 젤라트, 마크 리츠먼에게 감사를 표하는 바이다.

이 장에서는 이민 개혁이 주 및 지방정부에 미칠 재정적 영향을 평가하고, 개방 및 통합적 이민 개혁의 맥락에서 연방정부 보조금의 논리적 근거를 살펴보고, 주정부와 지방정부의 비용을 보조하기위해 만들어진 과거 연방정부 보조 프로그램을 대략 소개하며 한편, 신규 이민자들을 받아들이는 지역사회가 부담하게 되는 비용을 경감하기 위한 연방 '재정보조(impact aid)' 프로그램의 설계와 시행에 관해 제언하고자 한다.

II. 이민자의 재정적 영향

미국의 이민자들은 전국적으로 고르게 분포되어 주거하고 있지 않다. 대개 전통적인 관문 역할을 한 캘리포니아, 뉴욕, 텍사스, 일리노이, 플로리다에 집중되어 있고, 최근에는 노스캐롤라이나, 조지아, 네바다와 같은 신흥 이민 관문 주에서 그 수가 급속히 증가하고 있다. 일자리가 풍부한 도시 또는 시골 지역을 골라 밀집하기 때문에 이들 주 내에서도 고도로 밀집되어 거주하는 경향이 있다.[1] 이민 개혁안에 따라 향후 미국에 들어오는 사람들은 최근 이민자들의 이주 및 정착 패턴을 따를 가능성이 높다. 따라서 이들 새로운 이민자들이 지역에 미치는 '재정적 영향'은 이들을 받아들이는 주, 특히 지역 사회가 더욱 확실하게 느끼게 될 것이다.

여기서 재정적 영향이란 한 개인이 공공재화, 공공서비스 및 사

---

1) R. Capps, M. Fix, and J. S. Passel, 2002, *The Dispersal of Immigrants in the 1990s*(Washington, DC: The Urban Institute).

회복지 등의 정부지출로 받는 수익과 해당 개인이 세금으로 지출하는 비용 간의 차이로 볼 수 있다. 정부의 재정비용이 세입을 초과한다면, 그 개인은 다른 납세자에게 순 재정 부담이 된다. 역으로, 재정비용이 세입보다 적다면, 그 개인은 다른 납세자에게 순 재정 자산이 된다. 재정적 영향은 개인의 전 생애에 걸쳐 측정할 수도 있고, 단기적으로 연간 예산 전망을 사용하여 측정할 수도 있다. 이민자 정착은 지역적인 현상이며, 그리고 주정부와 지방정부는 세입을 올릴 수 있는 능력에 여러 가지 제한을 받는 한편 연간 재정 수지를 맞출 법적 책임도 있기 때문에, 재정적 영향의 단기 측정은 연방 이민 정책에 대한 적절한 정보 제공의 중요한 원천이 된다.

1997년에 국립연구원(National Research Council, NRC)은 외국인 세대주 가구의 연간 순 재정영향이 주별로 상당히 차이가 나는 것으로 분석하였다.[2] 표 1에 나타난 바와 같이, 뉴저지의 이민자는 그다지 심하지 않은 1,850달러(또는 이민자의 재정비용을 상쇄하기 위해 토박이 가구당 290달러의 추가 세금이 요구됨)의 재정부담을 발생시켰지만, 캘리포니아에서는 상당히 더 높은 4,311달러(토박이 가구당 1,466달러의 추가 세금)의 재정적자를 더해 주었다. 지역 재정 부담은 주로 지방정부 자금으로 공립 교육이 운영되는 뉴저

---

2) J. P. Smith and B. Edmonston, eds., 1997, *The New Americans: Economic, Demographic, and Fiscal Effects of Immigration*, Panel on the Demographic and Economic Impacts of Immigration, The National Research Council(Washington, DC:National Academy Press). 이민자는 연방정부 차원에서 볼 때, 순수재정자산이 되는 경향이 높다. 이에 대해서는 위 NRC report 와 A. L. Gustman and T. L. Stenmeier, 2000, "Social Security Benefits of Immigrants and U.S. Born," in *Issues in the Economics of Immigration*, G. J. Borjas, ed., pp. 309~351(Chicago: University of Chicago Press for the National Bureau of Economic Research)를 참고.

280 Part 3 핵심 정책 이슈

지와 같은 주에서는 그에 비례하여 더 높게 나왔다. 그러나 캘리포니아에서는 공립학교가 주로 주에서 자금을 제공받기 때문에 지방정부의 부담은 더 낮다. Garvey 외(2002)[3])에서는 이민자의 재정적 영향이 세대의 교육수준, 가족규모, 거주지역에 의해 결정된다는 것을 보여주었다. 미국에서 태어난 주민과 이민자간의 지출 수준 차이는 주로 이민 가족의 높은 교육비용(부분적으로는 이들이 대가족이기 때문임)에 비하여 저소득 저학력 이민 가장이 납부하는 재산세 및 소득세는 낮기 때문이다. 요컨대, 하급 기술의 이민자는 고급 기술의 토박이 미국 주민이나 이민자에 비해 일반적으로 주정부와 지방정부에 단기적으로 더 높은 재정 부담을 지운다.

NRC 추산 결과에 따르면 1990년대 이래로 주 및 지방의 많은 정책이 바뀌었지만(일례로 복지 개혁으로 합법적 이민자가 공공복지 혜택을 받는 데 제한이 가해졌다), 다음 수치들은 '포괄적'인 이민 개혁안 하에서 신규로 입국하는 이민자들에게 주 및 지방에서 제공하는 교육, 복지 및 서비스의 연간 재정비용의 범위와 크기를 미루어 짐작할 수 있게 해 준다. 기술 수준이 낮은 이민자가 증가한다면 지방 및 주의 순 재정부담은 불법체류자와 하급 기술 이민자의 비율이 높은 캘리포니아의 극단적 사례에서 보는 패턴처럼 움직일 것이다.

---

3) D. L. Garvey, T. J. Espenshade, and J. M. Scully, 2002, "Are Immigrants a Drain on the Public Fiscal State and Local Impacts in New Jersey?", *Social Science Quarterly* 83(2): 537–553.

표 1. 순 연간 지방 및 주의 재정 부담. 일부 주(2005년 달러)

주	이민자 가구의 평균 재정적자	이민자 재정 적자를 상쇄하기 위해 토박이 가구에 요구되는 세금
캘리포니아		
지역정부	$1,034	$352
주	3,276	1,114
계	4,311	1,466
뉴저지		
지역정부	$1,148	$179
주	700	110
계	1,847	289

주: 자릿수 맞춤 때문에 총계가 정확히 맞지 않을 수 있다.
Source: Smith and Edmonston(1997).

공적 부조(public assistance) 등으로 인해 주 및 지방의 잠재적 재정 부담은 NRC 추산을 초과할 수도 있다. 오늘날과 같은 복지개혁 시대에는 비이민자 및 심지어 영주권자들이라도 — 특히 근로연령의 성인은 — 빈곤가정을 위한 한시적 보조제도(TANF), 푸드스탬프, SCHIP, 메디케이드와 같이 연방정부가 제공하는 공공복지 혜택을 받을 수가 없다. 따라서 사회 안전망을 제공하는 부담이 주 및 지방정부에게로 이관됨으로써 최근에 신규 입국한 합법 이민자에 대한 혜택을 확대하는 한 지역사회의 비용이 증가되게 되었다.[4]

---

4) For a description of state-level immigrant welfare policies, see W. N. Zimmermann and K. C. Tumlin, 1999, *Patchwork Policies: State Assistance for Immigrants under Welfare Reform*(Washington, DC: The Urban Institute).

Ⅲ. 연방정부 보조금 지원 근거

이민자와 비이민자가 특정 주와 지방에 집중되는 반면 지역의 세입을 늘리기 위한 정책적 수단은 제한되어 있는 상황에서, 교육, 응급 의료, 주 자금지원으로 제공되는 보건 및 사회복지 서비스 등을 신규 입국 단기 근로자와 영주권자에게 제공한다면 적어도 단기적으로 재정 불균형의 압박을 받을 수 있다. 그리고 지방정부는 단기적으로 세금 인상의 필요에 직면하게 될 것이다. 그런데 단일 지방세로서는 가장 중요한 세금인 재산세는 단기적인 면에서 상대적으로 고정된 세금 기반을 지녔고, 대부분의 지방정부에 있어서 판매세 부과는 법적으로 금지되어 있다. 이처럼 주정부로서는 판매 및 소득세를 광범위하게 인상하는 것을 금하는 헌법상의 제한이나 또는 강력한 정치적 압력에 직면하고 있다. 주 및 지방정부가 직면하고 있는 이러한 재정적 필요와 세입상의 제약이 심각한 상황임에도 불구하고, 영주권자와 비이민 비자 허가 시스템의 변화로 인해 주 및 지방에 미칠 재정적인 영향에 대한 입법적 차원의 관심이나 또는 이에 대한 논의조차 제대로 이루어지지 못했다.[5]

이제 이와 같은 이유 때문에 연방정부는 주 및 지방정부의 수요를 감안하여 지방정부에 대한 연방 정부의 정부보조금을 확대해야

---

5) 예를 들면, 전미주정부의회전국회의(National Conference of State Legislature)가 발행한 2006년 문서에는 다음과 같은 내용이 있다. "주정부는 또한 공공의 안전을 향상시키고 지역 사회의 긴장을 완화하며, 단기로 미국에 체류하게 될 사람들까지 포함하여 새로이 이 나라에 들어오는 사람들을 우리 공동체 속으로 통합하는데 필수적인 영어 교습과 공립 교육을 새 이민자에게 제공하고 자금을 지원한다. 의회에 제출된 대부분의 이민 개혁안은 상당한 비용을 주/지방정부에로 이전시키게 될 것이다. NCSL은 의회가 이민 개혁 안에 모든 초청근로자 프로그램, 합법화 획득, 이민자 수의 증가가 주 정부에게 미치는 전체 재정적 영향을 다룰 자금 제공 흐름을 포함시킬 것을 강력히 요청하고 있다." NCSL, "이민" 2006

하며, 또한 연방정부의 세입 구조상 그렇게 해야 할 타당한 이유도 있다. 지금까지의 연구 결과는 실제로 이민자와 단기 또는 비이민 근로자가 연방 세금 시스템상 순 기여자의 역할을 한다는 것을 말해주고 있다. 이들 이민자들은 상대적으로 노동력 참가 비율도 높고 그래서 연방 소득세 및 사회보장세도 잘 납부하고 있다. 특히, 신규로 미국에 들어 온 사람들은 사회보장 시스템과 관련하여 볼 때 재정적으로 순 자산의 역할을 하고 있다. 이민자의 사회보장세는 오히려 토박이 사회보장 혜택 수혜자의 비용을 보전하고 있다. 외국 출생자의 적어도 3분의 1이 단기 체류 후에 결국 자기 나라로 돌아가고 사회보장 혜택을 청구하는 일이 없기 때문이다.[6]

::다른 정책 분야에서의 연방 재정보조 사례

이민 분야는 아니지만 연방 정부 정책에 따라 주와 지방정부에 발생한 재정적 부담을 연방정부가 보조해 주는 정부교부금 프로그램의 정책적 선례도 있다. 비용 규모, 정책 시행기간, 영향을 받는 정책대상으로서의 개인 등의 측면에서 볼 때, 무엇보다도 가장 중요한 것은 교육부가 운영하는 연방 재정보조 프로그램이다.[7] (이보다 훨씬 규모가 작은 국방부 재정보조프로그램도 있지만 여기서 다루지는 않겠다.) 지난 50년 이상 동안 시행되어 온 이 재정보조 프로그램은 연방 차원의 대상 학생들(군인 또는 공무원, 토박이 미

---

6) R. Lee and T. Miller, 2000, "Immigration, Social Security, and Broader Fiscal Impacts," *American Economic Review* 90(2): 350–54.

7) R. Buddin, B. Gill, and R. W. Zimmer, 2004, "Examining Federal Impact Aid's Reimbursement for Local School Districts," *Contemporary Economic Policy* 220(4): 534–43.

국인, 연방 공공주택 주민)을 교육시키는 지방 공립학교 학군의 비용을 연방정부가 보조해 주는 것이다. 해당 학군에 연방 차원에서 관련된 아동이 있을 경우 발생하는 추가적인 재정 부담과, 연방 재산세 면제 특혜로 인해 발생되는 재산세원 감소를 보상해 주기 위한 보조금이 제공되었다. 2004 회계연도에 재정보조 프로그램에서 12억 달러가 넘는 돈이 120만 명의 대상 아동이 재학하는 1,400개가 넘는 학군에 분배되었다.(표 2의 세로 첫 3줄 참조) Title Ⅰ에 따라 초등학교와 중학교에서 시행된 보충교육 및 특별교육만이 연방 지출에서 더 큰 몫의 보조를 받았다.

그런데 이 재정보조 프로그램이 연방 교부금 프로그램의 중요한 선례이긴 하지만, 이 프로그램이 채택하고 있는 복잡한 보조금 산출 방식때문에 몇 가지 잘못된 인센티브와 불공정한 재정보조 방식이 만들어졌고, 따라서 이 프로그램은 이민자 정부보조 프로그램을 위해서는 그다지 우수한 모델이라고 할 수 없게 됐다. 의회가 모든 자격 대상이 되는 학군의 요구 수준을 감당할 만큼 충분한 자원을 배분하지는 않기 때문에, 지방정부가 비용 조달을 위해 얼마나 노력하는지 여부와는 관계없이, 연방 차원에서 지원 대상인 학생의 퍼센티지가 더 큰 학군과 학생당 경비가 평균을 상회하는 학군에 학생 일인당 더 많은 교부금을 제공하는 특수한 지급방식이 적용되고 있다. 이 방식을 적용하면 다른 모든 조건이 동등할 때, 이들을 위한 해당 학군의 지역 차원의 비용 지출이 늘어나면 오히려 그만큼 연방 교부금은 감소하게 된다.

이 프로그램의 이상한 보조금지원 방식으로 인해 학군이 받는 재정보조의 규모는 연방 차원에서 지원 대상이 되는 학생을 교육시키는 데 드는 비용을 실질적으로 계상하지 못하고 있다.[8) 자격이 되는 학생의 숫자가 같을 경우, 학군 크기, 주 경비 지출 수준, 지역에서 자금을 받는 교육 지출 등에 따라 크게 상이한 교부금을 받는다. 게다가 재정보조 프로그램의 인센티브는 학군 차원의 비효율을 초래하는 두 가지 왜곡의 원인이 되고 있다. 첫째, 규모가 작은 학군이 자격이 되는 학생 숫자가 같은 큰 학군보다 학생당 더 높은 교부금을 받는다. 그 결과로, 연방 차원의 지원 대상 학생의 비율이 높은 작은 학군이 규모의 경제를 획득하기 위해 더 큰 학군으로 합병되어 들어갈 인센티브가 전혀 없다. 오히려 그만큼 지급받는 재정교부금 규모가 떨어질 것이기 때문이다. 둘째, 학생의 비율이 높은 학군은 위에서 언급한 이상한 재정보조 공식으로 인하여 지역차원의 자체 교육 지출은 늘리지 않는 쪽을 선택하게 된다.

::이민 정책 맥락에서의 연방 재정보조 프로그램

이민과 연관된 주 및 지방의 비용을 상쇄해 주기 위해 시행된 연방의 지방정부 재정보조 프로그램의 몇 가지 기존 사례가 있다. 구체적으로 연방 정부보조금은 주/지방이 해당 지역 내의 외국 출생 아동을 교육시키는 비용을 보조하거나, 불법체류자에게 비상 의료서비스를 제공하며, 불법체류자를 수용하고 보호하는 등에 초점을 맞춘 프로그램이다.

---

8) R. W. Zimmer, R. Buddin, and B. Gill, 2002, "Distribution Effects and Distorted Incentives: A Case Study of the Funding Formulas of the Federal Impact Aid Program," *Journal of Education Finance* 27(4): 939-963.

주 합법화 재정보조 보조금

(State Legalization Impact Assistance Grants, SLIAG)

SLIAG는 가장 규모가 큰 연방 재정보조 프로그램 중의 하나이다.[9] 이 40억 달러 규모의 프로그램은 1986년 제정된 이민개혁 및 통제법(Immigrant Reform and Control Act, IRCA)에 근거한 것으로서, IRCA하에서 합법화된 280만 명의 불법체류 이민자들에 대한 사회복지, 공중보건, 교육 서비스의 비용을 주 및 지방정부에 보조해 주었다. 이들 불법체류 외국인들은 합법화된 이후 초기 5년의 자격제한 기간 동안은 연방복지혜택을 받을 수 없게 되어 있었다. 그래서 SLIAG는 연방복지혜택에서 5년간 제외되는 이들 합법화된 이민자에게 제공된 복지비용(현금 부조, 보건 서비스, 응급 의료 서비스, 식권), 공중보건 비용(예를 들어 예방접종과 예방적 보건심사), 성인 교육비용(예를 들어 기본 영어, 미국 역사, 시민 윤리, 시민권 취득 준비)을 주 및 지방정부에 보상해 주게 된 것이다.

SLIAG는 이민자 체류자격 조정으로 비숙련 영주권자들의 숫자가 급격하게 증가함으로써 주와 지방정부의 늘어난 단기적인 재정 부담에 대해 연방 정부 차원에서 보조금을 지원한 최초의 포괄적 정책대응 사례이다. 이러한 SLIAG 지출 규모는 자격대상이 되는 이민자 1인당 1,500달러(2005년 달러로)가 넘는 것이었다. 그런데 이러한 시혜적인 정책적 의도에도 불구하고, 이 프로그램은 프로그램의 재원규모가 불충분하다고 판단한 주 및 지방 관료들에게 오

---

9) SLIAG 프로그램에 대한 자세한 정보는 L. C. Liu, 1991, IRCA's State Legalization Impact Assistance Grants (SLIAG): Early Implementation, RAND Note N-3270-FF, (SantaMonica, CA: The RAND Corporation).

히려 불만을 불러일으켰다. 더욱이 보조금의 실제 교부도 관련규정의 미비, 복잡한 프로그램 절차, 비용 처리에 필요한 문서 요건 등의 까다로운 교부절차에 의해 지체되곤 하였다. 정부와 지방 기구 등의 여러 관계기관을 가로질러 업무를 조율해야 하는 필요성 때문에 일은 더욱 지지부진하게 처리가 되었다. 이런 결과 실제 지출 승인된 재정의 거의 4분의 1 정도가 프로그램 7년차이면서 최종 연도인 1994 회계연도 시점까지도 지불되지 못하고 있었다.

이러한 SLIAG의 경험은 향후 복잡한 정부보조 프로그램의 설계와 관련하여 향후 더욱 세심한 주의를 쏟을 필요가 있다는 것을 경고적으로 보여주는 사례이다. 주 및 지방정부는 제공된 서비스에 대한 입증된 비용을 기준으로 하여 교부를 신청하는 반면에, 연방 관련 기관은 합법화된 이민자에 특정된 실제 기여 비용이어야 한다는 엄격한 요건을 부과하였고, 이것이 실제 보조금의 교부를 상당히 지체되게 만들었다.[10] 게다가 SLIAG는 보조금 교부를 행정부와 기관이 신규 영주권자의 시민권 준비와 언어 교육 서비스에만 관련하여 지출한 비용만으로 엄격하게 제한하였다.

비상 이민자 교육 프로그램
(Emergency Immigrant Education program, EIEP)

EIEP는 1984년에 처음 승인되었으며 ELL(English Language Learner) 등록자보다는 실제 이민자 학생의 수에 근거한 비용을 보조하기 위해 만들어진 프로그램으로서는 유일한 연방 프로그램이다. EIEP는 구체적으로 미국 학교에 재학 기간이 3년 미만인 최근 신규 이

---

10) Liu, IRCA's State Legalization Impact Assistance Grants (SLIAG).

민 온 학생들 교육을 위해 주와 지방정부가 부담한 추가 비용을 보조해 주기 위해 만들어지게 되었다. 이 프로그램은 이민학생의 보충 교육 비용, 과외, 가족 읽고 쓰기 교육, 부모 복지활동 등에 예산을 지원한다.[11] EIEP 프로그램과 이중언어 교육이 지금은 낙오아동방지법 Title III(LEP와 이민 학생을 위한 언어 교습)의 일부가 되었기 때문에, EIEP 보조금은 2001년도 시행 예산만 구별하여 볼 수 있다. EIEP 예산은 1996년에서 2001년까지 세 배 이상이 증액 되었음에도 불구하고, 자격이 있는 학생당 평균 지출액은 210달러를 넘어 증가되지는 못했다.[12]

표 2. 연방 재정보조 프로그램 및 낙오아동방지 언어습득 주 보조금

	연방재정보조 프로그램			NCLB III편
	승인 지출금 (백만 달러)	재정보조 승인 지출금 (2005년 백만달러)	승인 지출금 (백만달러)	승인 지출금 (백만달러)
2002	$1,144	$1,242	$403	$437
2003	1,188	1,261	685	727
2004	1,230	1,272	685	708
2005	1,230*	1,230*	683*	683

*추산

주: NCLB 지출은 이전 비상이민자교육프로그램(EIEP)와 이중언어 교육 자금을 결합한 것이다.

Sources: CRS Reports to Congress, "K-12 Education Programs: Appropriations and Summary," September 30, 2004, and "Educational of Limited English Proficient and Recent Immigrant Students: Provisions in the No Child Left Behind Act of 2001," April 26, 2004

---

11) EIEP의 성격에 대한 자세한 정보는 A. I. Gershberg, A. Danenberg, and P. Sanchez, 2004, *Beyond "Bilingual" Education: New Immigrants and Public School Policies in California*(Washington, DC: Urban Institute Press)참고

12) M. Fix, W. Zimmermann, and J. S. Passel, 2001, *The Integration of Immigrant Families in the United States*(Washington, DC: The Urban Institute).

개별 이민자 학생과 ELL을 직접 겨냥한 두 가지 주요 연방 재정보조 프로그램인 EIEP와 이중언어 교육의 경비를 비교해 볼 필요가 있다. 2004년 연방정부의 재정보조 프로그램 경비를 살펴보면 (표 2) 대상이 되는 아동당 대략 1,000달러였다. 이와 대조적으로, NCLB Title III 하의 영어 습득 보조금은(표 2의 맨 우측 세로줄) ELL당 대략 136달러로 규모 면에서 비교가 되지 못한다. ELL 인구 — 1991년 이래로 두 배 이상 증가 — 가 계속해서 크게 증가하고 있기 때문에 학생당 지출 가능한 보조금 규모는 앞으로 더욱 줄어들 듯하다.

불법체류자에게 제공되는 의료 서비스에 대한 보상적 보조

이민자에게 소요되는 재정비용을 지원하기 위한 세 번째 연방 재정보조 프로그램은 병원 기타 의료 서비스 기관이 불법체류자나 다른 특정 비이민자에게 제공한 응급 의료서비스 비용을 지원해 주는 연방 프로그램이다.[13] 2003년 제정된 메디케어 처방약, 개선, 현대화 법(Medicare Prescription Drug, Improvement, and Modernization Act)에 따라 FY 2005 - 2008년 동안 2억 5천만 달러를 제공했다. 이 보조금 지원 계획은 불법체류자 인구가 가장 많은 주 및 지역을 겨냥하여 만들어진 것이다. 이 지원액의 3분의 2는 각 주 내에 체류하는 불법체류자의 상대적 비율에 근거하여 주들 간에 분배되고, 나머지 3분의 1은 불법체류자 체포 수가 가장 많은 여

---

13) 이민자를 위한 연방보조 프로그램에 대한 자세한 정보는 J. Gelatt and M. Fix, 2006, *Targeted Federal Spending on the Integration of Immigrant Families*, Background Paper Prepared for the Independent Task Force on Immigration and America's Future(Washington, DC: Migration Policy Institute). 또한 이 책의 6장, pp. 61-80 참고.

섯 개 주에 할당된다. 불법체류자가 전통적인 이민자 수용 주로 확산된다 해도 미국 - 멕시코 국경에서 압도적인 비율로 체포 사례가 발생하기 때문에, 국경 인접 주가 응급 의료 교부에서 더 높은 비율을 차지하게 된다.

주 외국인 범죄자 보조 프로그램
(State Criminal Alien Assistance Program, SCAAP)

SCAAP는 이민과 관련하여 주 및 지방 재정에서 부담하는 비용을 지원하기 위한 또 다른 형태의 연방 재정보조 프로그램이다. SCAAP는 1995년에 수용된 이민자에 대해 소요된 비용을 연방정부가 교부해 줄 것을 요구한 소송의 과정에서 만들어졌다. 프로그램 예산은 1995 회계연도에 165백만 달러에서 1999 회계연도의 6억 8천6백만 달러로 네 배가 증가하였다가 2005 회계연도에 3억 5백만 달러로 절반이 넘게 떨어졌다.(모두 2005년 달러로 환산한 값) SCAAP에 따라 각 주와 지방의 불법체류자 수감 비용에 대한 연방 보조금 규모는 1998 회계연도에 죄수당 2,300달러 이상으로, 이러한 수치는 EIEP와 이중언어 교육 프로그램에서 학생1인당 지출된 연방 자금(FY 1999에 246달러)의 거의 열 배에 달한다. 부시 대통령이 FY 2007 예산안에서 SCAAP를 폐지했음에도 불구하고, 하원은 이 프로그램에 4억 5백만 달러의 정부예산 지출을 요구하는 법안을 승인했으며 상원 지출금승인 위원회는 이를 위해 1억 달러를 요구하였다.14)

---

14) United States House of Representatives, "Science, State, Justice, Commerce, and Related Agencies Appropriations Act, 2007," H.R. 5672, 109th Cong. 2nd Sess. (2006); United States Senate, "Science, State, Justice, Commerce, and Related

::이민자 '재정보조' 정책의 설계를 위한 정책 조언

이민자 '재정보조' 정책을 설계할 때는 세 가지 경제적 차원의 문제를 주의 깊게 고려하여야 한다. 첫째, 프로그램의 적절한 범위는 어느 정도인가? 둘째, 연방 자원이 한정되어 있음을 생각할 때, 재정보조 프로그램은 그 대상을 어떻게 정해야 하는가? 마지막으로, 시행된 재정보조 프로그램의 목표를 감안할 때, 어떤 자금 지원 메커니즘이 주 및 지방정부, 새로이 들어오는 이민자 자신들에 대한 인센티브 왜곡을 최소화하면서 효과적으로 주와 지방정부의 재정에 연방 보조금을 지원해 줄 것인가?

물론 이민자 재정보조 프로그램이 다루어야 하는 주 및 지방 경비 지출의 형태는 단지 경제적 논의만으로 만족스럽게 답할 수 있는 질문이 아니다. 그러나 무엇보다도 연방 정책입안자들이 일단 이민 개혁과 더불어 비숙련 영주권자 및 초청 근로자들이 미국에 들어옴으로써 주 및 지방정부에게 부과되는 단기적 재정 부담을 줄이고자 한다면, 추가 경비 지출에 대한 하급 정부의 비용을 보전해 주는 것이 우선적인 재정 정책 목표가 되어야 할 것이다.

재정 균형 측면에서 보면, 우선 교육 서비스 비용에 대한 지원을 고려하는 것이 유용하다. 왜냐하면 이 부문이 이민자에 대한 주 및 지방정부 지출에서 단일 카테고리로 가장 크기 때문이다.[15] 아동의 학업성취를 지원하기위한 투자는 궁극적으로 국가의 인적 자본을

Agencies Appropriations Act, 2007," H.R. 5672, 109th Cong. 2nd Sess. (2006).

15) 미국 학교의 이민자 청년의 인구학적 및 사회경제학적 특성과 그들의 교육적 욕구에 대하여서는 R. Capps, M. Fix, J. Murray, J. Ost, J. S. Passel, and S. Herwantoro, 2005, *The New Demography of America's Schools: Immigration and the No Child Left Behind Act*(Washington, DC: The Urban Institute) 참고.

늘릴 뿐 아니라, 이들을 미국 사회로 훌륭히 통합시키도록 촉진할 수 있기 때문이다. 기본 성인 교육 프로그램은 기술 수준이 낮은 성인 이민자들의 인적 자본을 육성시켜 줄 것이며, 이것은 다시 이민자와 그 가족의 소득을 상승시켜 국가의 전반적 수준에서 더 많은 세입 원천을 창출해 줌으로써 궁극적으로 사회복지비용을 줄여 줄 것이다.

연방 재정보조는 저소득, 비보험 외국 출생 근로자와 그 가족에게 기본적인 예방 의료 서비스를 제공하는 지역사회 기관에게도 이루어져야 한다. 저소득 이민자는 비보험일 확률이 가장 높고, 기본 의료 서비스를 받을 확률도 희박하며, 건강관리 상태도 안 좋고, 심각하게 아플 때라야만 상대적으로 값비싼 응급 의료 서비스를 구할 가능성이 매우 높다.[16] 따라서 예방 의료 서비스를 받는 것은 의료비를 절약하는 길일 뿐 아니라, 개인 및 가족의 안녕을 증진시키고, 성인의 경우 노동 시장에 지속적으로 참여하게 만드는 첩경이라 할수 있다.

이제 해결해야 하는 마지막 어려운 과제는, 정부 주체가 보상 카테고리 안에 들기 위해 사람들을 보상 서비스가 필요한 범주로 잘못 구분해 넣거나 경비 지출 명목을 다시 붙이는 식으로 "시스템을 가지고 장난을 치지 못하도록 하고" 실질적으로 서비스를 제공하는 데 드는 비용을 주 및 지방정부에 어떻게 보상해 줄 것인지 하는 보조 메커니즘을 고안해 내는 문제이다. 예를 들어 ELL의

---

16) E. A. Marcelli, 2003. "Access to Health Insurance and Medical Care among Unauthorized Mexican Immigrants to California," presented at the 25th Annual Research Conference of the Association of Public Policy and Management, November 6–8, in Washington,DC.

경우에, 학생의 영어 구사력이 향상된 데 대해 학교에 직접 보상함으로써 이러한 부작용의 가능성을 최소화했다. 비용 분석 전문교육 경제학자들은 주어진 학생의 특성을 놓고 특정의 원하는 교육 결과를 획득하는데 소요되는 표준 비용을 평가하는 도구를 개발하였다. 그러한 정보는 전반적인 학군당 소요 비용 및 적절한 자금 지원 수준을 결정하는 데 사용될 수 있다. 연방 원조가 특정 프로그램의 모든 비용을 보조하기에 불충분하다면, 간단한 일정 비율 배분 방식으로 연방 재정보조 프로그램 하에서 발생할 가능성이 있는 문제나 불공평한 연방 자원의 분배를 피할 수 있을 것이다.

Ⅳ. 결론

SLAIG 프로그램으로부터 끌어낸 중요한 결론은 포괄적인 연방 재정보조 정책의 성공적인 시행을 위해서는 단순히 교육비, 의료비, 그리고 이민 또는 합법화와 관련된 재정비용을 주 및 지방정부에 보상해 주는 계획을 잘 설계하는 것이 중요한 문제가 아니라는 것이다. 무엇보다 중요한 것은 관료제가 어떻게 운영되는가를 이해하고 모든 수준의 정부 기구, 그리고 지역사회 서비스 제공자 간 커뮤니케이션을 촉진하는 것이 복잡한 원조 계획의 효과적인 실행을 보장하는 필수적인 전제조건이다.

여기서 논의한 이민자 재정보조 정책은 대부분 이민자가 미국 사회 조직 안으로 성공적으로 통합되도록 촉진하는 실제적인 정착 프로그램에 대한 지원은 아니다. 이민자의 정착, 정치적 참여, 미국 사회조직에 대한 지식, 사회적 통합을 촉진하는 시민권 준비, 시민 참여, '신규 이민자' 오리엔테이션 프로그램 등은 특별 프로그램 성격이 강하며 통상 주 및 지방정부가 예산을 대고 비영리 지역 기구가 제공하는 경향이 있다.

현재의 연방 정책은 그러한 통합활동에는 거의 예산을 제공하지 않으며 따라서 향후에는 주 및 지방정부의 이러한 프로그램에 대한 비용 지출이 늘어남에 따라 재정적 압박이 증가될 것이다. 이제 정책 입안자들은 이민 개혁 하에 신규 입국하는 이민자들과 관련된 재정비용에 대해서만 주 및 지방정부에 보조할 것이 아니라, 실질적인 통합 프로그램에 연방 자금을 지원할 것을 고려해야 할 상황이 되었다. 어떤 신규 이민자 프로그램이 비용효율적인지 그리고 영구적으로 이 땅에 거주할 이민자들의 통합을 촉진하기 위해 어떠한 정책에 얼마 만큼의 자금을 지원해야 할 것인지를 잘 알아야만 미래의 미국 사회를 더 부유하게 만들 것이다.

부록 1

미국 이민 역사에서 이정표적인 주요 법안

1882 중국인 추방법(CHINESE EXCLUSION ACT OF 1882)

- 10년간 중국인 노동자의 이민 보류
- 중국인 귀화 금지
- 미국에 불법적으로 체류 중인 중국인의 송환

1891 이민법(IMMIGRATION ACT OF 1891)

- 이민자의 전국적 관리를 위한 최초의 포괄적인 법
- 재무부 산하에 이민국 설립
- 불법체류자 송환 지시

1924 이민 귀화법

- 이민에 대해 최초로 영주권자의 수적 제한 부과
- 출신 국가별 쿼터 시스템 수립으로 북유럽 및 서유럽인의 승 인이 유리하게 됨

1952. 6. 27. 이민 귀화법(IMMIGRATION AND NATURALIZA TION ACT OF 1924)

- 출신 국가별 쿼터제 유지
- 숙련 외국인이 절실히 필요하여 이들에 대한 쿼터제 수립

1965. 10. 3. 이민 국적법 수정(IMMIGRATION AND NATIONALITY ACT AMENDMENTS OF OCTOBER 3, 1965)

- 출신 국가별 쿼터제 폐지
- 가족 재결합과 기술을 기준으로 일곱 개의 우선 카테고리 시스템 수립
- 동반구 출신 이민에 대해 국가당 20,000명 제한선 설정
- 최초로 서반구 출신 이민에 대해 상한선 설정

1976 이민 및 국적법 수정(IMMIGRATION AND NATIONALITY ACT AMENDMENTS OF 1976)

- 국가당 20,000명 제한을 서반구 출신 이민에도 확대

1980 난민법(REFUGEE ACT OF 1980)

- 영구적이고 체계적인 난민 허가 절차 최초로 수립
- 우선 범주 시스템에 의해 난민 송환
- 국제 기준 대 사상적 기준에 따라 난민 규정
- 국내 정착 절차 수립
- 피난처 지위 체계적 정립

1986 이민개혁 및 관리법(IMMIGRATION REFORM AND CONTROL ACT OF 1986)

- 불법체류 외국인임을 알고 고용하는 고용주에 대한 제재 정립
- 합법화 프로그램을 만듦
- 국경 법집행 강화
- 4십억 달러 규모 주 합법화 재정 보조금 프로그램 만듦

1990 이민법(IMMIGRATION ACT OF 1990)
- 법적 이민 상한선을 40퍼센트 늘리고 고용 기반의 이민을 세 배로 늘림
- 다양성 이민 허용 카테고리를 만듦
- 모국의 무장 분쟁이나 자연재해에 의해 위험에 처한 미국 내 체류자에 대해 임시 보호 지위 수립

1996 불법이민 개혁 및 이민자 책임법(ILLEGAL IMMIGRATION REFORM AND IMMIGRANT RESPONSIBILITY ACT OF 1996)
- 외국인 밀입국과 문서 위조 처벌 강화
- 입국 불허 외국인의 신속한 송환
- 불법체류자가 더 장기간 체류를 위해 재입국하는 것을 금지
- 이민 후견자에 대해 연방 빈곤선의 125퍼센트에서 소득 요건 설정

이 표는 다음 원래 출처에 실린 것을 업데이트한 것임

Setting the Record Straight, by M. E. Fix and J. S. Passel(Washington, DC: The Urban Institute, 1994).
도시연구소의 허가 아래 옮겨 실음.

부록 2

이민 개혁 이후 의료 서비스에의 접근성: 뉴욕 사례의 교훈

-아담 귀르비치 (Adam Gurvitch)

미국 이민 개혁은 수백만의 근로자, 공공 및 민간 의료 서비스 제공자, 보험사, 공중 보건의 등 다양한 분야의 사람들에게 영향을 미칠 수 있다. 무엇보다도, 개혁으로 단기 근로자라는 새로운 카테고리가 새로 만들어지고, 영주권자의 수가 증가되며, 불법체류자에 대한 취급 방식이 변화할 수 있다. 이 부록에서는 의료 서비스의 접근성에 초점을 맞추어 향후 주 및 지방 정부 수준에서 개혁의 결과에 대비한 계획을 세워야 하는 이민 정책 입안자들을 위한 저자의 조언을 제시하고자 한다. 구체적으로 뉴욕 주의 사례를 들어 이민자의 의료 서비스 접근성 제고를 위한 대안들을 설명할 것이다.

:: 가이드 원칙

먼저 이민 개혁 프로그램에서 참가자들에게 의료 서비스 접근성을 높이기 위해 어떠한 방법론을 택하든 간에 개혁 방향을 정함에 있어 다음과 같은 원칙을 따라야 한다.

- 비보험자 그룹을 추가해서는 안 된다.
- 가장 단순하고 비용이 적은 행정 구조를 택한다.
- 건강한 개인과 의료적 개입이 필요한 사람을 모두 고려해야 한다.
- 고용주 기반의 건강 보험 보장을 약화시키지 말아야 한다.
- 지역사회 모두를 위한 의료 서비스 안전망을 강화한다.

::핵심 설계 요소

이민 개혁 프로그램에 참가하는 단기 근로자 및 기타 개인들에 대한 지역 의료 서비스의 접근성 구조를 어떻게 구축할지 생각할 때 다음 사항을 고려하는 것이 중요하다.

이해 당사자에 의한 비용부담

정책 대안을 논의할 때, 고용주와 피고용인의 부담금 또는 기여분은 의료 서비스 접근성 위한 우선적인 자금원으로 고려되어야 한다. 고용주와 근로자에게 이익이 돌아가도록 설계된 이민 개혁은 적절한 의료 접근성 보장을 위해서는 각 당사자가 어느 정도의 기여를 해야 한다는 일반의 기대에 부합되어야 한다. 건강 보험 혜택을 이민 개혁의 수혜 대상자인 근로자에게 제공하는 고용주는 이민 프로그램에 참여함으로써 고용주가 부담하게 되는 비용(예를 들어 요금 납부분)에 상응하여 보조를 받거나 적절한 크레딧을 제공받을 수 있어야 한다.

세금 부과의 공정성

미국에 거주하고 연방 소득세를 납부하는 어떤 근로자도 어려운 상황에 빠지게 되면 다른 미국인과 동일한 기준에 근거하여 연방 복지혜택을 받을 수 있어야 한다. 이러한 기본적 공정성이 절대 필요하고 비용이 비싼 의료 서비스를 받아야 할 처지인 경우에는 특히 더 이 같은 공정성이 적용되어야 한다.[1]

응급 의료서비스에의 접근성

응급 의료수송과 응급 의료서비스는 기본적인 인간의 존엄성을 존중하는 미국의 전통과 정신에 맞추어 일반적으로 응급의료상황에 처한 모든 미국에 거주하는 사람에게 적용된다. 앞으로의 이민 개혁에서도 모든 미국 거주민에 대한 이러한 약속의 정신은 견지되어야 한다.[2]

재난 의료 손실 제한 보호

의료 서비스가 대다수 미국인들에게 매우 비싼 것이기는 하나 다른 형태의 비용이나 채무와는 그 성격이 확연히 다르다. 의료 서비스는 종종 비자발적으로 요구되기 때문이다. 미국 시민인 경우 소득이 한정적이고 자신의 가처분 자원이 소진되었을 경우 메디케이드 적용을 받을 수 있다.[3] 따라서 이민 개혁 아래 받아들여진

---

1) 현재 합법적 이민자에 부과되어 있는 메디케이드 및 SCHIP 이용 제한에 대한 설명은 다음 참조: the US Department of Health and Human Services, Centers for Medicare and Medicaid Services(CMS) Web site.
   http://www.cms.hhs.gov/MedicaidEligibility/05_Immigrants.asp#TopOfPage

2) 42 U.S.C. § 1395dd. US Department of Health and Human Services, Centers for Medicare and Medicaid Services(CMS) Emergency Medical Treatment and Labor Act(EMTALA) Web site: http://www.cms.hhs.gov/EMTALA.

이민자에게도 재난 의료비용에 따른 손실제한 보호가 필요하다.[4] 이에 대한 방안으로는 메디케이드, 메디케어, 제한된 범위의 응급 의료상황에 대한 의료보조('응급 메디케이드')등이 있다.[5] 이러한 보호 조치를 통해 의료 제공자는 적어도 부분적으로라도 저소득층 환자를 치료한 비용을 상환받을 수 있게 될 것이다.

주거

이민 개혁에 따른 대상자들의 지역 거주 조건을 요구하는 프로그램과 이들의 서비스 참여를 고무하기 위해서는 그들도 적어도 H1 비자 체류자격자와 동일한 우대를 받아야 한다. 주거 증명을 요구하지만 법적인 지위까지는 요구하지 않는 프로그램에는 공공 의료 서비스, 연방 보건소, '응급 메디케이드'를 통한 응급 의료상황 치료에 대한 병원 보상, 뉴욕과 같은 주에서의 아동, 임산부, HIV/AIDS 환자에 대한 무료 또는 보조금 지원 보험 등이 있다.[6]

---

3) US Department of Health and Human Services, Centers for Medicare and Medicaid Services(CMS) Web site: http://www.cms.hhs.gov/home/medicaid.asp. See also, "The Medicaid Program At a Glance"(Washington, DC: Kaiser Commission on Medicaid and the Uninsured, Henry J. Kaiser Family Foundation, 2005), http://www.kff.org/medicaid/upload/The-Medicaid-Program-at-a-Glance-Fact-Sheet.pdf

4) 연방 메디케이드 프로그램의 MN(의료서비스를 요하는 사람들, Medically Needy) 옵션은 주에서 메디케이드 자격을 주가 설정한 자격 수준 이상의 소득이나 자원을 가진 사람에게까지 확대할 수 있게 해 준다. 즉각 자격 요건을 갖출 수도 있고, 또는 발생한 의료비용을 소득에서 '차감 계산'하여 주가 정한 MN 소득 수준 이하로 소득이 감소 산정됨으로써 자격이 될 수도 있다. 35개 주가 이 MN 안을 채택하였고, 나머지 주는 '근접 빈곤층'인 사람들을 위한 메디케이드 제도를 갖고 있다. 보다 상세한 정보는 다음 참조.
http://www.cms.hhs.gov/MedicaidGenInfo/03_TechnicalSummary.asp#TopOfPage.

5) J. Perkins, "Medicaid Coverage of Emergency Medical Conditions", *Clearinghouse Review Journal of Poverty Law and Policy* 384(Sept/Oct 2004).

6) New York State, Department of Health - Medical Assistance Program: GIS 04 MA/003 Attachment 1, 2004.

홍보

최근 의약품 보상이나 메디케어 Part D 프로그램 시행 경험에 따르면 정부가 이민자들 의료 프로그램에 관한 정확한 지침을 내려 주는 것이 얼마나 중요한가를 분명히 알 수 있다. 많은 이민자들이 의료 프로그램을 사용을 회피하게 되는 결과를 낳지 않도록 불필요한 염려나 오해를 적절히 다루기 위한 분명한 커뮤니케이션이 필수적이다.[7]

::정책 대안

의료 서비스에 대한 접근은 근로자, 고용주, 지역사회에 모두 똑같이 중요하다. 전염성질환 또는 생물학적/화학적 병원에 노출되었을 경우, 지역 사회 구성원 모두가 검사와 치료를 위해 기꺼이 나서고자 할 때만이 공중 보건은 안전하게 지켜질 수 있다. 근로자가 질병, 부상, 장애 등의 상황을 맞아 생산성을 잃게 되면, 고용주의 훈련 및 모집 비용도 그 만큼 증가한다. 주민이 의료 서비스를 감당할 수 없어서 응급 상황을 맞을 때까지 이를 미루는 상황이 되면 국가로서는 그만큼 건강하지 못하고, 비효율적인 생산인구를 가지게 되는 셈이다.

이제 건강한 인력을 유지하고, 공중 보건을 보호하며, 미국 의료 서비스 시스템의 재정적 건실성을 보호하기 위해서는 이민 개혁하

---

7) T. Bauer, J. Bergman, C. Hill, J. Fuld, and L. Weiss, "Access to Health Insurance and Health Care for Children in Immigrant Families"(New York: The New York Academy of Medicine, publication forthcoming).

에서 의료 서비스에 대한 다양한 접근 통로를 확보해야 하며 이를 위해 여기서는 다음의 다섯가지 대안을 제시하는 바이다.

선택안 1: 구매방식 보험

이민 개혁 프로그램에 참여하는 개인들이 그룹별 등급에 따라 보험료를 납부하고, 고용주 기반의 보험, 주정부 차원의 피고용인 건강보험 계획, 메디케이드, 메디케어 등 기존 건강보험 프로그램 중 하나에 가입하거나 또는 가입을 요청받게 되는 방식이다.

건강 보험에 대한 자기부담 가입비를 내고 가입하는 옵션에서는 고용주와 가입자가 '보험료'를 납부하거나 추가부양 가족의 분만큼 프리미엄 비용을 평가받게 된다. 여기서 고용주가 내는 부담금은 현재와 같이 연방 및 주 세금으로서 우대를 받게 되며, 이는 결국 민간 부문 고용주에 의해 제공되는 비용에 대한 정부 보조금이 되는 것이다.

구매방식 보험 가입은 의료 서비스에 대한 접근성을 종합적으로 제공하는 매력적인 대안이며, 공공 및 민간 보험 시스템을 강화하는 잠재력을 지니고 있다. 단기 근로자와 여타 이민자들은 연방 정부로부터 미국 체류 및 취업 허가를 받기에 앞서 건강 검진을 통과하도록 해야 한다. 이 인구 집단은 일반적으로 미국 출생 시민보다 더 건강하고, 장애나 만성 및 고질적인 질환, 건강의 악화, 근로 불능 또는 고령의 가능성은 더 낮은 것으로 파악되고 있다.[8]

---

8) T. Norgren, "Mexicans in New York City: Demographics and Health of the City's Fastest Growing Hispanic Group"(New York: Medical and Health Research Association of New York City, publication forthcoming).

미국 인구의 20퍼센트가 모든 의료 서비스 비용의 80퍼센트를 발생시킨다는 추산이 있다. 따라서 이 방식을 택하게 되면 보험 풀인 기존 인구에다가 많은 수의 건강한 개인을 추가하게 됨으로써 보험기관의 지불능력도 유지하면서 동시에 위험도 분산시키고 보험비도 억제하게 될 수 있다.

뉴욕 주의 차일드헬스플러스 프로그램은 성공적인 보험 구매 모델을 제공해 준다. 이 프로그램은 19세[9] 미만의 비보장 뉴욕주 주민 누구에게나 예방 의료 서비스, 일차적 의료 서비스, 응급 의료 서비스에 대한 보장을 제공한다. 이 프로그램은 자녀의 메디케이드 가입 자격이 되기에는 소득이 많은 가정이 뉴욕 주의 차일드헬스플러스 프로그램을 통해 그룹 등급의 보험 보장을 구매할 수 있도록 한 프로그램이다.

차일드헬스플러스 프로그램의 월별 보험료는 가족의 소득에 따라 달라지만 보장범위가 넓은 가장 높은 등급의 월 보험료라고 해도 고용주와 피고용인 공동부담을 통해 대략 150달러로 설정되어 있다. 동일한 인구 집단이 민간 보험 시장을 통해서 사용 가능한 유사한 혜택 수준의 보험과 비교하여도 능히 감당할 만한 수준이다. 고용주를 통해 의료 보장을 받지 못하는 저소득층과 중산층 가정에서 이 프로그램 등록률이 높았다. 차일드헬스플러스 구매 프로그램은 근본적으로 이민자 지위에 상관없이 18세까지의 비보장 뉴요커에게 보편적인 건강 보장을 제공한다. 이 프로그램은 뉴욕 주 전역에서 양당 모두로부터 지속적인 정치적 지지를 받고 있다.

---

9) 이에 대한 상세한 정보는
   http://www.nyc.gov/html/hia/html/public_insurance/children.shtml를 참고.

미국은 어느 나라보다 많은 1인당 의료비를 지출하고 있는 반면에, 실제 많은 미국 주민은 의료 서비스를 감당할 수 없는 형편에 있으며, 이 같은 상태에 처한 많은 수의 사람들에게는 그 재정적인 영향이 거의 파괴적이라고 할 것이다. 미국에서는 의료비 부채가 파산과 노숙의 주된 원인이기도 하다.[10] 많은 사람이 일을 하면서도 의료 보험 없이는 적절한 의료 서비스를 받기가 어렵거나 불가능한 것이 현실이다. 이는 생명을 구하는 치료에만 해당되는 것이 아니라 만성 질환 등의 일상적인 관리에 대해서도 적용된다.

특히 이민자의 취업률은 토박이 시민과 거의 비슷한 반면에 무보험일 확률은 세 배나 높고, 이민 근로자가 고용주를 통해 보험 보장을 받을 확률도 토박이 근로자에 비해 훨씬 낮다.[11] 이민자는 직장에서 제공하는 적절한 보호 장치도 없이 가장 위험한 일을 하고, 노동 시장에서도 가장 낮은 급여를 받고 일하고 있다.[12] 뉴욕에 거주하는 많은 이민자들은 항상 직장에서 건강 문제가 발생할 수 있는 위험을 안고 살고 있다. 그리고 이민자는 뉴욕 주 산재 사망의 거의 40퍼센트나 차지하고 있다.[13]

---

10) The Access Project, "Home Sick", 2005.
http://www.accessproject.org/medical.html.

11) R. Capps, M. Fix, J. Passel, J. Ost, and D. Perez-Lopez, "A Profile of the Low-Wage Immigrant Workforce"(Washington, DC: The Urban Institute, 2003); M. Fix and R. Capps, "Immigrant Well-Being in New York and Los Angeles" (Washington, DC: The Urban Institute, 2002).

12) S. Richardson, "Fatal Work Injuries Among Foreign-Born Hispanic Workers", US Department of Labor, Bureau of Labor Statistics, *Monthly Labor Review*(October 2005), http://www.bls.gov/opub/mlr/2005/10/ressum.pdf.

13) 미국 노동통계청에 따르면 2000년에 뉴욕 주에서 치명적인 산재 부상의 39퍼센트, 그리고 뉴욕시에서 치명적인 산재 부상의 67퍼센트가 이민 근로자였다. 참조 New York State Trial Lawyers Association, "New York's "Scaffold Law": An Essential Protection for Immigrant Construction Workers", 2004.

1996년 8월 이래로 미국에 들어오는 대부분의 합법적 이민자들은 5년간 메디케이드, SCHIP 보건 프로그램을 포함하여 개인재산 자격에 대한 검증이 선행되는 연방복지 수혜자격이 5년간 제한되어 있다.[14] 이러한 제한은 이들 개인— 영주권자— 이 노동 허가도 받고 곧바로 다른 사람의 의료 혜택 비용을 보조하게 되는 세금도 납부한다는 사실에도 불구하고 계속 시행되고 있다. 단기 근로자 프로그램의 형태가 되든, 합법화 획득 프로그램이 되든 혹은 영구 비자의 광범위한 확대가 되든, 합법적 이민자들이 어려운 시기에 사회적 안전망 지원을 받을 수 없도록 만든 과거 정책의 오류를 개선할 수 있다면 이민 개혁은 그 타당성을 확보하게 될 것이다.

　　수십만의 이민자를 비롯한 많은 뉴요커들은 공공 보장을 받기에는 소득이 많고, 민간 보험을 감당하기에는 너무 소득이 적으며, 그렇다고 자신의 고용주를 통해 감당할 수 있는 보장도 받고 있지 못하다.[15] 이민자들이 자신들의 소득에 맞는 건강 보험에 들 수 있도록 하기 위한 제안이라면 미국 출생자를 비롯한 다른 비보장 미국인들이 직면하고 있는 상황을 고려해야 한다. 즉 미국 체류를 허가받은 외국 출생 주민이 지극히 불공정하고 착취의 냄새가 나는 상황에 빠진 것을 보지 않으려면 이들도 자신의 소득으로 감당할 수 있는 의료 서비스를 이용할 수 있어야 한다.

　　이민 개혁 프로그램은 모든 근로자의 권리를 염두에 두고 설계

---

14) US Department of Health and Human Services website, "Summary of Immigrant Eligibility Restrictions Under Current Law as of 10/04/2004": immigration/restrictions-sum.htm.

15) E. Hubert, D. Holahan, and A. Cook, "Health Insurance Coverage in New York, 2002–2003"(New York: United Hospital Fund, 2005).

될 것이며 노동 인구의 어느 부문 ― 새로이 생성된 그룹이든 확립된 그룹이든 ― 에 대해서든 그들의 근로 조건을 침식하지 않아야 한다는 것이 기본적인 가정이다. 건강 보장을 이미 제공하고 있는 고용주가 그것을 계속 유지하도록 하는 것이 필수적이다.

구매방식 보험의 이점

■ 이 선택안은 기존의 보험 풀에 더욱 젊고 건강한 참가자를 더하게 됨으로써 오히려 이미 보험에 들어 있는 토박이 미국인을 보조하게 될 것이다.

■ 기존의 의료 기반 시설과 행정 메커니즘을 사용하고 규모의 경제를 통해 비용을 절약할 수 있을 것이다.

■ 비용 효율적인 응급 및 특별 의료뿐 아니라 예방 및 일차 의료 서비스의 접근이 가능하게 된다. 보험 상품 설계에 따라 포괄적인 의료 서비스에의 접근도 가능할 것이다.

■ 의료 제공자는 기존의 의료비 계산 및 청구 시스템을 변용하여 적용할 수 있고 새로운 행정 및 정보 기술 요건을 최소화하게 될 것이다.

■ 보험 참여자는 훨씬 비싼 응급 진료에 의존하기보다는 외래 환자로서 진료를 통해 의료 서비스를 받게 될 것이다.

■ 의료 보장의 이동성도 가능하게 된다. 즉 직장을 바꾸거나 다른 지역으로 이사를 가서도 의료 비보장이 되는 것을 피할 수 있을 것이다.

■ 구매방식 보험은 의료 서비스를 필요로 하는 사람들을 위해 효율적으로 작동할 프로그램을 구축할 것이다.

■ 메디케이드, 메디케어, 고용주 기반의 민간 보험 풀 등을 보강하는 버팀목이 되어 줄 것이다.

우려 사항

■ 현재 많은 미국 시민과 영주권자(그린카드 보유자)들도 구매 방식 보험을 제공받고 있지 않는 실정인데,[16] 고용주들이 이들 신규 노동자 그룹 피고용인을 위해 건강 보험 혜택을 보조하는 부담을 지는 것이 옳은지에 대한 정치적 논란이 제기될 수 있다.

■ 상당수 이민자들이 이용 가능한 의료 서비스를 찾는 데 어려움을 겪고 있는 실정이므로 결과적으로 이런 방식으로 전달되는 의료 서비스는 생각만큼 충분히 이용되지 못할 수도 있다.[17]

선택안 2: 안전망 '메디컬 홈' 방식

고용주를 통해 건강보험 보장을 받지 못하는 이민자들은 안전망 의료보장을 제공하는 기관과 연계될 수 있을 것이다. 이 방식은 의료 제공자 측에서 비보험자인 환자의 의료비에 대해 전반적으로 부담하고 이에 따라 상호 간에 비용을 지불하는 방식이다. 참가자들은 클리닉 카드를 발급받고 가입 초기 건강검진을 받게 된다.

의료보장 제공자는 어떤 대상이든 해당 이민자가 자격에 부합하

---

16) A. Safir and H. Leibovitz, "State Profile of New York – Data from the 2002 National Survey of America's Families"(Washington, DC: The Urban Institute, 2004).

17) New York Community Service Society, "Low Income Consumers' Experiences: Results from a Citywide Survey of Managed Care Consumers in Medicaid, Child Health Plus, and Family Health Plus", 2005.

는 공공 보험 프로그램에 가입하도록 지원하게 되며, 만약에 이런 조건에 부합되지 못하는 이들은 미국 시민과 영주권자를 포함한 그 지역의 현재 구성원과 동일한 할인율을 적용받을 수 있도록 한다.[18] 이를 위해 고용주를 이러한 재정지원 시스템 안으로 유인하는 메커니즘도 수립되게 된다.

뉴욕시 보건병원공사(Health and Hospitals Corporation, HHC)는 이민자의 체류자격에 상관없이 환자의 소득에 근거하여 보험을 심사하고 이들을 재정적으로 원조하는 모델을 만들었다. HHC의 프로그램은 비보험자인 현재 및 장래의 환자가 보건 안전망 서비스 제공자로부터 요금 감면을 받을 수 있도록 하며, 제약회사는 투약 비용을 감면하거나 비용을 청구하지 않을 수도 있도록 한다.[19] 이 프로그램은 뉴욕 주민들이 재정적인 어려움 때문에 치료를 미루다가 결국 더 많은 비용이 드는 응급 의료에 의지하게 되기보다는 비용적으로 가장 효율적인 클리닉 환경에서 의료 서비스에 접근할 수 있게끔 만든다. HHC는 관대한 재정적 원조를 제공하는 프로그램을 실시함으로써 환자들이 병원의 회계 상담관에 협조적인 태도를 보이도록 유도한다는 것을 알았는데, 이로 인해 병원 시스템도 환자가 가장 적절한 조건으로 보험 프로그램에 등록하도록 도울 수 있고 병원 측에 대한 지원 또한 최대화시킬 수 있게 된다.

보건소(Federally Qualified community Health Center, FQHC) 및 유사 보건 기관, 농촌 및 이주민 보건 센터, 공공 및 민간 병의원

---

18) 고임금이지만 또한 고용주가 건강보험을 제공하지 않는 이민자의 경우, 이들의 체류 정도에 따라 민간보험 또는 구매방식보험 가입하도록 의무를 지울 수 있다.

19) New York City Health and Hospitals Corporation - HHC Options Web site: html/community/hhc_options.shtml.

은 이민자들이 집거하는 해당 지역사회에 있어서 의료 안전망을 구성하게 된다.[20] 부시 행정부는 보건소에 대한 자금 지원을 늘리고 대부분의 지역에 보건소를 설치하겠다고 공언해 왔다.

이로써 이민 개혁에 따른 새로운 이민자 집단(초청 노동자, 합법화되는 이민자 등)은 특별한 권리를 갖게 되는 것이 아니라, 모든 다른 이들이 현재 누리고 있는 것과 똑같은 권리를 갖게 될 것이다.

'메디컬 홈' 확보에 대한 필요성이 큰 만큼 비보험 이민자들이 안전망 의료 기관의 지원을 받을 수 있게끔 만드는 조치의 타당성은 크다.[21] 안전망 의료 기관과 환자를 연결시키고 '메디컬 홈'을 확립시키게 되면 비보장 이민자가 압도적인 의료 채무, 또는 체류 자격에 따른 불안 때문에 필요한 진료를 받는 일을 미루게 되지 않게 될 것이다. 현재는 뉴욕시의 이민자 중 극소수만이 의료 서비스 안전망을 통한 의료지원 방식을 이해하고 있는 형편이며, 병세가 심각해질 때까지 진료를 미루어 건강이 악화되고 의료비도 더 커지게 되는 경우가 종종 있다.[22]

의료 서비스 안전망은 이미 제공한 의료에 대하여 보상을 받지 못하거나 또는 부분적으로만 보상받은 진료들로 인해 이미 상당한 적자에 — 이는 부분적으로는 비용절감이 가능한 진료, 외래진료 서비스, 공공 보장을 받을 수 있는 방법 등에 관하여 환자들에게 적절한 교육과 홍보를 제대로 하지 못함으로써 발생한 부담이기도

---

20) US Department of Health and Human Services, Centers for Medicare and Medicaid Services(CMS) FQHC Web site: http://www.cms.hhs.gov/center/fqhc.asp.

21) 메디컬 홈의 상세한 개념에 대해서는 American Academy of Pediatrics Web site: 참고.

22) M. Doty, J. Edwards, and A. Holmgren, "Seeing Red: Americans Driven into Debt by Medical Bills"(New York: The Commonwealth Fund, 2005).

하다— 시달리고 있다.[23] 비보장 상태에 있는 미국 체류자로서의 이민자는 실제 적용 가능한 의료비 절감 혜택 자격이 있음에도 또는 자격은 되지만 단지 등록하지 않았다는 이유 등으로 인해 병원으로부터 의료비 전액을 청구받는 일이 흔하다. 이러한 혼선으로 인해 비보장 이민자들이 실제 의료 서비스를 받을 수 없거나 또는 받기를 꺼려하는 결과를 낳고 있다.

안전망 '메디컬 홈'의 이점

■ '메디컬 홈'을 확립하면 예방 및 일차 진료를 통해 적절한 시점에 효율적인 방식으로 의료 서비스를 받을 가능성을 크게 증가시킬 수 있다.

■ 의료 제공자는 기존 의료비 계산 및 청구 시스템을 변용하여 적용할 수 있을 것이다.

■ 이민자들은 훨씬 비용이 많이 드는 응급 진료에 의존하기보다는 외래 진료를 통해 의료 서비스를 받을 수 있을 것이다.

■ 이 방식은 이민자가 문화적으로 익숙하고 언어적으로도 이용하기 편한 서비스를 자기 지불 능력에 관계없이 받을 수 있는 가능성을 높이게 될 것이며, 더 나아가, 순응요금 감소제(sliding scale fee reduction, 역자 주: 제반 조건에 따라 요금도 자동 조정되어 낮추도록 하는 제도)와 같은 저비용 납부 방식도 가능할 것이다.

---

23) E. Benjamin et al., "State Secret: How Government Fails to Ensure that Uninsured and Underinsured Patients Have Access to State Charity Care Funds"(New York: The Legal Aid Society–Health Law Unit, 2004). See also, "Hospital Free Care: Can New Yorkers Access Hospital Services Paid for by Our Tax Dollars?"(New York: Public Policy and Education Fund of New York, 2003).

■ 미국 대부분의 지역에서 포괄적인 의료 서비스를 받을 수 있도록 해 줄 것이다.

■ 의료 서비스 시스템의 기존 능력을 전략적으로 사용하게 될 것이다.

우려 사항

■ 이 대안은 의료 제공자와 개인이 직접 연결되어야 하는데, 이로 인해 행정적으로 더 복잡해지고 더 많은 자원을 필요로 할 수 있다.

■ 보건소와 농촌 및 이주민 보건 센터에서는 예방 및 일차적 의료 서비스를 제공하지만 안과 또는 치과 진료는 물론이고 일반적으로 응급 또는 급성 진료도 제공되지 않는다. 그러나 미국 여러 지역에서 비보장 주민들은 이러한 클리닉을 이용할 수 있는 것이 전부이다. 따라서 일부 포괄적 보장 형식을 통하여 의료 제공자에게 재난 의료 서비스 비용을 변제하는 방안도 있을 수 있다. 사실 연방 정부의 '응급 메디케이드' 프로그램은 현재 이러한 기능을 수행하고 있다.

■ 일부 환자의 권리 옹호에 대하여 염려하는 측에서는 환자를 공중보건 시스템과 연결하는 방안은 2중 시스템을 만들 가능성이 있으므로 이에 대하여 신뢰를 보이지 않고 있다. 그러나 대부분의 비보장 미국 주민은 민간 의료 보험을 감당할 능력이 없고 이를 이용할 수 없는 것이 현실이다. 이들이 결국 진료를 받게 되면 궁극적으로 공공 의료 제공자로부터 제공받을 수밖에 없다. 따라서 이들이 '메디컬 홈'에 배당된다면 민간 의료 제공자가 배제되거나 해당 환자가 진료를 받을 자유를 제한받지도 않을 것이다.

■ 개인이 거주지를 이전하면 다시 재산 상태에 대한 심사를 받아야 하고 신거주지역의 의료 서비스 제공자와 다시 연계되어야 하는 부담 등이 없어질 것이다.

■ 미국의 많은 지역에서 의료 안전망은 이미 과중한 부채를 지고 있고 따라서 향후 많은 수의 비보장 환자를 추가로 감당할 능력이 없다.[24]

선택안 3: 선납 의료 서비스 방식

세 번째 선택안은 두 번째 안과 동일하지만 단지 이에 더하여 고용주와 근로자가 납부하는 연간 보험 부담금 — 예를 들어 500달러에서 1000달러까지 — 이 공동 출자된다는 것이 다르다. 이 공동 출자된 보험금에서 보건소나 다른 유사한 안전망 의료 서비스 제공자에게 돈을 분배할 수 있다. 위에서와 같이, 참가자들은 자신의 '메디컬 홈' — 외래 진료 클리닉 — 과 접촉하고 검진과 필요한 진료를 받게 된다. 쿠폰제나 또는 선납식 클리닉 카드를 통해서 납부를 할 수도 있다.

의료비는 저소득 – 중간 소득 환자들에게 현재 시행되는 다른 사례와 마찬가지로 순응요금제에 근거하여 결정되며, 의료 서비스 제공자는 선납 보험료에서 그 비용을 회수한다. 선납 보험료로 보장할 수 있는 기간보다 더 오래 진료를 요할 경우 다른 사람들처럼 의료 제공자가 정한 순응요금을 자신의 돈으로 지불할 수 있다.

---

24) 병원이나 의원이 외래환자를 치료 후 메디케이드나 메디케어로부터 받는 환급비율은 지난 수십 년간에 걸쳐 발생한 의료 인플레이션을 따라잡지도 못하고 있는 형편이며 이는 결국 근본적이고도 구조적인 결함을 초래하고 있다.

연말에 가서 해당 프로그램 참가자가 선납 보험료액에서 사용하지 않은 진료가 있다면 나머지는 안전망 의료 제공자에게 귀속되거나 향후 기간으로 연장될 수 있다.

선납 의료 진료에서는 보험 보장을 제공하지는 않는다. 대신에 환자와 해당 의료 기관 사이에 직접 재정적 관계가 수립되는 것이다. 이 방식 하에서는, 개인이 선납금액을 초과하여 받은 의료 서비스에 대해서는 의료 기관에 순응요금을 지불하여야 한다.

이 방식은 두 번째 방식인 '안전망 메디컬 홈' 방식이 가지는 이점과 우려에 더하여, 피고용인과 고용주 납부금을 의료 기관으로 직접 전송해야 하기 때문에 행정적으로 더욱 복잡해질 가능성이 있다.

선택안 4: 신규 설립 보험 프로그램 방식

이민자는 정부 보조를 받는 소규모 자영업자 및 현재 피고용인들에게 건강 보험을 제공하고 있지 않는 여타 고용주가 함께 피고용인을 위해 공동 출자하여 만든 건강 보험 프로그램에 참여할 수도 있을 것이다. 참가자들은 이 프로그램에 등록하도록 권장되거나 혹은 요구될 수 있으며 피고용인과 고용주는 보험 부담금으로 단체 등급 보험료 또는 기여분을 납부하게 된다. 이러한 보험 상품은 고용주가 임시직, 파견직, 파트타임 피고용인으로 분류한 근로자, 일반적인 복지 혜택 등을 받지 못한 근로자, 의료비를 자비 부담할 형편이 못 되는 근로자를 비롯한 기타 비보장 미국 시민에게도 개방될 수 있을 것이다.

뉴욕 주는 소규모 자영업자, 단독 사업자, 비보장 근로자들에게 헬시뉴욕 프로그램을 통해 건강보험 보장을 구매할 기회를 주었다. 이러한 건강 보험 혜택은 주 보조금을 통해 보다 저렴하게 제공될 수 있다. 헬시뉴욕 프로그램에는 입원 및 외래 병원 서비스, 의사 진료 서비스, 모성 보건, 예방 의료 서비스, 진단 및 X-레이 서비스, 응급 서비스가 포함된다. 참여자들은 처방약 혜택이 제한되거나 또는 제외된 보장 패키지를 선택할 수 있다.[25] 그런데 실제 헬시뉴욕 참가자 수는 기대보다 많이 못 미쳤는데, 이는 프로그램 보험료가 비싼 것이 주 원인이었다.

새로 만들어진 보험 프로그램의 성공은 개인이 감당할 수 있는 정도의 단체 등급 보험료 책정 여부와 얼마나 경쟁력 있는 복지 혜택 패키지를 제공할 수 있는가에 달려 있다. 현재 많은 미국인들에게는 너무 먼 존재이기만 한 민간 개인 보험에 비하여 비용이 큰 차이가 나지 않는다면 많은 참여자를 끌어 모으기 어려울 것이다. 따라서 정부가 소규모 사업자, 단독 사업자 등에 대해 피고용인을 위해 공동 출자하고 단체 등급의 보험을 구매할 수 있도록 허용한다면 비용을 상당히 줄일 수 있을 것이다. 이러한 공동 출자는 대규모 고용주가 피고용인에게 건강 보험 혜택을 제공할 때의 조건을 그대로 적용하는 것이 필수적이다.

선택안 5: 연간 의료 검진 방식

단기 근로자와 다른 이민 개혁 프로그램 참여자들은 이민초기 건강 검진을 받고, 그 이후에는 병원, 보건소, 보건소 유사 기관, 농촌

---

25) New York State - Healthy NY Web site: /website2/hny/english/hny.htm.

또는 이주민 보건소, 또는 참여를 희망하는 민간 클리닉과 같은 안전망 의료 서비스 제공자로부터 정기 검진을 받게 되는 방식이다. 이민 개혁이 전염성 질병에 대한 검진 요구를 포함할 것으로 사료되는바, 철저한 건강진단을 통해서 이를 수행할 수 있을 것이다.

실제 뉴욕 주 난민과 이민국은 새로이 도착한 난민이 정착한 지역에서 이들에 대한 건강 검진에 보조금을 지급한다.[26] 난민 건강 검진 프로그램을 통해 난민들은 미국에 들어온 첫 몇 개월간 전염병에 대한 무료 검진을 받는다. 그러나 이러한 검진 프로그램의 한계는 전염성질환 이외의 건강 상태가 감지되면 그 비용을 담당하는 시스템이 마련되어 있지 않다는 것과, 많은 의료 서비스 제공자들이 난민 건강검진 프로그램을 통해 검진한 환자를 포함하여 비보험 환자 치료를 거부한다는 점이다.[27]

의료검진 방식의 배경이 되는 아이디어의 출발은 이민자의 '근로 적합성'을 따져 보자는 것이며 응급실이 아닌 다른 적당하고 비용이 저렴한 의료 서비스 공급원과 연결시키자는 것이다.[28] 이를 위해 선납 클리닉 카드 또는 다른 어떤 납부 메커니즘이 사용될 수 있다. 해당 개인이 당뇨병이나 천식과 같이 만성적인 상태를 관리해야 하는 등 계속적인 진료를 필요로 할 때는 다른 환자들처럼 안전망 의료 제공자의 순응요금제나 다른 납부 계획을 이용하게 될 것이다.(두

---

26) New York State, Office of Temporary and Disability Assistance, Bureau of Refugee and Immigrant Affairs Web site: /bria_prog_default.htm.

27) 난민들도 국가가 제공하는 난민의료지원(Refugee Medical Assistance, RMA)를 8개월간 받을 수 있다. 그러나 난민들이 이 프로그램을 잘 알지 못하거나 또 실제 의료기관도 이를 필요로 하여 이 프로그램에 참가하는 난민들에게 적절한 서비스를 제공해 주지 못하고 있다.

28) The Access Project, "Paying for Health Care When You're Uninsured: How Much Support Does the Safety Net Offer?" 2003.

번째 방식처럼)

연간 의료 검진 방식의 이점

■ 연간 의료 검진은 참가자의 기본 건강 상태가 모니터링이 되도록 할 것이다.

■ 이 방식은 참가자와 일차 진료소 간 연계를 가능하게 한다. 그러나 일부 의료 제공자는 건강 검진을 시행하는 것을 넘어서 환자를 치료하려고 하지 않을 수 있다.

■ 검진은 고용주 후원 보험이나 구매 옵션, 또는 '응급 메디케이드'와 같은 보다 종합적인 포괄 건강보험 혜택과 짝지을 수도 있다.

■ 정부의 난민 의료검진 프로그램은 이미 존재하고 있기 때문에, 이 프로그램의 클리닉 배상 시스템에서 실행 모델을 제공할 수 있을 것이다.

■ 이 방식은 공중보건 감독과 모니터링을 가능하게 할 것이다.

우려 사항

■ 이 프로그램은 검진으로 문제를 감지할 수는 있는 반면에 치료, 투약, 또는 후속 진료 등을 제공하지는 않게 될 수 있다. 그러면 참가자는 기본적으로 비보장으로 남게 되고, 다른 의료 서비스 접근 대안과 결합되지 않는 한, 그 때문에 이 선택안의 유용성이 제한될 것이다.

의료 서비스의 장애물

미국에서 이민자들에 대한 의료 서비스 접근성의 불균형은 가히

충격적일 정도이다. 공공 보험 프로그램에서 집단으로서 거부되는 극단적인 경우를 제외하고라도, 합법적 이민자들도 건강 보험 보장률이 낮고 소득이 낮기 때문에 일련의 문제들과 부딪히게 된다.[29] 이민법과 정책은 계속해서 진화하고, 정부 프로그램과 서비스에 대한 이민자들의 권리 규정도 최근 크게 바뀌었다.[30]

하지만 여전히 미국의 이민자들은 부분적으로는 공공요금, 후견자의 책임, 정부 프로그램에 대한 이민 관련 자격 제한 등 합법적 이민자들을 대상으로 한 정부의 관대하지 못한 정책의 영향으로 일반 미국시민들에 비해 의료 서비스를 덜 사용하고 있다.[31] 합법적 이민자들은 때로는 정부, 변호사, 의료 기관으로부터의 잘못된 조언과 더불어, 의료 서비스에 대한 권리와 프로그램 및 서비스를 이용하는 데 따르는 서로 다른 의견과 위험에 대해 여전히 헷갈리는 메시지를 받고 있다.[32] 위험한 것도 많고 복잡한 환경 속에서, 많은 합법적 이민자들도 해외에 사는 배우자, 자녀, 부모와 같은

---

29) Norgren, "Mexicans In New York City"(see n. 8); T. Broder, "Immigrant Eligibility for Public Benefits", in *Immigration and Nationality Law Handbook*, 759(Washington, DC: American Immigration Lawyers Association, 2005-2006 edition, updated March 2005), http://www.nilc.org/immspbs/index.htm#immelig.

30) R. Capps, R. Koralek, K. Lotspeich, M. Fix, P. Holcomb, and J. Reardon-Anderson, "Assessing Implementation of the 2002 Farm Bill's Legal Immigrant Food Stamp Restorations: Final Report to the United States Department of Agriculture Food and Nutrition Science"(Washington, DC: The Urban Institute, 2004).

31) S. Mohanty et al. "Health Care Expenditures of Immigrants: A Nationally Representative Analysis", *American Journal of Public Health* 95, no.8(Aug 2005): 1431-1438; Bauer et al., "Access to Health Insurance and Health Care"(각주 7 참고).

32) 이민자에 대한 미국 정부의 오도된 정보의 일례로 2006년 2월 11일 미국건강복지부 웹사이트의 다음 내용을 보면 알 수 있다: "당신 자신은 그렇지 않더라도 당신의 자녀가 미국 시민이거나 또는 합법이민자인 경우에 당신 자녀는 건강보험의 자격이 있습니다(*그러나 합법영주권자인 경우에는 5년 제한이 있습니다*)." 그러나 실제로는 5년 자격제한은 존재하지 않는다.

가까운 가족 구성원의 후견인 역할을 충실히 수행하고 가족 결합을 하는데 오히려 손해가 될 것 같아서 공공 프로그램에 등록하거나 의료 서비스를 사용하는 것을 꺼려하고 있는 한심한 실정이다.[33] 저소득층 신규 이민자들에게는 이에 대한 적절한 오리엔테이션이나 도움 없이는 의료 서비스 시스템을 찾아 이용한다는 것이 거의 불가능하다.

비보장 또는 보장이 충분하지 못한 이민자가 의료 서비스 시스템을 이용할 때 겪는 재정적 어려움은 이민자에 대한 부정적인 소문을 만들어 내고 결국 이들로 하여금 의료 서비스를 덜 이용하게 만들어 더 비싼 응급실 진료에 의지하게 만든다.[34] 언어적인 소외 또한 어려운 문제의 하나이다.[35] 수백만의 신규 이민자들이 자신의 증상을 설명할 수 없거나 영어로 설명되는 의사의 진단을 이해할 수조차 없다. 이들은 또한 영어로 된 병원 등록 및 청구 시스템과 의료 보장 등록 절차를 제대로 찾아 이용할 수도 없다. 이제 미국 정부는 이민자들로 하여금 의료 서비스를 받고 보장을 획득하거나 납부 옵션을 택하는 등 모든 수준에서 그들의 권리와 절차를 설명해야 하는 어려운 과제에 직면하게 되었다.

---

33) Children's Defense Fund, "Health Insurance in New York City: Is It Working for Immigrant Families?" 2003.

34) Bauer et al., "Access to Health Insurance and Health Care"(각주 7 참고).

35) R. Capps, L. Ku, M. Fix, et al., "How Are Immigrants Faring after Welfare Reform? Preliminary Evidence from Los Angeles and New York City"(Washington, DC: The Urban Institute, 2002).

부록 3

신규 미국인들: 귀화 및 생득적 시민권에 대한 사실들

-메리 헬렌 이버라 존슨, 마이클 픽스, 줄리 머레이

(Mary Helen Ybarra Johnson, Michael Fix, and Julie Murray)

2006년 시민권 테스트

1952년 이민 및 귀화법에 따라 미국 시민권을 신청하는 사람은 영어 능력 및 미국 역사, 정부에 대한 지식과 이해도를 묻는 국적 시험을 치르도록 되어있다. 현재 국적시험은 원칙적으로 서면보다는 구두 형식으로 치러진다. 지원자의 영어 능력만을 따로 평가하는 표준화된 수단이 있는 것은 아니지만 적어도 초등 수준의 영어 능력을 가지고 있는지 확인하기 위해 미국 역사와 정부에 대한 구두 테스트를 실시한다. 쿠퍼스와 리브런드가 1997년에 테스트 절차에 대해 검토한 바에 따르면 미국 국적시험에 표준적인 시험 내용은 없으며 테스트 도구와 채점 시스템은 테스트 장소에 따라 다른 경우가 많다.[36] 이와 같은 테스트의 주관적인 성격을 고려할 때, 이민 공무원은 신청자의 교육, 연령, 배경, 미국 체류 기간 등에 근거하여 특정 사례마다 개인에 따른 특별한 배려를 한다든가 융통성을

---

36) Department of Homeland Security, Office of the Inspector General, Letter Report: Citizenship Test Redesign, 2005.

발휘할 수 있을 것이다. 1997년 연구는 이와 같은 정상 참작의 정도 또한 테스트 장소에 따라 매우 달라진다는 것을 밝혀냈다.

국적시험 시스템의 재점검

최근 미국은 시민권 시험의 내용과 목표를 재점검하기 시작했다. 그러나 미국만이 이러한 작업에 착수한 것은 아니다. 몇몇 유럽 국가(영국, 네덜란드, 독일)에서 시민권 및 국적 시험을 통해 신청자가 기본적인 역사적 사실을 넘어서는 내용이나 국가의 중심적 가치라고 생각되는 바를 잘 알고 있는지 여부를 파악하는 시험을 만들려는 시도가 이루어지고 있다.[37]

1990년부터 현재까지의 귀화 경향

2004년에는 미국의 외국 출생 인구 중 대략 38퍼센트(1310만 명)가 귀화 시민이었다.[38] 이민자들 중에서 귀화 시민이 차지하는 비율은 1990년대 이래로 꾸준히 증가해 왔다. 1994-2004년에는 귀화 비율이 그 전 10년보다 232퍼센트 증가했다.[39] 이러한 경향은 지난 이십 년간의 기록적인 이민 증가 기간에도 여전히 유지되었다. 1994년 이래 귀화가 증가한 것은 1986년 이민 개혁 및 관리법(Immigration Reform and Control Act, IRCA) 때문이며, 이 법은

---

37) 네덜란드와 독일에서 '국가적 가치'에 반하는 특정 국가 또는 종교적 배경을 가진 신청자의 가치를 테스트하기 위한 시범 테스트가 도입되었다. 예를 들어, 독일의 바덴-뷔템베르크 지역은 아슬람 국가 출신 무슬림에게 여성의 권리나 종요적 자유를 포함한 국내적 이슈에 관한 믿음이 어떠한지를 뽑아내어 시민권을 받을 수 있는지 결정하기 위해 일련의 질문을 추가하였다. E. Rothstein, "Refining the Tests that Confer Citizenship", *The New York Times*, January 23, 2006.

38) A. Erlich and D. Dixon, "Spotlight on Naturalization Trends", Migration Information Source.

39) (Washington, DC: Migration Policy Institute, November1, 2005).

270만 불법체류자에게 합법적 지위를 수여하였고 이들 중에 신청 자격이 되는 늘려 놓았다.[40] 귀화가 늘어나게 된 또 다른 요소는 1996년에 도입된 개혁으로 공공 복지혜택에서 비시민권자가 제외되고 미귀화자에 대한 제한 조치(송환의 원인이 되는 위반 사항의 범위 확대 등)의 강화 등이 있다.

귀화 신청 적체

1997 – 2001년 사이에, 연방 정부는 미국 귀화 신청 절차의 평균 시간이 2년에서 6 – 9개월로 줄었다고 보고했다. 귀화 신청서는 각 지역에서 개별 처리되고 있는데 각 지역 간에는 신청 적체 때문에 처리 시간에도 상당한 차이가 존재한다. 가령 2006년 1월에 플로리다 올란도와 노스캐롤라이나 샬로트 지구 사무실은 2004년 12월에 제출된 귀화 신청서를 처리하고 있는 한편, 로드아일랜드 프로비던스와 오하이오 신시내티의 공무원들은 최근인 2005년 10월에 제출된 신청서를 처리 중이었다.[41] 미국 국적이민청(USCIS)은 모든 신청서에 대해 6개월의 처리 기간을 보장하기 위해 신청서 적체를 해소하기 위해 노력 중이다.

---

40) Ibid.
41) US Citizenship and Immigration Services Web site, /cris/jsps/ptimes.jsp.

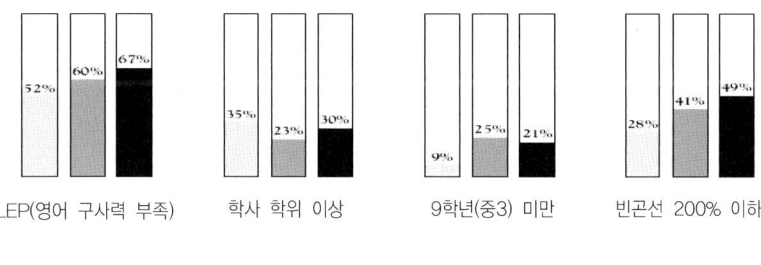

그림 1. 귀화자는 영어를 더 잘하고, 학력이 더 높으며, 소득이 더 높다

LEP(영어 구사력 부족)　　학사 학위 이상　　9학년(중3) 미만　　빈곤선 200% 이하

최근 귀화　　　　　최근 자격이 됨　　　　　곧 자격 도달

Source : Urban Institute estimates are based on Census and CPS data. M. Fix, J Passel, andk. Sucher, "Trends in Naturalization," Immigrant Families and Workers, Brief No. 3(Washington, DC: The Urban Institute, September 2003).

귀화 인구와 '귀화 자격을 갖춘' 인구의 특징

지원자 중 시민권을 받은 비율은 높지만(2004년 지원자 중 84퍼센트가 시민권을 받음), 귀화를 신청하지는 않았지만 자격 대상이 되는 사람은 아직도 상당수 있다. 미국에서 5년 이상 그린카드를 보유한 자, 미국에서 적어도 3년간 미국 시민과 결혼을 유지한 영주권자 등이 포함된다. 이러한 자격 대상이 되는 인구는 영어 기술, 학력, 출신 국가, 소득, 체류자격 등에서 최근 귀화한 인구와 많이 다르다. 많은 사례에서 이러한 인구 집단의 구성원들은 학력 및 언어상으로 귀화 과정에 어려움이 있는 것으로 나타났다.

■ 귀화자격 대상이 되는 인구 집단의 상당 비율은 영어 구사능력이 부족하다. 2000 - 2001년에 귀화 자격이 되었던 이민자의 60퍼센트가 LEP로 추산되었다. 또한, 이 기간에 귀화자격이 있는 집단의 40퍼센트는 영어를 '그다지' 잘하지 못하거나 '전혀' 하지 못

하는 것으로 나타났다.

■ **학력이 낮은 사람은 귀화하는 비율도 낮다.**[42] 2000 – 2001년에 자격을 갖춘 인구 집단 중에서 9학년 미만의 학력을 지닌 인구와 학사 학위 이상의 학력을 지닌 인구는 그 비율이 대략 같았다. (각각 25퍼센트와 23퍼센트) 최근 귀화한 인구의 35퍼센트는 대졸 학력이었고 9퍼센트만이 9학년 이하의 학력이었다.

■ **귀화율도 출신 국가별로 다르다.** 멕시코계 이민자가 귀화 자격이 되는 인구의 가장 큰 부분을 차지하지만 그룹으로 볼 때 자격대상이 되는 인구수에 비례하여 그만큼 귀화하지는 않았다. 2001년에 멕시코 이민자는 자격이 되는 인구의 28퍼센트를 차지했지만 귀화 시민 중에서는 단 9퍼센트만을 차지했다.

■ **귀화 자격 대상이 되는 인구는 또한 최근 귀화한 사람들에 비해 전반적으로 소득 수준이 낮았다.** 2000 – 2001년에 자격이 되는 이민자의 41퍼센트가 연방 빈곤수준의 200퍼센트 밑이었고 17퍼센트는 연방 빈곤선 밑이었다. 이에 반해 이 기간 중 최근 귀화한 시민 중에서는 단 28퍼센트만이 빈곤 수준의 200퍼센트 밑의 소득을 지녔고 11퍼센트가 연방 빈곤 수준 밑의 소득이었다.[43]

■ **난민은 나머지 귀화 자격 대상이 되는 인구에 비해서 귀화 가능성이 높다.** 2000 – 2001년에 난민은 자격이 되는 인구의 14퍼센트로서, 최근 귀화한 인구에서는 상당히 높은 비율 — 24퍼센트 — 을 차지했다. 난민은 비난민 인구에 비해 귀화 확률이 1.5배 더

---

42) M. Fix, J. Passel, and K. Sucher, "Trends in Naturalization", Immigrant Families and Workers, Brief No.3(Washington, DC: The Urban Institute, September 2003).
43) Ibid.

높다. 이러한 현상은 부분적으로는 떠나온 모국에서 계속되는 분쟁으로 인해 장래에 모국으로 돌아갈 가능성이 차단되었다는 점과 난민 공동체만 사용가능한 이민 관련 프로그램 및 서비스(공공 및 민간 모두)가 다양하게 있기 때문인 것으로 보인다.[44)

최근의 연방 정책 이슈

국적시험의 재정비

국적시험을 재정비하기 위한 정부 차원의 노력에도 불구하고, 그것이 어떠한 형태를 취하고 어떻게 재설계될지는 현재로서는 분명치 않다. 2000년 12월에 이민청(Immigration and Naturalization Service, INS)은 국적시험 재설계 작업을 공식적으로 시작하였다. 이 재설계는 테스트의 내용과 행정적인 면 모두를 개선하고자 하는 것이었다. 그 주요 목표는 1) 테스트가 어느 지역에서든 표준화된 방식으로 운영되도록 하고 2) 지원자의 미국 역사 및 시민윤리에 대한 이해도를 보다 유의미하게 측정할 수 있도록 만들며 3) 공정하고 신뢰할 수 있는 시험을 만드는 것이다. 그러나 이러한 여러 가지 목표를 동시에 달성하려는 과정에서 세 가지의 어려운 문제가 제기되고 있다.

첫 번째 문제는 미국 역사와 시민윤리와 같은 추상적인 개념을 테스트하기 위해 적합하지 않은 간단한 영어를 사용해야 하는 문제이다. 새로운 테스트는 이민귀화법이 요구하는 기본적인 수준의 영어만을 사용하는 한편 또한 복잡한 아이디어와 개념에 대한 지원자의 이해도를 평가할 필요도 있다.[45) 두 번째는 시험 표준화를

---

44) Ibid.

달성하면서 또한 개별 사례에 대하여서는 정상 참작을 하는 균형을 잡아야 한다는 점이다. 재설계를 하는 근본적인 목표는 모든 테스트 센터에 걸쳐 시험을 표준화하는 것이다. 그러나 현재 규정은 또한 테스트 감독관이 개별 신청자의 특수 사례에 대한 적절한 배려도 해야 하고 지원자의 개인적 배경에 따라 테스트 결과를 융통성있게 판단하라고[46] 지시하고 있다. 세 번째는 난이도에 영향을 미치거나 낙방률을 늘리지 않으면서도 유의미한 테스트를 만들어야 한다는 점이다. USCIS(미국 이민서비스국)는 국적시험을 보다 유의미한 도구로 만들고자 하는 목표가 현재 난이도 수준에 영향을 미치지 않으면서 동시에 달성되어야 한다고 지적해 왔다.[47]

2006년 말, USCIS는 선정된 지역에서 시범적으로 시행될, 국적 테스트를 위해 새로이 제안된 질문들을 발표하였다. 새로운 테스트는 2008년에 도입될 예정이다.

---

45) Department of Homeland Security, "Letter Report"(각주 1 참고).
46) Ibid.
47) Ibid.

저자와 기고사들 소개

마이클 픽스   MPI 연구소의 부회장 겸 소장. MPI '이민자 이민 정책 국가센터(National Center on Immigrant Immigration Policy)'의 공동 소장이기도 하다. 그의 연구는 이민자 통합, 이민 자녀와 가족, 이민 학생의 교육, 복지 개혁이 이민자에게 미치는 영향 등에 집중되어 있다.

제니 바탈로바   이민정책연구소(Migration Policy Institute)의 정책 애널리스트

에이미 빌러   노던일리노이 대학 근로 및 경제 연구소(Work and the Economy)의 연구조사 디렉터

데보라 가비   산타클라라 대학 경제학과 강사

줄리아 젤라트   이민정책연구소의 연구조사 어시스턴트

아담 귀르비치   뉴욕 이민자연맹 헬스 애드보커시 디렉터

타마르 자코비   맨해튼 연구소 선임 팰로

매리 헬렌 이버라 존슨   이민정책연구소 연구조사 인턴

도널드 커윈   가톨릭 합법이민 네트워크 상임이사

레이튼 쿠   예산 정책 우선순위 센터 선임 팰로

세실리아 무뇨즈   국립 라라자 협의회 조사연구, 옹호, 입법
                  사무소 부회장
자넷 머귀아   국립 라라자 협의회 회장 겸 CEO
줄리 머레이   이민정책연구소 정책 어소시에이트 애널리스트
드미트리오스 G. 파파드미트리오
                  이민정책연구소의 회장 겸 공동 설립자
르니 레이셜   로스앤젤레스 캘리포니아 대학 사회학과
                  대학원생
로저 웰딩거   로스앤젤레스 캘리포니아 사회학과 교수

:: 이민정책연구소(Migration Policy Institute, MPI)에 관하여

이민정책연구소(MPI)는 전 세계적인 사람들의 이동에 대해 전문적으로 연구하는 정당과 무관한, 독립, 비영리 싱크탱크이다. 이 연구소는 지역, 국가, 국제적 수준에서 이민 및 난민 정책에 대한 분석, 개발, 평가를 제공한다. 연구소의 목표는 그 어느 때보다도 통합된 세상에서 이민이 주는 도전과 기회에 직면하여 이의 실용주의적 대응책에 대한 점증하는 수요를 충족시키는 것이다. MPI는 또한 현재 이민 데이터와 분석을 실은 온라인 저널인 마이그레이션 인포메이션 소스를 www.migrationinformation.org에 발표하고 있다.

MPI의 『이민통합정책 국가센터』

2007년 2월에 MPI는 이민통합정책에 관한 전국 규모 센터의 문을 열었다. 이 센터는 마이클 픽스와 마지 매큐가 공동으로 소장

직을 맡고 있으며, 선출직 공무원, 민간 지도자, 대학, 싱크탱크, 지역 서비스 제공자, 주 및 지역 기구 매니저, 그리고 오늘날 높은 이민 비율이 만들어 내는 도전과 기회를 이해하고 이에 대응하고자 하는 기타의 사람들을 위한 교차로 역할을 할 것이다. 이 센터는 조사 연구, 정책 설계, 리더십 개발, 정부 관리와 지역 사회 지도자를 위한 기술적인 도움 및 훈련, 주 및 지역 정책과 데이터에 특별히 초점을 맞춘 이민 통합 이슈에 관한 전자적 자원 센터를 포함하여 핵심 서비스를 제공하고자 한다.

이민 및 미국의 장래에 대한 독립 조사단

이 특별 조사단은 이민과 관련한 핵심 영역의 리더와 전문가들로 구성된 초당파적 패널로서, 맨해튼 연구소, 우드로 윌슨 센터의 미국학 및 멕시코 부문과 합동으로 MPI가 소집하였다. 이 특별 조사단의 목적은 합법적이든 불법이든, 오늘날 미국으로의 대규모 이민을 몰아가는 경제적, 사회적, 인구학적 요인을 주의 깊게 평가하는 것이었다. 이 분석에 근거하여, 특별 조사단은 이민에 따른 이익을 적절히 활용하고 21세기에 미국의 국익을 앞당기자고 제안하였으며, 미국은 새로운 이민 정책과 시스템이 필요하다고 제안하였다. 이 특별 조사단의 연구는 최근 발행한 이민과 『미국의 장래: 새로운 장』에 자세히 밝혀져 있다.

MPI의 최근 발간물

IMMIGRATION AND AMERICA'S FUTURE: A NEW CHAPTER
2006. 9.

특별 조사단에 대한 정보는 www.migrationpolicy.org 참조. 보고서 전문은 온라인에서 14.95달러(해외 배송은 선적료 별도. 비자/마스터 카드만 사용 가능)에 구매 가능. 요약문은 영어와 스페인어로 온라인에서 볼 수 있음.

온라인 주문: www.migrationpolicy.org

전화 주문: 202 – 266 – 1908

팩스 주문: 202 – 266 – 1900

문의사항은 202 – 266 – 1908 또는 info@migrationpolicy.org

토픽별로 본 특별 조사단 발간물

개요

Independent Task Force on Immigration and America's Future: The Roadmap
By Michael Fix, Doris Meissner, and Demetrios G. Papademetriou, Migrarion
Policy Institute

Reflections on Restoring Integrity to the United States Immigration System:
A Personal Vision
By Demetrios G. Papademetriou, Migration Policy Institute

불법체류 인구

Unauthorized Migrants: Numbers and Characteristics
Report by Jeffrey S. Passel, Pew Hispanic Center

Twilight Statuses: A Closer Examination of the Unauthorized Population

By David A. Martin, Migration Policy Institute and University of Virginia
School of Law
Lessons from the Immigration Reform and Control Act of 1986
By Betsy Cooper and Kevin O'Neil, Migration Policy Institute

The "Regularization" Option in Managing Illegal Migration More
Effectively: A Comparative Perspective
By Demetrios G. Papademetriou, Migration Policy Institute

국가 안보와 꼭 필요한 이민 수용의 충족

Immigration Enforcement at the Worksite: Making it Work
By Marc R. Rosenblum, Migration Policy Institute
Us Border Enforcement: From Horseback to High-Tech
By Deborah W. Meyers, Migration Policy Institute

Eligible to Work: Experiments in Verifying Work Authorization
By Kevin Jernegan, Migration Policy Institute

Immigration Facts: Immigration Enforcement Spending Since IRCA
By David Dixon and Julia Gelatt, Migration Policy Institute

Documentation Provisions of the Real ID Act
By Kevin Jernegan, Migration Policy Institute

Countering Terrorist Mobility: Shaping an Operational Strategy
Report by Susan Ginsburg, Migration Policy Institute

Immigration Enforcement: Beyond the Boorder and the Workplace
By David A. Martin, Migration Policy Institute and University of
Virginia
School of Law

이민과 미국 노동시장

Temporary Worker Programs: A Patchwork Policy Response
By Deborah W. Meyers, Migration Policy Institute

"Comprehensive"Legislation vs. Fundamental Reform:
The Limits of Current Immigration Proposals
By Marc R. Rosenblum, Migration Policy Institute

The Growing Connection Between Temporary and Permanent
Immigration Systems
By Jeanne Batalova, Migration Policy Institute

US Employment-Based Admissions: Permanent and Temporary
By Susan Martin, Institute for the Study of International Migration,
Georgetown Univerity

The Contributions of High-Skilled Immigrants
By Neeraj Kaushal, Columbia University, and Michael Fix, Migration
Policy
Institute

Immigrants and Labor Force Trends: The Future, Past, and Present
By B. Lindsay Lowell, Institute for the Study of International
Migration,
Georgetown University; Julia Gelatt, and Jeanne Batalova, Migration
Policy
Institute

The Impact of Immigration on Native Workers:
A Fresh Look at the Evidence
By Julie Murray, Jeanna Batalova, and Michael Fix, Migration Policy
Institute

모든 자료는 다음 사이트에서 PDF로 다운받을 수 있음.

http://www.migrationpolicy.org/ITFLAF/publications.php.

MPI 온라인 서점에서 구매 가능.

www.migrationpolicy.org.

감사의 말

다음 기관과 재단에 감사를 전한다.

Carnegie Corporation of New York
Charles Evans Hughes Memorial Foundation
Evelyn and Walter Haas, Jr. Fund
Ford Foundation
Haas Foundation
JEHT Foundation
JM Kaplan Fund
Manhattan Institute
Open Society Institute
Woodrow Wilson International Center for Scholars

마이클 픽스는 이 책을 묶는 데 도움을 준 줄리아 젤라트, 줄리
머레이, 메그 위버에게 감사를 전하고자 한다. 또한 이민과 미국의
장래에 관한 독립 특별 조사단 디렉터이며 MPI 선임 팰로인 도리
스 메이스너, MPI 회장 겸 공동 설립자 드미트리 파파드미트리오
가 보내준 지도와 지원에 대해 감사를 전하고자 한다.

곽재석

인하대학교 정치외교학과 졸업
한국학중앙연구원 한국학대학원 석사
미국 일리노이 주립대학 정책학박사

한국학중앙연구원 전문위원
대통령비서실장 수석보좌관
세종대학교 교육학과 겸임교수
한국교육개발원 국제협력실장
법무부 출입국·외국인정책본부 외국적동포과장
현재 이주·동포정책연구소 소장

다문화 사회
미국의 이민자 통합정책

초판인쇄 | 2009년 8월 21일
초판발행 | 2009년 8월 21일

옮긴이 | 곽재석
펴낸이 | 채종준
펴낸곳 | 한국학술정보㈜
주   소 | 경기도 파주시 교하읍 문발리 파주출판문화정보산업단지 513-5
전   화 | 031) 908-3181(대표)
팩   스 | 031) 908-3189
홈페이지 | http://www.kstudy.com
E-mail | 출판사업부 publish@kstudy.com

등   록 | 제이사-115호(2000. 6. 19)
가   격 | 32,000원

ISBN   978-89-268-____   ?aper Book)
        978-89-268-0237-3 98350(e-Book)

내일을여는지식 은 시대와 시대의 지식을 이어 갑니다.